Rentzsch · Kundenorientiert verkaufen im Technischen Vertrieb

Hans-Peter Rentzsch

Kundenorientiert verkaufen im Technischen Vertrieb

Erfolgreiches Beziehungsmanagement im Business-to-Business

GABLER

Die Deutsche Bibliothek – CIP-Einheitsaufnahme
Ein Titeldatensatz für diese Publikation ist bei
Der Deutschen Bibliothek erhältlich.

1. Auflage 1998
1. Nachdruck 1999
2. Auflage Januar 2001

Lektorat: Manuela Eckstein/Margit Hübner

Der Gabler Verlag ist ein Unternehmen der Fachverlagsgruppe BertelsmannSpringer.

www.gabler.de

Höchste inhaltliche und technische Qualität unserer Produkte ist unser Ziel. Bei der Produktion und Verbreitung unserer Bücher wollen wir die Umwelt schonen: Dieses Buch ist auf säurefreiem und chlorfrei gebleichtem Papier gedruckt. Die Einschweißfolie besteht aus Polyäthylen und damit aus organischen Grundstoffen, die weder bei der Herstellung noch bei der Verbrennung Schadstoffe freisetzen.

Umschlaggestaltung: Schrimpf und Partner, Wiesbaden
Satz: FROMM MediaDesign GmbH, Selters/Ts.
Druck und buchbinderische Verarbeitung: Wilhelm & Adam, Heusenstamm
Printed in Germany

ISBN 3-409-28948-8

Vorwort

Sind Sie im Vertrieb technischer Güter oder komplexer Serviceleistungen tätig? Wollen Sie Ihre Umsätze erhöhen, und das bei weniger Stress? Dann ist dieses Buch genau das Richtige für Sie. Ob Sie nun ein Einsteiger oder ein alter Hase im Vertrieb sind, Sie werden eine Fülle von Anregungen finden, die Sie sofort nach der Lektüre erfolgreich anwenden können.

„Kundenorientiert verkaufen im Technischen Vertrieb" wurde speziell für den Vertriebsingenieur geschrieben und geht auf die besonderen Bedingungen des Verkaufens von industriellen Produkten und komplexen Serviceleistungen ein. Es stellt als Zweck des Verkaufens die Gewinnung und langfristige Bindung der Kunden und nicht den schnellen Auftrag in den Mittelpunkt. Es geht auch auf Gebiete ein, die sonst kaum in Verkaufsseminaren behandelt werden und doch fast zum täglichen Brot des Vertriebsingenieurs gehören, wie zum Beispiel Verhandlungsstrategien und -taktiken, die Identifikation und Überzeugung unterschiedlicher Persönlichkeitstypen und die Methoden der Kundenbindung nach dem Verkauf.

Der Beruf des Vertriebsingenieurs hat sich in den letzten Jahren in gleichem Maße entwickelt wie die Notwendigkeit in den technischen Branchen, aktiv verkaufen zu müssen. Die Zeit, als der Kunde von sich aus bestellte und der Vertriebsingenieur sich mit der Entgegennahme des Auftrags begnügen konnte, sind weitgehend vorbei. Wer heute am Markt erfolgreich sein will, muss aktiv akquirieren. Es genügt nicht mehr, sein Produkt zu kennen; man muss auch Interessenten dafür finden und diese vom eigenen Angebot überzeugen.

Doch warum ein Buch speziell für den Technischen Vertrieb? Gelten im Verkauf nicht überall die gleichen Regeln? Gibt es denn Unterschiede zwischen dem Verkauf eines Taschenrechners und einer Werkzeugmaschine? Es gibt einige ganz erhebliche Unterschiede zwischen dem Verkauf von Konsumgütern im Handel und dem von höherwertigen Gütern oder Serviceleistungen des industriellen Bereichs.

Der Wert der Produkte oder Serviceleistungen ist meist höher als der von Konsumgütern, und die Entscheidungsprozesse dauern im Durchschnitt wesentlich länger. An den Entscheidungen sind mehrere Personen im Unternehmen des Kunden beteiligt, und ein großer Teil der entscheidenden Gespräche findet im Kundenunternehmen ohne den Vertriebsingenieur statt. Im Technischen Vertrieb steht die langfristige Kundenbeziehung im Mittelpunkt, und der Vertriebsingenieur ist vor, im und nach dem Verkaufsprozess in hohem Maße auf die Unterstützung der Mitarbeiter anderer Abteilungen seines Unternehmens angewiesen.

Im Vergleich dazu liegen Konsumgüter meist niedriger im Wert, Entscheidungen werden sofort und von einer Person getroffen, und die Kundenbeziehung spielt oft nicht die dominierende Rolle. Die „klassischen Verkaufstechniken" des Konsumgüterbereichs würden, beim Verkauf von Investitionsgütern oder komplexen Serviceleistungen angewandt, mehr Schaden als Nutzen stiften.

Der Zweck des Verkaufens ist die Gewinnung und langfristige Bindung von Kunden. Das Ziel ist der Auftrag. Der Zweck ist dem Ziel übergeordnet und erfordert ein bestimmtes Vorgehen. Wir nennen es die Strategie des kooperativen Verkaufens oder auch *Strategie Y*. Dem gegenüber steht die traditionelle *Strategie X*, bei der der Verkäufer als Ziel und Zweck vor allem den schnellen Auftrag sieht. Er hat in Verkaufstrainings gelernt, dass der Verkauf beginnt, wenn der Kunde „nein" sagt, dass man möglichst bald die Frage nach dem Abschluss stellen sollte, dass Einwände gut fürs Geschäft sind und mit speziellen Techniken überwunden werden müssen und dass man seine Fragen so stellt, dass der Kunde immer nur mit „ja" antworten kann. Es ist deshalb nicht verwunderlich, dass Verkäufer den Ruf von „Drückern" haben, dass die Kunden auf der Hut sind, um nicht reingelegt zu werden, und Einkäufer, die hundertmal im Jahr dieselben Gesprächstaktiken über sich ergehen lassen müssen, eine Aversion gegen Verkäufer der traditionellen Art entwickeln.

Die in diesem Buch behandelte *Strategie Y* geht von folgenden Gegebenheiten aus:

1. Ziel des Verkaufens ist die Schaffung einer Problemlösung für den Kunden, die einer Ideallösung möglichst nahe kommt. Das heißt, nicht das Produkt, sondern der Kunde steht im Mittelpunkt des Verkaufsprozesses.

2. Beim Arzt wäre eine Therapie ohne Diagnose ein Kunstfehler. Ähnlich verhält es sich im Verkauf. Nur wenn wir uns die Mühe machen, die wahren Bedürfnisse des Kunden herauszufinden (die Diagnose), können wir die bestmögliche Problemlösung (die Therapie) anbieten.

3. Noch wichtiger als das Lösen von Kundenproblemen ist das Finden von Problemen. Besonders Vertriebsingenieure müssen lernen, mögliche Probleme zu entdecken und zu verdeutlichen. Sie sollten deshalb die Spürnase eines Detektivs und die Entdeckerlust eines Archäologen haben.

4. Kunden wollen selbst entscheiden. Deshalb stellen wir die richtigen Fragen, geben den Kunden die gewünschten Informationen und lassen sie selbst entscheiden.

5. Wir präsentieren keine Fertiglösungen, sondern beziehen die Kunden in die Entwicklung ihrer bestmöglichen Problemlösung aktiv ein.

6. Verkaufen heißt, mit Spannungen umzugehen. Spannungen sind negativ, wenn sie in Form emotionaler Gegensätze zwischen Kunde und Vertriebsingenieur auftreten. Durch ein gezieltes Eingehen auf den Verhaltensstil des Kunden bauen Sie Spannungen ab und schaffen die Bedingungen für ein konstruktives Verkaufsgespräch. Spannungen sind positiv, wenn sie als Gegensatz zwischen der vom Kunden angestrebten Lösung und der vorhandenen Situation auftreten, das heißt, wenn ein Bedürfnis entsteht.

7. Wenn Sie gemeinsam mit dem Kunden in vertrauensvoller Zusammenarbeit eine Problemlösung gefunden haben, werden Sie kaum noch Einwände befürchten müssen. Die möglichen Bedenken wurden schon während des Problemlösungsprozesses ausgeräumt.

8. Preis- und Konditionsverhandlungen werden mit dem Ziel geführt, dass beide Seiten eine zufrieden stellende Übereinkunft finden. Dies hat nichts mit „weichem“ Verhandeln zu tun; es ist ein kreatives Verhandeln zum beiderseitigen Nutzen, das nicht auf Kosten des Gewinns geht.

9. Abschlussfragen spielen nicht mehr die dominierende Rolle. Bei dieser Art des Verkaufens macht der Kunde in den meisten Fällen selbst einen Kaufvorschlag. Den Auftrag zu erhalten ist nicht mehr eine Frage des „Ob“, sondern des „Wann“.

10. Der Verkauf geht nach dem Kaufabschluss erst richtig los. Jetzt gilt es, sich des Vertrauens würdig zu erweisen, das Ihnen der Kunde mit der Erteilung des Auftrags entgegengebracht hat. Es ist die Aufgabe des Vertriebsingenieurs, sich persönlich um die Zufriedenheit des Kunden zu kümmern.

Die *Strategie Y* des kooperativen Verkaufens entspringt nicht reiner Menschenfreundlichkeit; sie ist einfach effektiver und verursacht weniger Stress. Wenn Sie sie regelmäßig anwenden, werden Ihnen die Kunden ihr Vertrauen schenken und Sie mit Aufträgen belohnen. Sie werden zu Ihren Stammkunden. Wenn Sie *Strategie Y* anwenden, werden Sie schon bald nicht mehr nach Kunden suchen müssen; sie kommen vielmehr zu Ihnen. Dabei ist diese Strategie nicht neu. Firmen wie IBM oder Carl Zeiss haben sie schon vor Jahrzehnten erfolgreich angewandt. Diese Firmen haben aber keine Bücher darüber geschrieben, und sie ist zum Teil durch die aus dem Konsumgüterbereich stammende Strategie X, verbunden mit einer gewissen Ignoranz der Kundenbedürfnisse in den Boomjahren des Verkaufens, verdrängt worden.

> Der Zeiss-Vertreter soll sich bei Verhandlungen mit seinen Kunden schließlich dadurch auszeichnen, dass er seine Geschäfte nicht durch „Anreißen" zu machen versucht. Der Zeiss-Vertreter soll seinen Kunden von der Nützlichkeit der Anschaffung eines Zeiss-Instrumentes überzeugen, und erst dann, wenn der Kunde diese Überzeugung gewonnen hat und wenn der Zeiss-Vertreter selbst davon überzeugt ist, dass das Instrument in dem Betrieb des Kunden wirklichen Nutzen bringt, kann der Verkauf betrieben werden. Der Kunde muss bei einem Zeiss-Vertreter immer das Gefühl haben, dass er von einem Freunde beraten wird und nur solche Ratschläge bekommt, die für ihn wertvoll sind. Dazu ist natürlich notwendig, dass es der Vertreter durch seine persönlichen Eigenschaften versteht, sich das Vertrauen des Kunden zu erwerben.
>
> *Auszug aus: Der Zeiss-Vertreter für wissenschaftliche Instrumente, Firmenschrift, 1939*

In diesem Buch wird zum Teil die Berufsbezeichnung „Vertriebsingenieur" benutzt. Dies geschieht in Anlehnung an die Empfehlung des Ausschusses „Ausbildung zum Vertriebsingenieur" im Verein Deutscher Ingenieure (VDI). Die weiblichen Vertriebsingenieure möchte ich um

Verständnis bitten, dass aus Vereinfachungsgründen die männliche Form benutzt wird. Dasselbe gilt für die Bezeichnung Verkäufer. Auch der stellenweise verwandte Ausdruck „Technischer Vertrieb“ wurde in Anlehnung an die Nomenklatur des VDI als stellvertretend für den Vertrieb von Investitionsgütern und technischen Serviceleistungen gewählt.

Für den Ansprechpartner des Vertriebsingenieurs wird ebenfalls vereinfachend der Begriff „Kunde“ durchgängig benutzt, das heißt, es wird nicht, je nach Fortschritt des Verkaufsprozesses, zwischen Zielperson, Interessent und Klient unterschieden.

Wenn von Produkten die Rede ist, so sind sowohl Hardware, Software als auch Dienstleistungen gemeint. Produkte und Serviceleistungen, die nach dem Verkauf des Hauptprodukts angeboten werden, wie zum Beispiel Verbrauchsmaterialien, Ersatzteile, Software und Wartungen, werden unter dem Begriff „After Sales“ zusammengefasst.

An diesem Buch haben viele weltbekannte Autoren mitgewirkt, auch wenn sie nichts davon wissen. Von ungefähr hundert Büchern und mindestens ebenso vielen sonstigen Veröffentlichungen habe ich die Besten ausgewertet. Sie finden dazu einige Namen in den Anmerkungen. Hinzu kommen zahlreiche persönliche Gespräche mit Verkaufsprofis, eine zehnjährige Seminarerfahrung und die eigene Praxis während meiner fast zwanzigjährigen Verkaufstätigkeit im In- und Ausland. Sie erhalten damit ein Kompendium, das praxisnah und methodisch fundiert die neuesten Erkenntnisse und Erfahrungen des Verkaufens im Technischen Vertrieb enthält. Jeder Schritt baut logisch und leicht nachvollziehbar auf den vorhergehenden Schritten auf. Zusammenfassungen am Ende jedes Kapitels helfen Ihnen bei der Vertiefung des Stoffes.

Nidderau, im Oktober 1997 HANS-PETER RENTZSCH

Vorwort zur zweiten Auflage

Nachdem die erste Auflage des Buches „Kundenorientiert verkaufen im Technischen Vertrieb“ – eine so positive Resonanz gefunden hat und es auch vor allem in Verkaufsseminaren, wie zum Beispiel denen des VDI-Bildungswerks als Lehr- und Nachschlagewerk geschätzt wird, habe ich mich entschlossen, eine zweite Auflage zu bearbeiten, in die eine Reihe neuer Erkenntnisse und die Erfahrungen aus dem Training vieler Verkäufer eingeflossen sind. Neben einigen kleineren Korrekturen wurden insbesondere die Schritte 1 (Strategie) und 5 (Verhandeln) wesentlich überarbeitet und erweitert. Damit wurde den im intensiven Konkurrenzdruck immer wichtigeren Fähigkeiten des strategischen Verkaufens und der Preisverhandlungen Rechnung getragen. Wie schon zuvor, habe ich auf praktische Beispiele und Skizzen zur Verdeutlichung besonderen Wert gelegt. Zum schnelleren Auffinden einzelner Inhalte wurde diese Auflage im Anhang um ein Stichwortverzeichnis ergänzt.

Ich wünsche allen Lesern eine lehrreiche Lektüre und würde mich über Anregungen für weitere Auflagen jederzeit freuen.

Nidderau, im November 2000 HANS-PETER RENTZSCH

Inhaltsverzeichnis

Schritt 1

Planen Sie Ihre persönliche Verkaufsstrategie

Strategie ist die Hauptaufgabe einer Organisation. In Situationen von Leben oder Tod ist sie das *Tao* (der Weg) zum Überleben oder Untergehen.

Sun Tsu, Die Kunst des Krieges

Jeder Kundenkontakt ist teuer. Und wenn man ihn vermasselt, bekommt man meistens keine zweite Chance, um noch etwas zu retten. Das beliebteste Argument, einen misslungenen Kundenkontakt zu erklären, ist oft der vermeintlich zu hohe Preis. Das mag zum Teil stimmen, aber häufig ist die mangelnde Vorbereitung auf die Kundenbesuche und das Fehlen einer Verkaufsstrategie die Ursache von Misserfolgen. Die sieben häufigsten Defizite in der Argumentation gegenüber dem Kunden sind:

Die sieben häufigsten Defizite eines Verkaufsgesprächs

1. Der Verkäufer kennt nicht die Unterschiede des eigenen Produkts im Vergleich zu denen des Wettbewerbs.
2. Der Verkäufer betrachtet das Produkt nur aus der eigenen Perspektive und nicht aus der des Kunden.
3. Der Verkäufer hat keine Strategie für seine Argumentation und erzählt das Gleiche wie der Wettbewerb.
4. Der Verkäufer glaubt zu leicht, dass alles sowieso nur eine Frage des Preises sei.
5. Der Verkäufer wendet für alle Kunden die gleichen Argumente an, unabhängig von den unterschiedlichen Zielgruppen.

6. Der Verkäufer verliert sich in der Diskussion von technischen Details, und der Kunde erkennt nicht die strategischen Vorteile einer Lösung.
7. Der Verkäufer überlässt dem Kunden die Gesprächsführung und hat keine Chance, die Stärken des eigenen Produkts im Vergleich zum Wettbewerb darzustellen.

Um diese sieben Defizite zu vermeiden und ein schlüssiges, kundenorientiertes Verkaufsgespräch zu führen, müssen Sie sich beizeiten vorbereiten, denn die Vorbereitung ist genauso wichtig wie das eigentliche Gespräch.

Im Verkauf haben Sie zwei Ressourcen, aus denen Sie das Beste machen müssen, wenn Sie erfolgreich sein wollen, nämlich: Ihr Produkt und die passenden Kunden. Ohne ein Produkt, das nicht mit anderen Produkten des Wettbewerbs beliebig austauschbar ist, werden Sie kaum erfolgreich sein. Für dieses Produkt müssen Sie die passenden Kunden finden, denn nicht jeder Kunde braucht Ihr Produkt mit genau den Vorzügen, die es besitzt. Kunden werden heutzutage mit Angeboten von Herstellern und Händlern reichlich versorgt. Jeder wirbt mit technischen Daten und Preisen, und viele merken nicht, dass sie sich kaum von ihren Wettbewerbern unterscheiden. Den Kunden ist das gerade recht, sie können mehr denn je wählen und die Preise drücken. Daher ist es um so wichtiger, dass Sie genau wissen, was Sie dem Kunden eigentlich bieten können und wie Sie die Kunden finden, die wirklich auf die von Ihnen offerierten Produkteigenschaften im Vergleich zum Wettbewerb Wert legen.

Definieren Sie Ihren Wettbewerbsvorsprung

> Zwei junge Männer befinden sich auf einer Wanderung in den Wäldern Kanadas. Plötzlich sehen sie mit Schrecken, dass ein großer Bär in einiger Entfernung hinter ihnen herläuft. Der eine Wanderer packt sofort seine Joggingschuhe aus und zieht sie an. „Du glaubst doch nicht, dass du damit schneller bist als der Bär“, meint der andere. „Nicht als der Bär …“, lautet die Antwort.

Viele Trainingsseminare gehen davon aus, dass der Verkäufer nur die Bedürfnisse des Kunden erfragen und dann sein Produkt präsentieren muss. Der Verkäufer sieht meist nur den Kunden und sich selbst (Abbildung 1).

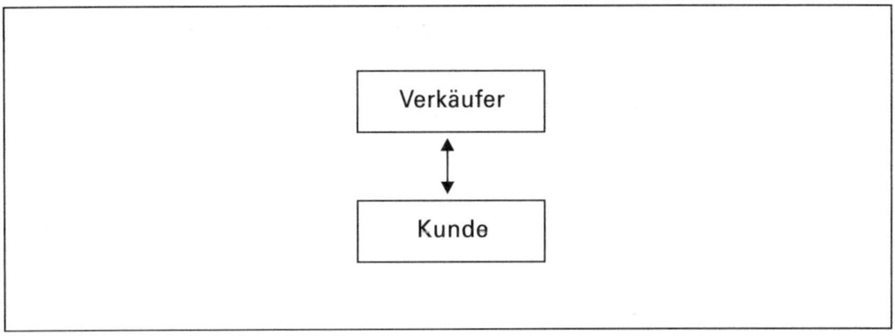

Abbildung 1: Der Verkaufsprozess aus der Sicht des Verkäufers

Die Realität ist anders. Der Verkauf spielt sich stets im Kreise der Wettbewerber ab, die unsichtbar mit am Tisch des Kunden sitzen, wie in Abbildung 2 dargestellt.

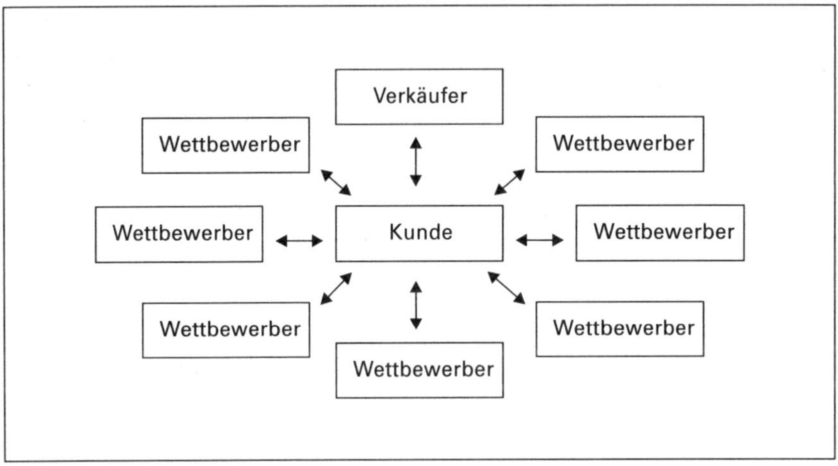

Abbildung 2: Die Realität des Verkaufsprozesses

In der Bären-Geschichte ist der zweite Wanderer der Wettbewerber, dem Sie davonlaufen müssen. Wenn Sie beim Kunden Erfolg haben wollen, dann müssen Sie ihn überzeugen, dass Sie seine Bedürfnisse besser erfüllen können als Ihre Wettbewerber. Dazu brauchen Sie ein Konzept, das auf zwei Fragen Antwort gibt:

- Worin besteht der eigentliche Wettbewerbsvorsprung meines Produkts?
- Wo sind die Kunden, die diesen Wettbewerbsvorsprung am meisten brauchen?

Dabei müssen Sie sich klar von Ihren Wettbewerbern abgrenzen und im Markt positionieren. Diese Positionierung muss bereits deutlich werden, wenn Sie in wenigen Worten einem potenziellen Kunden Ihre Tätigkeit und Ihre Produkte erläutern.

Vergleichen Sie Ihre Produkteigenschaften mit denen Ihrer Wettbewerber

„Unser Produkt ist führend in der Qualität", „wir bieten einen sehr guten Service", „unser Unternehmen hat jahrzehntelange Erfahrung". Kommen Ihnen diese Argumente bekannt vor? Präsentationen vieler Verkäufer erschöpfen sich oft in solchen Allgemeinplätzen.

Wenn Verkaufsgespräche mit dieser Argumentation keinen Erfolg aufweisen (der Wettbewerb führt meist dieselben Argumente ins Feld), kommt der Preis an die Reihe. „Der Verkauf geht heute nur noch über den Preis", klagen Verkäufer landauf und landab. „Recht so", ist man versucht zu erwidern, weshalb sollte der Kunde die Anbieter nicht gegeneinander ausspielen, wenn er bei gleich lautenden Verkaufspräsentationen kaum einen Unterschied entdecken kann? Gute Preise können Sie nur erzielen, wenn Sie etwas Besonderes zu bieten haben, und zwar

a) bezogen auf die bisherige Situation des Kunden und

b) gegenüber Ihren Wettbewerbern.

Sie müssen den Kunden von den Vorteilen Ihres Produkts überzeugen können und über glaubwürdige Argumente verfügen, die Ihr Produkt gegenüber den Produkten der Konkurrenz für den Kunden attraktiver machen.

Die Testfrage der Verkaufsstrategie: Warum sollte der Kunde ausgerechnet Ihr Produkt und nicht das des Wettbewerbs kaufen?

Können Sie diese Frage kurz und klar beantworten? Wenn nicht, dann sollten Sie die folgenden Punkte besonders intensiv studieren.

Sehen Sie Ihr Produkt aus der Sicht des Kunden

Wenn wir von einem Produkt sprechen, dann empfiehlt es sich, dieses in dreifacher Hinsicht zu definieren, denn der Kunde kauft ja mehr als nur die Hardware oder die Software. Zum Produkt gehört alles, was für den Kunden einen Nutzen bringt. Neben den alltäglichen Funktionen eines Telefons, die man auch bei zehn anderen Anbietern erhalten kann, gehören dazu spezielle Produktvorteile, die von Ihnen in besserer Qualität als vom Wettbewerb zu erhalten sind. Und vor allem sind die begleitenden Aspekte rund um das Produkt wichtig, wie Ihr Service, das Image Ihrer Firma und sonstige Dinge, die dem Kunden die Angst vor einer Fehlentscheidung nehmen. Die drei Bestandteile des Gesamtprodukts (integriertes Produkt) sind (siehe auch Abbildung 3):

1. *Das generische Produkt:* Es ist das Produkt, das gerade die notwendigen Spezifikationen besitzt, um die geforderte Aufgabe zu erfüllen und welches das gleiche bietet, was die meisten Konkurrenten auch können. Es entspricht dem allgemeinen technischen Standard.

   Beispiel: *ein Telefon mit den üblichen Wähltasten und Nummernspeichern.*

2. *Das aufgewertete Produkt:* Dieses Produkt kann mehr, als die üblichen Funktionen des generischen Produkts zu erfüllen. Es besteht aus dem generischen Produkt und den zusätzlichen Vorteilen für den Kunden, das heißt, es bietet bei bestimmten Funktionen einen höheren Standard als die Masse der Wettbewerber.

   Beispiel: *ein Telefon mit selbsttätiger Wahlwiederholung, bis der Anschluss hergestellt ist, und mit einem Bildschirm für den optischen Kontakt mit dem Anwender als Option.*

3. *Das integrierte Produkt:* Das Produkt besteht jetzt nicht nur aus den technischen Merkmalen oder einer Basis-Dienstleistung, sondern umfasst auch Besonderheiten des Service, der Lieferung und Beratung. Mit anderen Worten enthält es das aufgewertete Produkt und die sonstigen Leistungen und Erfahrungen, die mit der Reputation des Unternehmens verknüpft sind.

Beispiel: *ein Telefon wie unter 2., aber mit Lieferung sofort ab Lager und Reparaturservice innerhalb eines Tages und, falls gewünscht, kostenlosem Umtausch, ohne Angabe von Gründen, innerhalb von zwei Monaten nach dem Kauf.*

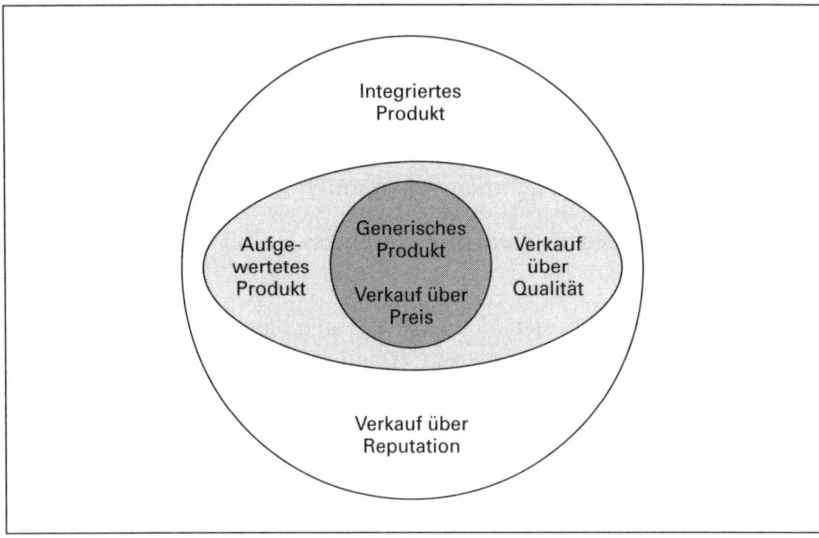

Abbildung 3: Die drei Bestandteile eines Produkts

Wenn Sie Ihr Produkt nach dieser Unterteilung betrachten, dann lässt es sich, je nach Art, mit unterschiedlicher Argumentation verkaufen:

- über den Preis (generisches Produkt),
- über die zusätzlichen technischen Vorteile, die es bietet (aufgewertetes Produkt) und
- über die Reputation Ihres Unternehmens (integriertes Produkt).

Dazu müssen Sie die Vorteile Ihres Produkts gegenüber denen der Wettbewerber kennen, und zwar jeweils aus der Sicht des Kunden. Nur so können Sie eine wirksame Verkaufsstrategie im Gespräch mit dem Kunden verwirklichen.

Wenn Sie Ihr Produkt nicht nur über den Preis verkaufen wollen, dann müssen Sie Ihre Argumentation auf das aufgewertete und das integrierte Produkt konzentrieren.

Definieren Sie die Wettbewerbsvorteile Ihres Produkts

Um Ihre Produkte verkaufswirksam präsentieren zu können, müssen Sie die Vor- und Nachteile gegenüber denen der Wettbewerbsprodukte kennen und in der Lage sein, den daraus resultierenden Nutzen für den Kunden überzeugend aufzuzeigen. Der Arbeitsbogen 1 „Wettbewerbsanalyse" auf Seite 21 hilft Ihnen, die Unterschiede Ihres Produkts zu den Wettbewerbsprodukten zu definieren. Gehen Sie dabei ehrlich und emotionslos vor. Fragen Sie auch Ihre Kollegen, die Mitarbeiter anderer Abteilungen und Ihre Kunden. Letztere können Ihnen hervorragende, oft noch nicht im Unternehmen bekannte Hinweise geben.

Prüfen Sie alle Eigenschaften Ihres Produkts nach den folgenden vier Kategorien:

Einzigartigkeit: Was können Sie Ihrem Kunden bieten, das dieser braucht und das er von niemand anderem erhalten kann? Wenn zum Beispiel ein Metall verarbeitendes Unternehmen ein neues Material für Werkzeugschneiden mit wesentlich höherer Standzeit und Bruchfestigkeit im Vergleich zu bisherigen Materialien entwickelt und patentiert hat, so ist diese Eigenschaft des Produkts für die Kunden in der Werkzeugindustrie einzigartig.

Vorteile: Was können Sie Ihrem Kunden bieten, das dieser braucht und auch vom Wettbewerb beziehen kann, jedoch nicht in derselben Qualität? Nehmen wir wieder unser Metall verarbeitendes Unternehmen. Ein Wettbewerber hat ein ähnliches Material entwickelt, ohne Ihr Patent zu verletzen. Es hat ähnliche Spezifikationen und Preise. Ihr Unternehmen verfügt aber über einen höheren Bekanntheitsgrad als andere Unternehmen auf diesem Gebiet. Sie haben also einen Wettbewerbsvorteil gegenüber dem anderen Unternehmen, da Ihre Bekanntheit ein niedriges Kaufrisiko suggeriert. Die Reputation Ihrer Firma geht in die Qualität ein, da der Kunde beides miteinander verknüpft. Beachten Sie, dass es immer der Kunde ist, der letztlich über den Grad der Qualität entscheidet, auch wenn Ihnen diese Entscheidung manchmal sehr subjektiv erscheint.

Gleichheit: Welche Eigenschaften Ihres Produkts und die damit für den Kunden einhergehenden Vorteile unterscheiden sich nicht oder nicht wesentlich von denen der Wettbewerbsprodukte? Ein Beispiel dafür sind die Eigenschaften von Personal Computern mehrerer Anbieter, die oft in vielen Punkten baugleich sind und bei denen sich auch Service und Beratung kaum unterscheiden.

Nachteile: Nicht alles kann positiv sein – und auch nicht als solches hingestellt werden. Schätzen Sie kritisch ein, in welchen Punkten Ihr Produkt Nachteile gegenüber Wettbewerbsprodukten hat. Ihre Personal Computer sind vielleicht bei vergleichbarem Preis langsamer als die des Wettbewerbs, oder Ihr Metall für Werkzeugschneiden lässt sich schwieriger auf dem Werkzeugträger anbringen. Dies wären Wettbewerbsnachteile.

Bei der heutigen Geschwindigkeit technologischer Entwicklungen haben Produktvorteile oft keinen sehr langen Bestand. Entwicklungen wie die Maus bei Personal Computern, erstmals von der Firma Apple Computer auf den Markt gebracht, wurden bald auch von anderen Herstellern angeboten. Serviceunternehmen wie der Kurierdienstanbieter Federal Express wurden bald in vielen Punkten von anderen Anbietern wie UPS eingeholt. Sie müssen stets die neusten Entwicklungen kennen, Ihre Argumente überprüfen und gegebenenfalls erneuern. Das kostet einige Mühe, ist aber unerlässlich. Denn wer sonst sollte die Kunden von den Vorteilen Ihres Angebots gegenüber dem Wettbewerb informieren, wenn nicht Sie?

Wie Sie Informationen für Ihre Wettbewerbsanalyse erhalten

Unmittelbare Quellen für die Analyse Ihrer Wettbewerbseigenschaften sind:

- geschäftsinterne Informationen, wie Berichte aus den Bereichen Vertrieb und Marketing, Einkauf, Forschung/Entwicklung und sonstigen Abteilungen,
- Mitarbeiter mit Kundenkontakt, wie Verkaufsingenieure, Servicetechniker, Monteure und Softwarespezialisten,
- Gespräche mit ehemaligen Mitarbeitern des Wettbewerbs,
- Gespräche mit Kunden, besonders solchen, zu denen man eine gute Beziehung hat,
- Gespräche mit Lieferanten,

ARBEITSBOGEN 1: Wettbewerbsanalyse (integriertes Produkt)

Wettbewerbs-faktoren	Im Vergleich zu Wettbewerber A	Im Vergleich zu Wettbewerber B
Einzigartigkeit Was haben wir, das der Wettbewerb nicht hat?		
Vorteile Was haben wir, das der Wettbewerb auch hat, aber nicht in gleicher Qualität?		
Gleichheit Was haben wir, das der Wettbewerb in gleicher Art hat?		
Nachteile Was hat der Wettbewerb, das wir nicht oder in schlechterer Art haben?		

- persönliche Kontakte auf Messen, Kongressen und sonstigen Tagungen,
- Gespräche mit Kollegen anderer Unternehmen anlässlich von Verbandstagungen (auch Gerüchte sind wichtig),
- Testkäufe und Erprobungen von Produkten der Wettbewerber oder Inanspruchnahme von deren Dienstleistungen.

Die folgenden Quellen ermöglichen weitergehende Recherchen über Markt und Wettbewerb:

- *Nachschlagewerke:* Hierzu zählen Handbücher, wie zum Beispiel „Handbuch der Großunternehmen“ (Verlag Hoppenstedt) etc. Sie sind im Allgemeinen von Wirtschafts- und Adressverlagen, auch auf CD-ROM oder über das Internet zu beziehen.
- *Fachzeitschriften:* Hier sind die Publikationen gemeint, die Ihre Kunden lesen.
- *Tageszeitungen:* Besonders die Tagespresse am Sitz des Wettbewerbsunternehmens ist hier zu nennen. Neben Stellenanzeigen finden Sie hier von Zeit zu Zeit aktuelle Beiträge. Auch die überregionalen Tageszeitungen bieten einen umfangreichen Informationsfundus.
- *Wirtschaftszeitungen:* Berichte über Entwicklungen bestimmter Branchen, Unternehmen oder Technologien geben oft wertvolle Hinweise.
- *Spezielle Informationsdienste:* Für die einzelnen Branchen gibt es oft spezielle „Newsletter“, in denen auch über Wettbewerbsunternehmen und deren Produkte berichtet wird.
- *Firmenpublikationen von Kundenunternehmen und Wettbewerbern:* Geschäftsberichte, Firmenzeitschriften, Broschüren und Prospekte sind oft leicht zu beschaffen und stellen eine ausgezeichnete Informationsquelle dar. Auch Internetseiten geben viele nützliche Informationen.
- *Studien von Marktforschungsunternehmen:* Manche Marktforschungsunternehmen bieten fertige Branchenstudien an. Sie sind zwar nicht billig, bieten aber oft nützliche Übersichten, Vergleiche und Kundenkommentare. Natürlich können Sie auch exklusiv für Ihr Unternehmen Wettbewerbsstudien anfertigen lassen. Diese sind aber recht teuer und verlieren, wie alle Studien, bald an Aktualität.

- *Weitere Informationsquellen sind:* Branchenverbände, Industrie- und Handelskammern, Außenhandelskammern (im In- und Ausland), wirtschaftswissenschaftliche Institute, Messekataloge und Börsenpublikationen.

Formulieren Sie die Kernaussage Ihres Wettbewerbsvorsprungs

Um im heutigen Wettbewerb das Ohr des Kunden zu erreichen, sollten Sie Ihre Botschaft gleichsam vor sich hertragen. Stellen Sie sich vor, Sie säßen im Flugzeug und unterhielten sich mit Ihrem Nachbarn. Dieser richtet nach einiger Zeit die Frage an Sie, was Sie beruflich machen. Sie könnten zum Beispiel antworten: „Ich verkaufe Fräsmaschinen." So würde wahrscheinlich fast jeder Fräsmaschinenverkäufer antworten. Ihre Antwort könnte aber auch lauten: „Ich verkaufe Hochgeschwindigkeitsfräswerke. Unsere Firmenphilosophie ist, Produktionszeiten zu verkürzen und Kosten zu senken. Mit unseren Maschinen spart der Kunde Zeit und Kosten durch Wegfallen des Schleifens, da die Oberflächengüte höher ist als bei herkömmlichen Fräsmaschinen. Weitere Kosten spart er durch die Möglichkeit der Trockenbearbeitung." Mit dieser Antwort verkünden Sie bereits Ihre spezielle Stärke im Wettbewerb, das heißt, Sie positionieren Ihr Angebot und Ihre Tätigkeit. Damit machen Sie deutlich, dass Sie mit Ihrem Produkt nicht ohne weiteres austauschbar sind.

Formulieren Sie jetzt Ihre eigene Kernaussage mit Hilfe von Arbeitsbogen 2 auf Seite 24. Ihr Wettbewerbsvorsprung setzt sich aus der Einzigartigkeit und den Vorteilen Ihres Produkts zusammen. Hüten Sie sich bei Ihrer Kernaussage vor vermeintlichen Preisvorteilen – es sei denn, Sie können sich wirkliche Kampfpreise leisten. Sie weisen sonst den Kunden geradezu darauf hin, besonders auf den Preis zu achten. Meist haben die Firmen nicht das nötige Polster in der Kalkulation, um den Preis als Stärke verkaufen zu können. Positionieren Sie sich durch die besondere Qualität Ihrer Produkte, den Service und Ihre zusätzlichen Leistungen, und sorgen Sie dafür, dass dem Kunden diese Vorteile und der daraus für ihn resultierende Nutzen überzeugend dargestellt werden.

ARBEITSBOGEN 2: Die Kernaussage Ihres Wettbewerbsvorteils

Entwickeln Sie eine Kernaussage für Ihre wichtigste (I) und zweitwichtigste (II) Zielgruppe:

Zielgruppe I: ______________________________

Ihr Name: ______________________________

Ihre Firma: ______________________________

Ihre Produkte: ______________________________

- Was ist ein typisches Problem, das Ihre Kunden haben?

____

____

- Wie könnte eine beeindruckende Kernaussage dazu lauten, nach der Sie mit Ihrem Produkt dieses Problem besser als der Wettbewerb lösen?

____

____

____

Zielgruppe II: ______________________________

Ihr Name: ______________________________

Ihre Firma: ______________________________

Ihre Produkte: ______________________________

- Was ist ein typisches Problem, das Ihre Kunden haben?

____

____

- Wie könnte eine beeindruckende Kernaussage dazu lauten, nach der Sie mit Ihrem Produkt dieses Problem besser als der Wettbewerb lösen?

____

____

____

Wie Sie die Kernaussage nutzen

Wenn Sie Ihre besten Kundenzielgruppen bestimmen, dann geben Sie denen Priorität, zu denen Ihr Wettbewerbsvorsprung am besten passt. Ihre Kernaussage ist praktisch Ihr Kompass während des gesamten Verkaufsprozesses. Sie werden bereits Eindruck damit machen, wenn Sie mit den Kunden das erste Mal sprechen, denn Sie heben sich damit von der Masse der anderen Verkäufer positiv ab. Den Kunden wird klar, dass Sie etwas Besonderes zu bieten haben. Ihre Chancen, dass der Preis nicht die Hauptrolle spielen wird, werden damit größer.

Die Kernaussage der Firma Rentzsch Training GmbH

Vertriebsingenieure werden meist nach den gleichen Verkaufsregeln trainiert wie Verkäufer in anderen Branchen, bei denen die Gegebenheiten des einfachen Verkaufsprozesses – ein Entscheider, geringwertige Güter, schnelle Kaufentscheidung – vorherrschen. Die Verkäufer konzentrieren sich vor allem auf Abschlusstechniken.

Die gleichen Verkaufsregeln im industriellen Verkauf angewandt – mehrere Entscheidungsträger, höherwertige Güter, längere Entscheidungszeiten – gefährden den Verkaufserfolg und die Kundenbeziehung, da sich der Kunde unter Druck gesetzt fühlt.

Die Firma Rentzsch Training GmbH trainiert Vertriebsingenieure für die tatsächlich in der Praxis vorherrschenden Gegebenheiten des komplexen Verkaufens im Business-to-Business-Bereich, die sich vom Verkauf von Konsumgütern unterscheiden. Soweit erforderlich, werden dabei auch die Verkaufsmethoden in internationalen Märkten trainiert.

Den Firmen werden durch dieses praxisnahe Training teure Fehlinvestitionen in ungeeignete Trainingsmethoden, den Vertriebsingenieuren Misserfolge und Enttäuschungen erspart.

Oder wie wär's zum Beispiel mit einer Vorstellung, ähnlich der Folgenden? „Ich heiße Robert Mansfeld, von der Firma XYZ und verkaufe Analysengeräte für medizinische Labors. Bei herkömmlichen Geräten zur Blutanalyse von Kindern wird relativ viel Blut benötigt (typisches Problem). Unsere Systeme brauchen nur einen Bruchteil der üblichen

Menge. Das macht die Blutabnahme für die Kinder schonender und senkt die Kosten für das Verbrauchsmaterial zur Analyse (Kernaussage). Hier ist meine Karte.“ Der Gesprächspartner hat dadurch in weniger als 30 Sekunden einen Eindruck vom Wettbewerbsvorsprung des Unternehmens erhalten.

Ein anderer Verkäufer könnte sich wie folgt bekannt machen: „Mein Name ist Reinhold Stein. Unsere Firma entwickelt und vertreibt Steuerungssysteme für Werkzeugmaschinen. Die meisten Steuerungen sind relativ starr aufgebaut und nicht anpassungsfähig an neue Forderungen der Kunden. Mit unseren offenen, modularen Systemen sind wir sehr flexibel und können fast alle speziellen Forderungen der Kunden (typisches Problem) zu günstigen Konditionen erfüllen. Dadurch sparen Sie Kosten für Anpassungen und Umrüstzeiten (Kernaussage).“

Mit Hilfe von Arbeitsbogen 2 können Sie nun die Kernaussage Ihres Wettbewerbsvorsprungs formulieren. Ausgangspunkt dafür ist der Arbeitsbogen 1: Wettbewerbsanalyse.

Folgende zwei Fragen werden immer wieder von unseren Seminarteilnehmern geäußert:

1. Was sollen wir als Kernaussage formulieren, wenn sich unsere Produkte kaum von denen der Wettbewerber unterscheiden?
2. Wie können wir uns mit einer Kernaussage beim Kunden einführen, wenn wir noch gar nicht dessen Bedürfnisse kennen?

Zu 1.: Zugegeben, es wird immer schwieriger, sich von den Wettbewerbern abzuheben. Es ist uns aber bisher immer gelungen, nach einiger Diskussion mit den Unternehmen, eine solche Kernaussage zu finden. Das Problem liegt oft nicht darin, dass man sich nicht unterscheidet, sondern dass man sich dieser Frage zu wenig widmet und dass nicht selten von zehn Leuten des gleichen Unternehmens ebenso viele unterschiedliche Kernaussagen genannt werden. Der beste Weg, zu eindeutigen Kernaussagen zu kommen, ist das Vorgehen nach den auf Seite 17 beschriebenen drei Arten der Qualitäten des Produkts.

Zu 2.: Natürlich sollen Sie Ihr Produkt letztlich ausgehend von den Bedürfnissen des Kunden verkaufen. Um aber Bedürfnisse zu ermitteln, müssen Sie Fragen stellen. Der Kunde wird im Regelfall aber erst bereit sein, Ihre Fragen zu beantworten, wenn sein Interesse an Ihrem Produkt durch eine Kernaussage grundsätzlich geweckt worden ist.

Definieren Sie Ihre Kernaussage und stehen Sie dazu. Die mehrfache Wiederholung der gleichen Botschaft stärkt Ihre Glaubwürdigkeit in den Augen der Kunden. Beständigkeit ist einer der wichtigsten Faktoren, um andere zu überzeugen.

Finden Sie Ihre besten Kunden

Sie kennen jetzt den Wettbewerbsvorsprung Ihrer Produkte. Doch wer sind die Kunden, die gerade an den Vorteilen Ihres Produkts interessiert sind und bei denen Sie die größten Erfolgsaussichten haben? Um diese Frage zu klären, gehen Sie am besten in zwei Schritten vor:

1. Wie sieht das Bedarfsprofil eines idealen Kunden aus, das zu Ihrem Produkt am besten passt?
2. Wo finden Sie Ihre Kunden, die diesem Profil am nächsten kommen?

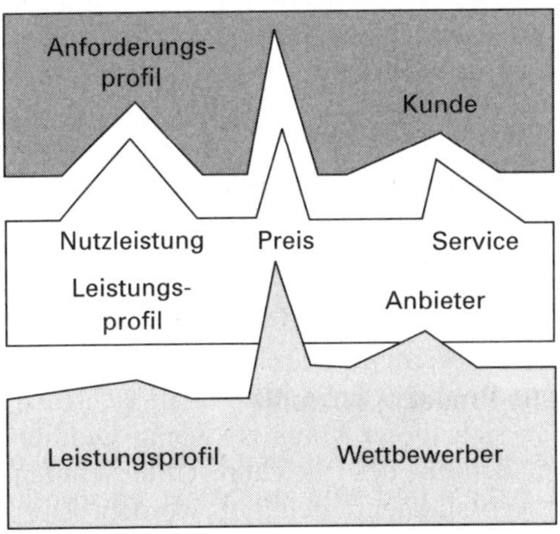

Abbildung 4: Identifizieren des eigenen Wettbewerbsprofils

Wie in der Abbildung 4 dargestellt, gibt es für eine Zielgruppe von Kunden typische Anforderungsprofile. Je besser Sie ein solches Anforderungsprofil im Vergleich zu Ihren Wettbewerbern erfüllen, desto größer ist die Wahrscheinlichkeit, dass Sie zu Aufträgen bei vernünftigen

Preisen kommen. Wenn Ihr Produkt wie in der Abbildung in puncto Nutzleistung besser passt als das der Wettbewerber, dann sollte die Nutzleistung Ihre Argumentationsschiene sein, das heißt Sie versuchen, die Bedeutung der Nutzleistung für seinen Betrieb besonders herauszustellen.

Wenn Sie nicht gerade mit einem neuen Produkt in neue Märkte einsteigen wollen, dann kommen Sie am schnellsten zum Ziel, indem Sie Ihre bisherigen Kunden analysieren und bewerten. Daraus können Sie dann Anhaltspunkte für weitere Kundenzielgruppen erhalten, die ähnliche Bedürfnisse haben. Folgendes Beispiel mag dies verdeutlichen:

Ein mittelständisches Unternehmen in Süddeutschland hat sich auf die Entwicklung und Herstellung von Maschinen zur Abfüllung und Etikettierung von Parfümflaschen spezialisiert. Wesentliche Forderungen an die Maschinen sind Genauigkeit der Abfüllmenge, die Präzision der Etikettierung, der dichte Verschluss der Flaschen und die Menge der fertig gestellten Parfümflaschen pro Stunde. Die Kunden schätzen vor allem die hohe Zuverlässigkeit der Maschinen und die Servicebereitschaft des Unternehmens rund um die Uhr. Ähnliche Aufgaben und Anforderungen an Abfüllanlagen sind auch bei pharmazeutischen Firmen als Kunden zu erfüllen. Das Unternehmen hat dort einen interessanten zweiten Markt gefunden. Auch Firmen, die Diagnostica für die Durchführung von Analysen im medizinischen Labor herstellen, sind Abnehmer von Abfüllanlagen und stellen einen weiteren Absatzmarkt für das Unternehmen dar.

Zur Formulierung Ihrer Kundenstrategie sollten Sie die folgenden drei Faktoren über den Zeitraum der letzten zwei oder drei Jahre analysieren:

1. Wer hat welche Produkte gekauft?

Analysieren Sie zuerst, welche Kunden welche Produkte in der Vergangenheit gekauft haben und wie hoch die entsprechenden Umsätze waren. Versuchen Sie als nächstes, die Kunden verschiedenen Zielgruppen zuzuordnen. Dabei können Sie die Gruppen nach Anforderungsprofil an das Produkt, den erwarteten Service oder anderen Kriterien wie Branche, Unternehmensgröße oder Kaufverhalten einteilen. Zweck dieser Einteilung ist es herauszufinden, welche Zielgruppen Ihrer Kunden besonders umsatzstark sind und für Ihre Verkaufsanstrengungen ein optimales Ergebnis versprechen. Dabei kommt es aber nicht nur auf den Umsatz an, sondern auch auf die Beiträge der Kunden zum Gewinn.

2. Was waren die Kaufgründe?

Sie kennen jetzt die Wettbewerbsvorteile Ihrer Produkte und die Ergebnisbeiträge Ihrer Kunden. Jetzt sollten Sie der Frage nachgehen: Welche besonderen Vorteile unserer Produkte, unseres Services oder unseres Unternehmens haben unsere besten Kunden dazu veranlasst, bei uns zu kaufen? Weshalb kaufen diese Kunden von uns und nicht von unseren Konkurrenten X, Y oder Z? Vielleicht ist es eine bestimmte Funktion oder Qualität der Produkte, die Reputation unseres Service, die räumliche Nähe zu unserem Unternehmen oder die Schnelligkeit und Zuverlässigkeit der Lieferung? Oft mag es auch die Gewöhnung an Ihr Unternehmen, Ihren Außendienstmitarbeiter oder Ihr Serviceteam sein. Um sicherzugehen, sollten Sie Ihre Kunden fragen.

Der Arbeitsbogen 3 hilft Ihnen, die Charakteristika Ihrer besten Kunden zu bestimmen und Ihre Verkaufsstrategie danach auszurichten.

3. Wie haben Sie Ihre besten Kunden gefunden?

Analysieren Sie, wie Sie Ihre besten Kunden gewonnen haben. War es durch Gespräche auf Messen, Empfehlung eines anderen Kunden oder eine Mailing-Aktion? Haben die Kunden auf Anzeigen geschrieben oder auf einen Beitrag in einer Fachzeitschrift reagiert? Versuchen Sie herauszufinden, welche Art der Kundengewinnung besonders effektiv war, um mit der gleichen Methode weitere Kunden zu gewinnen.

Wie Sie die Informationen über Ihre besten Kunden nutzen, um neue Kunden zu finden

Nachdem Sie wissen, welches Profil Ihre besten Kunden haben und auf welchem Weg Sie sie finden, sollten Sie sich um weitere Adressen von potenziellen Kunden kümmern, die dem Profil Ihrer besten Kunden soweit wie möglich entsprechen. Dazu bieten sich verschiedene Quellen an, wie zum Beispiel Mitgliederlisten von Industrieverbänden, Adressen von Adressverlagen oder Messekataloge.

Dabei kann es sich um Kunden von Branchen handeln, in denen Sie bereits Erfahrungen gesammelt haben, oder Kunden aus Branchen, die Ihnen weniger geläufig sind. Zur Gewinnung von Kunden aus weniger bekannten Branchen ist es zweckmäßig, mit einigen typischen Kunden

ARBEITSBOGEN 3: Gemeinsame Charakteristika meiner besten Kunden

Füllen Sie für jede Kundenzielgruppe den folgenden Bogen aus. Er ist die Grundlage Ihrer Verkaufsstrategie.

Welche gemeinsamen Charakteristika haben meine besten Kunden dieser Zielgruppe?

1. Zielgruppe/Branche:

___

2. Art der Kundengeschäfte:

___

3. Durchschnittlicher Umsatz pro Jahr:

___

4. Durchschnittlicher Deckungsbeitrag pro Auftrag:

___

5. Typische Größe der Unternehmen (zum Beispiel Umsatz):

___

6. Entscheidungsträger:

   a) Typische beteiligte Managementbereiche

   ___

   b) Ultimativer (wirtschaftlicher) Entscheider

   ___

7. Typische Argumente für die Kaufentscheidung:

___

___

8. Typische Wege, um diese Kunden zu finden und zu interessieren:

___

___

9. Sonstige Charakteristika:

___

___

___

dieser Branchen Gespräche zur Erkundung ihrer speziellen Problemstellungen und Bedürfnisse zu führen. Diese vergleichen Sie dann mit denen Ihrer besten Kunden. Sollten Sie eine weitgehende Ähnlichkeit finden, dann haben Sie die Voraussetzungen zur Gewinnung neuer Kunden geschaffen.

Bereiten Sie eine strategische Argumentation vor

In den obigen Abschnitten haben Sie Ihre Wettbewerbsvorteile herausgearbeitet und die Kernaussage Ihrer Produkte für die am besten geeigneten Kunden-Zielgruppen festgelegt. Jetzt kommt es darauf an, die richtige Gesprächsebene für das Gespräch mit dem Kunden zu wählen. In einem Verkaufsgespräch können wir drei verschiedene Ebenen unterscheiden: die operative Ebene, die taktische Ebene und die strategische Ebene (Abbildung 5). Sie unterscheiden sich wie folgt:

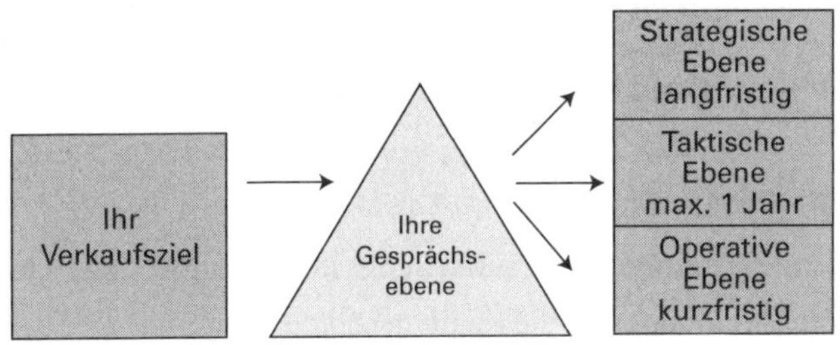

Abbildung 5: Das Prisma der Gesprächsebenen

Die operative Ebene

Diese Ebene bezieht sich auf die Details des Produkts oder des Tagesgeschäfts. Die Verkäufer erzählen dem Kunden viele Einzelheiten über ihr Produkt, über den Vergleich zu den Eigenschaften der Wettbewerbsprodukte, die Auftragsabwicklung und den Service. Sie reagieren mehr auf die Fragen der Kunden als dass sie eine eigene, bestimmte Richtung verfolgen. Sie gehen davon aus, dass der Kunde ja wissen müsse, was er will, und spielen die Rolle des *reagierenden Technik-Beraters*.

Beispiel: *Der Kunde bittet um Informationen über eine neue Software. Der Verkäufer geht die einzelnen Funktionen mit ihm durch und beantwortet Fragen. Der Kunde wird sich dann entscheiden, ob er einen Auftrag platziert oder nicht.*

Die taktische Ebene

Beim taktischen Verkaufsstil hat der Verkäufer eine mittelfristige Perspektive von einem Zeitraum bis zu einem Jahr im Blick. Er geht davon aus, dass zur Komplettierung eines Auftrags einige Monate vergehen und mehrere Kundenkontakte erforderlich sind. Im Vorfeld einer Auftragserteilung wird über Zwischenstationen gesprochen, wie Produktdemonstrationen, Bemusterungen, Erprobungen oder Referenzbesichtigungen. Der Verkäufer spielt jetzt die Rolle des *zielstrebigen Akquisiteurs.*

Beispiel: *Ein Kunde will eine zusätzliche Automatisierungsstufe in seinen Fertigungsprozess einbauen. Er wendet sich deshalb an einige Unternehmen, die Drehautomaten herstellen. Er trifft sich mit dem Verkäufer eines dieser Unternehmen und spricht mit diesem über sein Problem. Der Verkäufer vereinbart mit ihm einen Besichtigungstermin bei einem Kunden, der einen solchen CNC-gesteuerten Automaten betreibt. Der Kunde will noch im gleichen Jahr die Anschaffung tätigen.*

Die strategische Ebene

Auf der strategischen Gesprächsebene kommt Ihre Kernaussage ins Spiel. Sie legen beim Verkaufsgespräch mehr Wert auf Ihren generellen Wettbewerbsvorsprung (Kernaussage) und den daraus für den Kunden langfristig resultierenden Nutzen. Damit spielen Sie gegenüber Wettbewerbern, die sich nach wie vor auf die Erklärung technischer Details konzentrieren, in einer anderen Liga. Außerdem gibt Ihnen diese Ebene mehr Raum, sich auf dem Gebiet der Zusatzleistungen vom Wettbewerb zu differenzieren (integriertes Produkt). Auf der strategischen Ebene spielt der Verkäufer jetzt die Rolle des *Consultants* für den Kunden.

Beispiel: *Ein Kunde möchte die Automatisierung seines Büros vorantreiben. Er spricht mit einem Verkäufer, der Bürosysteme vertreibt. Dieser stellt ihm Fragen über die derzeitige Situation und ihre Auswirkungen in der Praxis. Gemeinsam beraten sie über Lösungsmöglichkeiten, wobei vor allem der langfristige wirtschaftliche Nutzen des Kunden und die Partnerschaft zur Sicherung eines reibungslosen Betriebs im Vordergrund stehen.*

Ein Verkäufer, der auf der operativen oder taktischen Ebene kommuniziert, strebt in erster Linie den Verkaufsabschluss an. Jemand mit einem strategischem Verhalten hilft dem Kunden, selbst zu kaufen. Er wird damit vom Kunden weniger als Verkäufer, sondern mehr als Berater (Consultant) wahrgenommen.

Dies ist ein bedeutender Unterschied zum operativen oder taktischen Verkaufen. Solange sich ein Verkäufer beim operativen und taktischen Verkaufen vor allem auf technische und logistische Dinge beschränkt, wird er vom Kunden in erster Linie als Verkäufer wahrgenommen, der hauptsächlich seinen Auftrag sucht. Der strategische Verkäufer, der sich mehr auf die äußeren Bedingungen und die Auswirkungen für den Kunden konzentriert, sieht das Ganze mehr aus der Sicht des Kunden und wird deshalb im Wesentlichen Fragen stellen und den Kunden selbst zur besten Lösung kommen lassen.

Vom operativen zum strategischen Verkaufen

Der Weg, von einem operativen zu einem strategischen Verkaufsstil zu kommen, heißt, das Verkaufsgespräch anstelle von den einzelnen technischen Merkmalen des Produkts von der Kernaussage her zu führen. Man kann diesen Unterschied auch als Übergang vom produkt- zum kundenorientierten Verkaufen bezeichnen (Abbildung 6). Während beim operativen und taktischen Verkauf die Fakten in Form von technischen und logistischen Details im Vordergrund stehen und die Kernaussage nur andeutungsweise oder gar nicht zum Tragen kommt, steht die Kernaussage beim strategischen Verkauf im Zentrum der Beratung.

Strategisches Verkaufen bedeutet, dass Sie

- aufhören, vor allem über technische Produktmerkmale zu reden und
- weniger die eigenen Dinge loben („wir haben mehr Servicebüros ...“), sondern
- beginnen, mehr Fragen zu stellen und Kunden-Bedürfnisse zu verstärken, und
- dem Kunden sagen, warum gerade Ihre Art der Problemlösung die Vorteilhafteste für sein Geschäft ist.

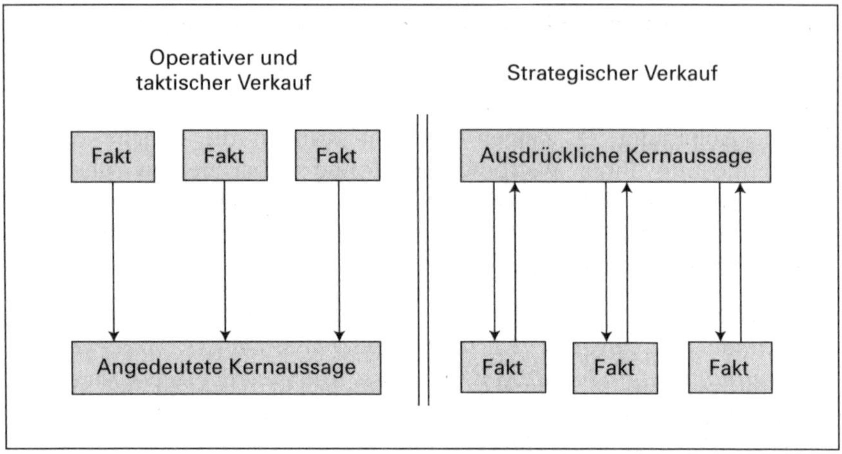

Abbildung 6: Vom operativen zum strategischen Verkaufen

Vor allem für Produkte, die schon eine Weile im Markt sind, ist der strategische Verkauf wichtig, da es sonst schwierig ist, bei einer Argumentation über die einzelnen Besonderheiten des Produkts gegen die Wettbewerber zu gewinnen.

Wenn Sie, bildlich gesprochen, beim operativen oder taktischen Verkaufen in den Boxring gegen Ihren Wettbewerber steigen, dann müssen Sie mit einem erbitterten Schlagabtausch rechnen. Beim strategischen Verkauf besiegen Sie Ihren Gegner schon auf dem Weg zum Ring, denn gegen Ihre strategische Argumentation wird er nur schwer eine Angriffsfläche finden.

Strategisch argumentieren heißt, dass Sie das Geschäft des Kunden verstehen, und weniger als Verkäufer denn als Consultant mit ihm reden. Auf dieser Ebene wird der Kunde schon allein das Gespräch mit Ihnen als Gewinn verbuchen. Sie spielen dadurch in einer anderen Liga als Ihre Wettbewerber, und müssen sich nicht in der Diskussion vieler Details im Vergleich zum Wettbewerb verschleißen.

Wie Sie Ihre Art der Problemlösung überzeugend darstellen

Wenn Sie dem Kunden Ihre strategische Problemlösung erläutern wollen, bietet es sich an, dies mit einer kleinen Zeichnung zu verdeutlichen (Abbildung 7). Zeigen Sie dem Kunden die übliche Art der Problemlösung Ihrer Wettbewerber (ohne dabei negativ über Ihre Wettbewerber zu reden). Weisen Sie auf das typische Kundenproblem hin, das mit den Vorteilen Ihres Produkts besser gelöst werden kann als mit denen der Wettbewerbsprodukte.

Beispiel: *Sie liefern mobile Lösungen für Managementsysteme, mit denen der Kunde alle Aufgaben wie Internetanschluss, Daten-, Voice- und Videokommunikation bewältigen kann. Ihre Mitbewerber liefern jeweils nur Teile dieser Systeme. Ein typisches Problem des Kunden ist, dass er mit verschiedenen Anbietern sprechen und sich soweit in die Systeme einarbeiten muss, dass ein richtiges Interface gewährleistet ist. Außerdem gibt es bei Garantieproblemen oft Konflikte wegen der Zuständigkeit des jeweiligen Lieferanten, der häufig geneigt ist, die Fehlerquelle beim anderen Anbieter zu sehen.*

Mit Ihrer Lösung hat der Kunde nur einen Ansprechpartner, damit klare Verhältnisse hinsichtlich der Zuständigkeiten und weniger Sorgen wegen eines möglichen Fehlers.

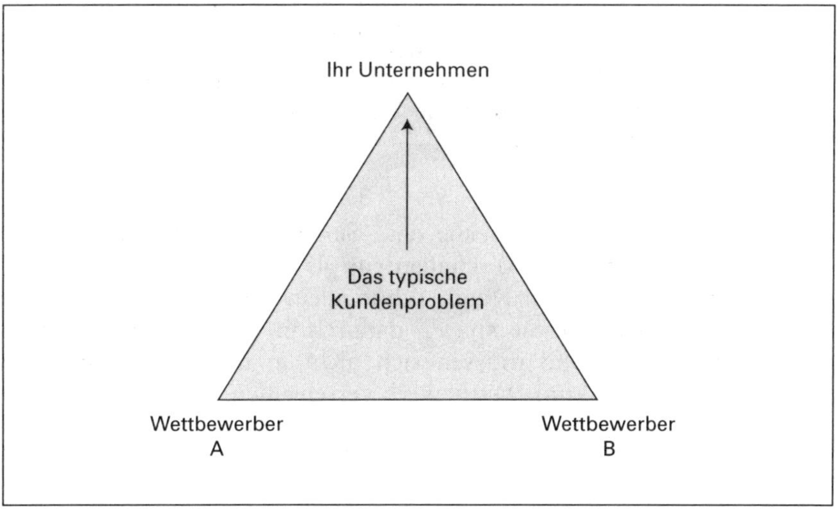

Abbildung 7: Kundengerechte Skizze zur Darstellung Ihrer Problemlösung

Betreiben Sie persönliches Marketing zur Gewinnung neuer Kunden

Eine wesentliche Aktivität zur Steigerung Ihrer Umsätze ist Ihr ganz persönliches Marketing. „Dafür haben wir schließlich eine Marketingabteilung“, werden Sie vielleicht einwenden. Sicher mag diese Marketingabteilung sehr nützlich sein, und sie kann Ihnen über Werbung und Verkaufsförderungsaktionen eine Reihe von Kunden zuführen. Wichtig ist es aber, dass Sie als Person in Ihrem Gebiet genauso einen Bekanntheitsgrad erlangen wie Ihre Firma und Ihre Produkte. Persönliches Marketing wirkt unmittelbar, gibt Ihnen ein sofortiges Feedback über Ihren Erfolg bei den Kunden und erhöht die Bekanntheit Ihrer Person. Es ist damit die beste Möglichkeit, Ihre persönliche Beziehung zu Interessenten und späteren Kunden aufzubauen. Sie nehmen damit die Steuerung Ihres Erfolgs selbst in die Hand.

Um mit neuen Interessenten in Kontakt zu kommen, gibt es zwei Wege:

1. Die Interessenten wenden sich an Sie oder
2. Sie wenden sich an die Interessenten.

Abbildung 8: Möglichkeiten Ihres persönlichen Marketings zur Kundengewinnung

Wenn Sie beispielsweise einen Interessenten anrufen und um einen Gesprächstermin bitten, dann ist dies aktive Kundengewinnung. Wenn der Interessent über eine Anzeige Kenntnis von Ihrem Produkt erhalten hat und Sie wegen weiterer Informationen anruft, so ist dies passive Kundengewinnung. Beide Arten gehen oft ineinander über.

Bei der passiven Kundengewinnung ist die Wahrscheinlichkeit eines Auftrags höher als bei der aktiven Kundengewinnung. Diese Kunden haben sich bereits mit Ihrem Produkt beschäftigt und haben in den meisten Fällen ganz bestimmte Vorstellungen über ihre Anforderungen und die Möglichkeit der Anschaffung des Produkts. Bei der aktiven Kundengewinnung ist die Erfolgsrate geringer. Sie hat jedoch den Vorteil, dass Sie selbst die Kontrolle über die Zahl der Anrufe haben. Je weniger Anrufe Sie von den Kunden erhalten, desto mehr müssen Sie selbst zum Hörer greifen, das heißt aktive Kundengewinnung betreiben. Der Zusammenhang zwischen der Anzahl Ihrer Anrufe und der Ihrer Kundenbesuche ist einfach: je mehr Sie anrufen, desto mehr Chancen erhalten Sie zur Kundengewinnung.

Das Mailing in Verbindung mit einem Follow-up-Anruf

Trotz des großen Booms, den Telefonmarketing zur Zeit verzeichnet, ist es oft angebracht, sich zunächst mit einem interessanten und gut formulierten Brief einzuführen. Wenn Sie anschließend den Kunden anrufen, sind Sie keine unbekannte Größe mehr und können sich im Gespräch auch gleich auf Ihr Schreiben beziehen. Ein solcher Brief, wenn er in gleicher Form an mehrere Empfänger geht, auch Mailing genannt, sollte dem Kunden die vier folgenden Fragen beantworten:

- Wer schreibt mir?
- Was will der Absender von mir?
- Was hätte ich davon?
- Was soll ich tun?

Diese Form der Ansprache ist nicht mit den im Konsumgüterbereich üblichen breitgestreuten Massenmailings zu verwechseln. Halten Sie das Schreiben persönlich und konkret. Gehen Sie auf die speziellen Bedürfnisse der Kundenzielgruppen ein. Schreiben Sie kurz und klar, und weisen Sie so schnell und überzeugend wie möglich auf den dritten Punkt (Was hätte ich davon?) hin, damit sich der Kunde mit Ihrem

Schreiben tatsächlich beschäftigt. Es empfiehlt sich, das Mailing mithilfe eines Diktiergeräts zu entwerfen, da der Text möglichst dem gesprochenen Wort gleichen soll. Redigieren Sie Ihr Schreiben danach sorgfältig, indem Sie überflüssige Ausschmückungen und Füllwörter eliminieren. Kündigen Sie im Mailing höflich an, dass Sie nach einigen Tagen anrufen werden, um weitere Fragen zu beantworten. Diesen Anruf werden Sie nutzen, um einen Gesprächstermin zu erhalten. Überlegen Sie, wie Sie Ihren Brief gestalten können, damit er sich von den üblichen Mailings, die bei den Kunden täglich zu Dutzenden eingehen, abhebt. Gliedern Sie den Text nach Einstieg, Begründung, Beweis und Zielstellung. Ein Beispiel ist der Musterbrief auf der folgenden Seite.

Zwölf Tipps für Ihren Mailing-Erfolg

1. *Schreiben Sie stets an eine Person mit Namen und Titel.* Briefe mit der Anrede „Sehr geehrte Damen und Herren" laufen sich tot im Unternehmen des Kunden. Richtig ist: „Herrn Dr. A. Müller, Geschäftsführer Technik" und „Sehr geehrter Herr Dr. Müller".

2. *Nennen Sie mögliche Referenzkontakte.* „... Herr Hofer, Prokurist der Firma Wasinger GmbH, steht für Auskünfte zur praktischen Anwendung gern zur Verfügung."

3. *Nennen Sie den Zweck des Schreibens.* Kommen Sie rasch zur Sache: „Ich möchte Sie über das neue Fördersystem unserer Firma informieren. Es besitzt eine völlig neue Sensorsteuerung."

4. *Erwähnen Sie ein paar beeindruckende Daten und Vorteile.* Verraten Sie aber nicht zu viel; Sie wollen ja noch genügend Argumente für die weiteren Kontakte haben. Der Zweck des Schreibens ist es, den Kunden neugierig auf Ihren Anruf zu machen.

5. *Wählen Sie Ihre Worte als Insider.* Verwenden Sie den in der Branche Ihres Kunden üblichen Jargon.

6. *Liefern Sie Ihrem Kunden gute Gründe für den nächsten Kontakt.* Beziehen Sie sich auf seine spezielle Situation, und deuten Sie den spezifischen Nutzen an, den Sie ihm bieten können.

MUSTERBRIEF

Ärztliche Laborgemeinschaft
Herrn Dr. med. Olaf Krüger
Am Kreuzweg 5–9

99999 Reisdorf

Neu: Erstmals bis zu 1 000 Patientenproben pro Stunde vollautomatisch verteilen

Sehr geehrter Herr Dr. Krüger,

(Einstieg)

das **TECHNILAB-Probenverteilungssystem** löst jetzt das „Flaschenhalsproblem“ großer Labors.

(Begründung)

Die bisher gar nicht oder nur teilweise mechanisierte Verteilung der Primärproben erfolgt jetzt vollautomatisch, und zwar

- für jedes Probengefäß,
- für jede Art von Gefäßträgern der bekannten Analysensysteme,
- mit hoher Sicherheit gegen Infektionsgefahr und Probenverwechslung,
- angepasst an Ihre speziellen Laborbedingungen.

(Beweis)

Mehrere Installationen in großen Labors zeugen von der Qualität und der hohen Zuverlässigkeit des Systems. Einen ersten Eindruck gibt Ihnen das beigefügte Foto.

Mit freundlichen Grüßen

Robert Richter

Vertriebsingenieur

(Zielstellung)

PS: Möchten Sie mehr über das Technilab-System wissen? Ich werde Sie in der kommenden Woche anrufen, um – falls von Ihnen gewünscht – einen Termin für ein unverbindliches Informationsgespräch zu vereinbaren.

ARBEITSBOGEN 4: Entwicklung eines Mailing-Konzepts

Gehen Sie bei der Entwicklung des Konzepts in folgenden Schritten vor:

1. **Zielstellung:** Definieren Sie exakt, was Sie mit dem Mailing erreichen wollen.
2. **Zielgruppen:** Definieren Sie Ihre Zielgruppen, die Sie ansprechen wollen, sowie die speziellen Interessen dieser Zielgruppen.
3. **Nutzen für die Kunden:** Finden Sie heraus, welche ganz speziellen Merkmale Ihrer Produkte beziehungsweise Leistungen für die unter Punkt 2. ausgewählten Zielgruppen interessant sind. Welchen Nutzen haben die Kunden davon? Nennen Sie diesen so spezifisch wie möglich.
4. **Strategie der Argumentation:** Entwerfen Sie stichwortartig Ihren Werbebrief, nach den Stufen: Einstieg, Begründung, Beweis und Zielstellung (siehe Musterbrief auf Seite 39).
5. **Besondere Ideen:** Entwickeln Sie Ideen, die den Kunden dazu bringen, Ihr Mailing nicht sofort in den Papierkorb zu werfen, sondern es zu öffnen und nach dem ersten Blick auf das Mailing dieses auch bis zum Ende zu lesen.
6. **Groblayout:** Überlegen Sie sich, wie Sie das Mailing optisch für Ihre spezielle Gruppe interessant machen können, ohne marktschreierisch zu wirken.
7. **Äußerer Auftritt:** Planen Sie, was beachtet werden muss, damit Ihr Mailing nebst Briefumschlag und weiteren Inhalten dem Anspruch Ihrer Zielgruppe gerecht wird. Verwenden Sie nur bestes Briefpapier.
8. **Umfang:** Listen Sie auf, welche Bestandteile Ihre Mailing-Sendung insgesamt enthalten soll.
9. **Text:** Entwerfen Sie einen kurzen Text für das Mailing. Redigieren Sie diesen Text danach grammatikalisch, streichen Sie überflüssige Füllwörter, und prüfen Sie, ob Ihr Text lebendig und bildhaft geschrieben ist.
10. **Aktionsplan:** Legen Sie fest, welche Aktionen zu welchen Terminen Ihres gesamten Mailing-Projekts durchgeführt werden sollen.
11. **Follow-up:** Überlegen Sie sich, wie Sie Ihren Follow-up-Anruf durchführen; was Sie erreichen wollen, wie Sie Ihr Gespräch eröffnen und welche interessante Zusatzinformation Sie geben können (siehe auch unter Schritt 2: Managen Sie Ihre Kundenkontakte, Seite 57 ff.).
12. **Erfolgsstatistik:** Führen Sie eine Statistik der Erfolge. Wie viele Kunden haben Interesse geäußert? Wie viele Gespräche kamen zustande? Wie viele Aufträge wurden erzielt?

7. *Legen Sie interessante Unterlagen bei.* Eine Abbildung, ein Empfehlungsschreiben oder ein Artikel einer Fachzeitschrift über Ihr Produkt liefern einen Anreiz für den Kunden, über einen Kontakt mit Ihnen nachzudenken. Seien Sie aber zurückhaltend mit der Vergabe von Prospekten oder Spezifikationen, da Sie für spätere Kontakte sonst nichts mehr zu bieten haben.
8. *Erwähnen Sie, bis wann Sie anrufen wollen.* Der Kunde ist dann auf den Kontakt vorbereitet.
9. *Schreiben Sie an jeden Kunden so spezifisch wie möglich.* Standard-Mailings, die mehrere Zielgruppen mit den gleichen Argumenten ansprechen, haben gewöhnlich eine geringe Rücklaufquote.
10. *Unterschreiben Sie Ihren Brief selbst.* Wenn Sie den Kundenkontakt aufbauen wollen und Ihr Vorgesetzter den Brief unterschreibt, dann wird damit Ihre Kompetenz abgewertet. Wenn Ihre Sekretärin unterschreibt, fühlt sich der Kunde nicht wichtig genug genommen.
11. *Fassen Sie sich kurz.* Der Kunde hat noch mehr zu lesen als Ihren Brief. Er muss in Sekunden sehen können, was Sie von ihm wollen und was ihm ein Gespräch mit Ihnen nützen kann.
12. *Verwenden Sie am Schluss ein PS* mit einer wichtigen Mitteilung, denn gerade diese „Sonderzeile" wird aufmerksam gelesen.

Mit einem gut formulierten Mailing haben Sie bereits beim Kunden einen Fuß in der Tür. Er wird einen Gesprächstermin nicht so schnell ablehnen, als wenn jemand wie aus heiterem Himmel anruft und der Kunde sich zunächst misstrauisch fragt: „Wer ist dieser Herr Freudenreich von der Firma Fleiß & Co., und was will er mir andrehen?"

Mailing zur Ankündigung Ihrer neuen Tätigkeit

Wenn Sie in einem Gebiet neu sind, so empfiehlt es sich, alle Kunden und potenziellen Interessenten anzuschreiben und sie über die Aufnahme Ihrer Tätigkeit als Verkäufer in Ihrem Gebiet zu informieren. Dafür bietet sich ein persönlich gehaltenes Schreiben nach dem Muster auf Seite 42 an. Auf folgende Punkte sollten Sie dabei eingehen:

MUSTER EINES SCHREIBENS anlässlich einer neuen Gebietszuständigkeit

Sehr geehrter Herr Dr. Müller,

zunächst möchte ich mich Ihnen vorstellen: Mein Name ist Heinz Löblich, und ich betreue seit dem 1. Januar 1997 unsere Kunden im Gebiet Baden-Württemberg. Einige Hinweise zu meiner Person und meinen bisherigen Tätigkeiten können Sie dem beigefügten Informationsbogen entnehmen.

Wie ich von meinem Vorgänger, Herrn Altmann, erfahren habe, sind Sie ja seit längerer Zeit Kunde bei uns, und ich werde mich selbstverständlich darum kümmern, dass Sie mit unseren Serviceleistungen und Lieferungen auch weiterhin zufrieden sind. Ich würde mich freuen, Sie künftig regelmäßig über neue Produkte und Serviceleistungen informieren zu dürfen.

Mit freundlichen Grüßen

Heinz Löblich
Gebietsleiter Baden-Württemberg

PS: Unsere neue Klimaeinheit KE 230 X, die wir kürzlich auf der Frankfurter ACHEMA vorgestellt haben, bietet interessante Vorteile für Unternehmen Ihrer Branche. Dazu würde ich Sie gern in der Woche vom ... bis ... anrufen, um eventuell einen Termin für ein Informationsgespräch zu vereinbaren.

Anlage: Informationen zu meiner Person

- Ihr Name, Ihre neue Funktion im Unternehmen und Ihre speziellen Kenntnisse und Erfahrungen auf dem Gebiet, in dem Sie jetzt tätig sind;
- ein Bezug auf die bisherigen Geschäftsverbindungen (nur bei existierenden Kunden);
- wenn möglich, eine interessante Information geben, wie die Ankündigung eines neuen Produkts oder einer neuen Anwendung eines bekannten Produkts;
- der Hinweis, dass Sie den Kunden beziehungsweise Interessenten in der Woche X anrufen und um einen Termin zu einer persönlichen Vorstellung bitten werden.

Der Effekt ist noch wesentlich größer, wenn Sie die Informationen über Ihr Wissen und Ihre Erfahrungen auf einem getrennten Bogen anführen, auf dem Ihr Foto abgedruckt ist. Als Anschreibbogen genügt dann ein kurzer Brief mit dem Zweck des Schreibens und dem Bezug auf eine gute künftige Zusammenarbeit.

Schreiben Sie, wie Sie sprechen, nur wesentlich kürzer.

Werbegeschenke

Werbegeschenke können sehr wirksam oder auch Geldverschwendung sein. Sie werden in Form von Kugelschreibern, Zettelblocks und Kalendern zu Millionen über das Land verstreut. Um Eindruck zu machen, müssen Sie sich etwas Besonderes ausdenken. Anregungen dazu, mit Mustern und Preisen, finden Sie in den Werbekatalogen einschlägiger Anbieter.

Um beim Kunden einen bleibenden Eindruck zu hinterlassen, sollten Werbegeschenke möglichst solche sein, die vom Kunden täglich benutzt oder gesehen werden und die ihn immer wieder an Sie und Ihre Firma erinnern. Dazu eignen sich beispielsweise originelle Kaffeepötte, Wandkalender oder anspruchsvolle Kunstdrucke. Sicher gibt es für Ihr spezielles Produkt noch passendere Ideen. Sie müssen nur intensiv darüber nachdenken und nach neuen Ideen suchen. Der Kontakt mit Werbefachleuten gibt Ihnen dazu sicher interessante Anregungen.

Messen

Fachmessen bieten viele Möglichkeiten, um neue Geschäftsverbindungen anzubahnen. Dabei unterscheiden wir zwei Arten von Messen: Messen, bei denen Sie oder Ihre Wettbewerber als Aussteller vertreten sind, und Messen, auf denen sich Ihre Kunden präsentieren. Messen, bei denen Sie oder Ihre Wettbewerber ausstellen, sind eine gute Gelegenheit, in kurzer Zeit sehr viele Interessenten oder Kunden zu treffen. Wenn bestimmte Messen für Ihre Firma zu kostenaufwendig sind, so bietet es sich auch an, mit anderen, befreundeten Unternehmen, zum Beispiel Zulieferern, einen gemeinsamen Stand zu mieten.

Wichtig ist, dass Sie bei der Vielzahl der Kontakte, die Sie während einer Messe knüpfen, genau Buch über die Kundenkontakte und die getroffenen Absprachen führen. Wenn Sie einen eigenen Messestand haben, so bieten sich dazu Messeformulare in der beigefügten Art an (siehe Muster Messebericht, Seite 46). Haben Sie keinen eigenen Stand und sind nur als Besucher anwesend, so sollten Sie Ihre Informationen auf einen Notizblock schreiben, nach Gesprächsende auf ein Diktiergerät sprechen oder gleich in Ihr PC-Notebook tippen. Dadurch gehen Sie sicher, dass wertvolle Kontaktinformationen nicht verloren gehen und nach Messeschluss gewissenhaft bearbeitet werden. Bearbeiten Sie die erhaltenen Anfragen sofort nach Messeschluss schnell und gründlich, es wäre sonst schade um den Messeaufwand.

Public Relations

Viele Leute denken, dass Public Relations einzig eine Aufgabe der Abteilung PR oder der Werbeagentur eines Unternehmens ist. Das ist sicher richtig, wenn es um Ihr Unternehmen und seine Produkte geht. Sie sollten aber auch Public Relations für Ihre eigene Person durchführen, und die müssen Sie selbst in die Hand nehmen, damit Ihr Name und Ihr Gesicht in Ihrem Umfeld bekannt wird.

Eine Möglichkeit bietet sich in Form der Mitgliedschaft in geeigneten Klubs. Auf den Veranstaltungen solcher Klubs lernen Sie eine Menge Leute kennen, und es ist oft erstaunlich, wie viele geschäftliche Berührungspunkte sich daraus ergeben.

Informationstage, Seminare und Workshops

Eine sehr gute Möglichkeit zur Bekanntmachung Ihrer Produkte und Ihrer eigenen Person sind Veranstaltungen, auf denen Sie entweder ein neues Produkt vorstellen oder bestimmte, für Ihre Kunden interessante Themen behandeln. Erfolgreich sind solche Veranstaltungen in der Regel dann, wenn Sie entweder ein neues Produkt, ein neues Verfahren oder interessante Erfahrungen aus der Praxis zeigen. Die Veranstaltung gewinnt weiterhin, wenn Sie einen bekannten Referenten verpflichten. Wenn Sie der Initiator und möglicherweise auch der Moderator einer solchen Veranstaltung sind, trägt dies erheblich zu Ihrem Ansehen und Ihrem Bekanntheitsgrad bei. Je mehr Fachwissen Sie dabei selbst offenbaren, desto stärker wird der nachhaltige Eindruck sein, den Sie hinterlassen. Ich kenne Vertriebsingenieure und Produktmanager verschiedener Firmen, die auf Grund zahlreicher solcher Veranstaltungen und Vorträge von ihren Kunden als Kapazität auf einem Fachgebiet angesehen werden. Sie werden dadurch nicht nur als Verkäufer, sondern als Experte betrachtet und erhöhen so Ihren Einfluss auf die Kaufentscheidung der Kunden.

Pressearbeit

Veröffentlichungen mit Ihrem Namen in der Fachpresse tragen erheblich zu Ihrem Bekanntheitsgrad bei. Dabei sollten Sie sich auf Fachzeitschriften konzentrieren, die Ihre Kunden lesen. Die Veröffentlichung solcher Artikel ist meist kostenlos, und manchmal erhalten Sie sogar ein Honorar dafür. Es bedingt jedoch, dass Sie einiges an Arbeit investieren. Diese Arbeit macht sich aber langfristig bezahlt. Eine weitere Möglichkeit besteht in der, meist kostenlosen, Veröffentlichung von Pressemitteilungen. Die meisten Fachzeitschriften haben eine Rubrik für Kurzmitteilungen, Neuerungen oder Produktinfos.

Eine solche Pressemitteilung sollte kurz gehalten werden und auf einen Blick das Wesentliche Ihrer Aussage darstellen. Sie können beispielsweise ein Produkt oder einen Anwendungsfall zeigen. Die Pressemitteilung sollte so gestaltet sein, dass in den oberen Zeilen bereits das Wichtigste mitgeteilt wird. Die Redakteure verwenden meist keine Arbeit auf die Überarbeitung solcher Mitteilungen und machen sie passend, indem sie einfach einen Teil des Textes abschneiden.

MUSTER MESSEBERICHT (Beispiel aus der Labortechnik)

Messe: _____ Gesprochen mit: ______________________________
Gesprächspartner (bitte deutlich in Druckschrift eintragen)

Name und Titel: ______________________________
Funktion: ______________________________
Anschrift: ______________________________
____
Tel./Fax: ______________________________
Begleitpersonen: ______________________________

Medizin: Krankenhaus ☐ Privatlabor ☐ Laborgemeinschaft ☐
Institut ☐ Praxis ☐ Werksärztlicher Dienst ☐
Sonstige ☐

Industrie: Firma ☐ Institut ☐ Behörde ☐
Sonstige ☐

Interessiert an folgenden Produkten:
☐ ____________ ☐ ____________
☐ ____________ ☐ ____________
☐ ____________ ☐ ____________

Wichtige Informationen:
____
____

Wünscht:
Beratung ☐ Demo ☐ Angebot ☐ Unterlagen ☐ Preise ☐

Gesprächsanlass:
Kaufinteresse ☐ Planungsstadium ☐ Allgemeine Information ☐
Sonstiges ☐ ______________________________

Tipps zu möglichen anderen Interessenten: ______________________________
____
____
____

Zur internen Bearbeitung – weitere Aktionen
☐ Telefonisches Follow-up durch: ______________________________
☐ Aussendung von Unterlagen durch: ______________________________
☐ Aufnehmen in Auftragserwartungen: A ☐ B ☐ C ☐
☐ Weitere Verteilung an: ______________________________
☐ Sonstige Aktionen: ______________________________

Newsletter

Das Schreiben und Verteilen von Newslettern kann ein exzellentes Marketingwerkzeug sein. Der Trick ist, dass ein guter Newsletter interessante Informationen für den Kunden enthalten muss und nicht lediglich eine als Informationsbrief verkleidete Produktwerbung ist. Wenn in dem Informationsbrief überwiegend Werbung enthalten ist, so können Sie kaum davon ausgehen, dass er auch von Ihren Kunden gelesen wird. Wenn er aber für die Branche mit wichtigen Mitteilungen gespickt ist, so haben Sie eine gute Chance, dass ihn der Kunde liest. Halten Sie Ihren Infor- mationsbrief kurz, und fügen Sie einige optische Auflockerungen, wie zum Beispiel ein Foto, eine Skizze oder auch eine humoristische Zeichnung, bei.

Entwickeln Sie einen Kundengewinnungsplan

Ihre Kundengewinnung wird erfolgreich sein, wenn Sie systematisch vorgehen. Dazu brauchen Sie einen Plan, der auf den bereits beschriebenen Aktivitäten oder auch anderen Methoden der Verkaufsförderung aufbaut. Schreiben Sie auf, welche Aktionen Sie in welchem Zeitraum und in welchen Wiederholungsabständen durchführen wollen. Kontrollieren Sie diesen Plan regelmäßig auf seine Erfüllung, und versehen Sie die nicht durchgeführten Aktionen mit einem neuen Erledigungstermin. Nehmen Sie sich dabei nicht zu viel vor. Es ist besser, weniger zu planen, aber diese Dinge mit hoher Disziplin abzuarbeiten. Es ist lohnender, mit mehreren Aktivitäten eine kleinere Kundengruppe zu bearbeiten, als einen großen Kundenkreis weniger intensiv anzusprechen. Die Eindrücke aus Ihren Aktionen werden erst ab einem gewissen Wiederholungsgrad bei Ihren Kunden haften bleiben. Konzentrieren Sie deshalb Ihre kostbare Zeit und Ihr knappes Budget auf die Marktsegmente, die Sie als beste Kunden identifiziert haben. Wenn Sie Ihr persönliches Marketing zäh und in guter Qualität durchführen, dann werden Sie nach einiger Zeit von Kunden angerufen werden und neue Geschäftsverbindungen bahnen sich an.

Trotzdem werden diese Kontakte in der ersten Zeit nicht ausreichend sein, um genügend neue Kunden zu gewinnen. Einen Teil Ihres Tages müssen Sie deshalb dafür reservieren, selbst zum Telefon zu greifen und

Gesprächstermine zu akquirieren. Wie dies im Einzelnen geschieht, wird unter Schritt 2 dieses Buches besprochen.

Recherchieren Sie die Branchenverzeichnisse

Es gibt eine Vielzahl von Adressverlagen, von denen Sie Adressen und oft auch die Namen der zugehörigen Ansprechpartner kaufen können. Diese Adressen können Sie für einmalige Aktionen leihen oder für die Nutzung auf Dauer kaufen. Die Qualität der Adressen ist recht unterschiedlich. Sie sollten diese im Laufe der Zeit durch eine eigene, ständig zu pflegende Kundenkartei ersetzen.

Reagieren Sie sofort auf Kundenanfragen

Über Anzeigen Ihres Unternehmens, Kennziffern-Zeitschriften oder andere Quellen kommen oft Anfragen der Kunden zu Ihren Produkten und Serviceleistungen ins Haus. Überprüfen Sie diese Anfragen regelmäßig, und sorgen Sie für eine schnelle Beantwortung. Kunden, die Ihnen schreiben, signalisieren damit ihr Interesse. Sie sind wertvolle, potenzielle Interessenten, deren Anfragen prompt beantwortet werden müssen.

Kontaktieren Sie ehemalige Kunden

Auf Grund einer negativen Gefühlslage werden ehemalige Kunden oft links liegen gelassen. Man geht davon aus, dass sie im Besitz der Konkurrenz sind und es sich ohnehin nicht lohnt, wieder Kontakte anzustreben. Gerade diese Annahme ist oft falsch. Denn nicht immer sind diese Kunden mit den Produkten und dem Service Ihrer Wettbewerber zufrieden. Oft sind sie nur zu stolz, sich selbst an Ihr Unternehmen zu wenden. Wenn sie sich in einer solchen Phase der Unzufriedenheit befinden, haben Sie eine gute Chance, die Geschäftsbeziehung wieder aufleben zu lassen.

Nutzen Sie zufriedene Kunden als Referenzen

Sobald Sie sicher sind, dass der Kunde mit Ihrem Produkt zufrieden ist, sollten Sie die Referenzfrage stellen: „Können Sie mir jemanden nennen, der auch an diesem Produkt/dieser Leistung interessiert sein könnte?" Das funktioniert am besten in dem Moment, wenn der Kunde seine

Zufriedenheit äußert und Ihnen oder Ihrer Firma ein Lob ausspricht. Versuchen Sie, mehr als nur den Namen und die Firma des möglichen Interessenten zu erfahren. Bitten Sie um Informationen zu folgenden Punkten:

- Was ist seine Funktion im Unternehmen?
- Welche geschäftlichen Aufgaben hat er?
- Wie funktioniert der übliche Entscheidungsablauf?
- Welche besonderen Erwartungen mag der Interessent haben?
- Mit welchen ähnlichen Produkten des Wettbewerbs hat er bisher gearbeitet?

Finden Sie möglichst viel über Ihren potenziellen Interessenten heraus. Stellen Sie Ihrem Kunden die entsprechenden Fragen in lockerer Form. Er sollte nicht den Eindruck bekommen, dass Sie von ihm vertrauliche Informationen erhalten wollen. Bitten Sie ihn in jedem Fall um die Erlaubnis, sich auf seinen Namen beziehen zu dürfen. Noch besser ist es, wenn Sie ihn veranlassen können, seinen Kollegen oder Bekannten anzurufen und einen Gesprächstermin für Sie zu vereinbaren. Das würde Ihre Chancen beträchtlich erhöhen.

Rufen Sie den genannten Interessenten sobald als möglich an, und informieren Sie danach Ihren Kunden über den Ausgang des Gesprächs. Falls der Kontakt erfolgreich war, sollten Sie sich bei Ihrem Kunden mit einer Aufmerksamkeit bedanken. Falls nicht, sollten Sie trotzdem ein Dankeschön-Schreiben schicken.

Fragen Sie Ihre zufriedenen Kunden nach weiteren möglichen Interessenten.

Bitten Sie Ihren Kunden um ein Referenzschreiben

Ein Referenzschreiben eines zufriedenen Kunden hilft Ihnen, bei einem Interessenten schneller ein Vertrauensverhältnis aufzubauen oder überhaupt einen Termin zu erhalten. Zufriedene Kunden sind oft gern bereit, Ihnen diesen Gefallen zu tun. Es scheitert nur oft daran, dass sie es aus Zeitgründen immer wieder verschieben oder nicht so recht wissen, was sie schreiben sollen. Bitten Sie sie deshalb, in einem solchen Schreiben auf die folgenden Fragen einzugehen:

1. Was waren die wichtigsten Gründe, das Produkt von Ihnen und nicht vom Wettbewerb zu kaufen?

2. Wie wurde die Zusammenarbeit mit Ihrem Unternehmen empfunden?

3. Welchen positiven Effekt hatte die Anschaffung des Produkts für das Unternehmen des Kunden?

Versichern Sie Ihrem Kunden, dass Sie sein Referenzschreiben nur dann einem Interessenten zugänglich machen, wenn Sie vorher sein Einverständnis eingeholt haben, was Sie natürlich strikt einhalten werden. Sie können dem Kunden auch vorschlagen, dass Sie selbst ein Referenzschreiben entwerfen, welches er dann abändern kann. Ihr Vorschlag sollte dann aber weder zu überschwenglich noch zu bescheiden sein.

Besonders wertvoll sind Referenzen der Kunden in deren eigenem Unternehmen, zum Beispiel Großunternehmen mit mehreren Niederlassungen. Die Kunden kennen möglicherweise Kollegen in anderen Niederlassungen, die Interesse an Ihrem Produkt haben könnten. Es ist erstaunlich, wie wenig diese Möglichkeiten der Umsatzsteigerung genutzt werden. Es gibt kaum einen leichteren Weg, um zusätzliche Umsätze zu generieren.

Suchen Sie nach Chancen zur Umsatzsteigerung bei Ihren derzeitigen Kunden

Wenn Sie des öfteren bei Ihren Kunden ein- und ausgehen, werden Sie immer wieder Gelegenheit für die „Verlängerung Ihres Geschäfts" finden. Sei es bei Routinebesuchen, Schulungsseminaren, Installationen oder Servicefällen, mit etwas Aufmerksamkeit werden Sie neue Bedürfnisse der Kunden identifizieren. Anhaltspunkte geben Ihnen folgende Überlegungen:

- Gibt es Möglichkeiten der Aufrüstung des Produkts oder eine Erweiterung des Serviceangebots?
- Welche zusätzlichen Produkte oder Serviceleistungen würden dem Kunden helfen, seinen Marktanteil zu steigern oder Kosten zu senken?
- Kann der Kunde weitere Produkte oder Serviceleistungen anschaffen, wenn man ihm geeignete Finanzierungsmöglichkeiten anbietet?

- Ist eine Umsatzerhöhung im After-Sales-Geschäft durch günstigere Rabatte möglich?
- Existieren Pläne der Geschäftserweiterung beim Kunden?
- Gibt es Tochtergesellschaften im In- oder Ausland, die einen ähnlichen Bedarf haben?

Der Arbeitsbogen 5 auf Seite 52 hilft Ihnen, Ihre Aktivitäten zur Umsatzsteigerung bei Ihren Kunden regelmäßig zu überprüfen.

Sammeln Sie laufend Informationen über Ihre Kunden

„Etwas über Ihre Kunden zu wissen, ist genauso wichtig, wie alles über Ihr Produkt zu wissen", schreibt der amerikanische Unternehmer und Berater Harvey Mackay[1] in seinem Bestseller „Swim With the Sharks". Er hat aus diesem Grund in seinem Unternehmen eine Checkliste mit 66 Fragen für jeden Kunden eingeführt, die vom Unternehmen des Kunden bis zu dessen persönlichen Daten reicht. Natürlich erhält er nicht alle gewünschten Informationen, aber er arbeitet mit seinen Mitarbeitern laufend an der Vervollständigung dieser Liste.

Geschäfte werden nicht von Unternehmen, sondern von den Menschen, die in diesen Unternehmen arbeiten, gemacht. Deshalb müssen Sie vor allem auf die Menschen im Unternehmen des Kunden eingehen. Wenn Sie über Ihre Kunden gut Bescheid wissen, haben Sie immer eine Grundlage für ein Gespräch mit ihnen, sei es nun telefonisch oder vor Ort. Selbstverständlich sind solche Informationen mit größter Vertraulichkeit zu behandeln. Indiskretionen anderen gegenüber würden Ihre Reputation bald ruinieren.

Diese Art der Kundenpflege kostet etwas Zeit. Sie meinen, Sie haben diese Zeit nicht? Ist es möglich, dass Sie zu den Verkäufern gehören, die glauben, nur noch über den Preis verkaufen zu können? Denken Sie noch einmal darüber nach. Wenn Sie die notwendigen Informationen über Ihre Kunden nicht recherchieren und zuwenig Zeit in die Beziehungspflege investieren, werden Sie zu den „Ferner-liefen-Wettbewerbern" gehören. Ihre gute persönliche Kundenbeziehung macht oft den Unterschied bei der Auftragsvergabe aus. Sie sind besser informiert als der Wettbewerb, und Ihr Angebot wird mit größerer Aufmerksamkeit behandelt.

> Gute Beziehungen schaden nur dem, der sie nicht hat.

ARBEITSBOGEN 5: Umsatzsteigerung bei Ihren Kunden

Überprüfen Sie Ihre Aktivitäten für zusätzliche Verkäufe bei Ihren Kunden.

	immer	manch-mal	kaum
1. Ich kümmere mich auch nach dem Verkauf aktiv um meine Kunden.	☐	☐	☐
2. Ich prüfe laufend, ob ein Bedarf für After-Sales-Produkte besteht.	☐	☐	☐
3. Wenn der Kunde zufrieden ist, bitte ich ihn um die Angabe möglicher weiterer Interessenten.	☐	☐	☐
4. Zum Kontakt weiterer möglicher Interessenten bitte ich um Vorabinformationen und um die Erlaubnis, den Kunden als Referenz zu nutzen.	☐	☐	☐
5. Ich bringe mich regelmäßig durch kleine Aufmerksamkeiten in Erinnerung, zum Beispiel durch Zusendung von Fachartikeln, Brancheninfos, kleine persönliche Geschenke usw.	☐	☐	☐
6. Auf Grund meines Fachwissens versuche ich, den Kunden laufend bei der Verbesserung seines Geschäfts zu beraten.	☐	☐	☐
7. Ich bemühe mich, die Kundenbeziehung durch das Anbieten weiterer Serviceleistungen noch enger zu gestalten.	☐	☐	☐
8. Durch Inzahlungnahme alter Produkte versuche ich, dem Kunden den Neukauf unserer Produkte zu erleichtern.	☐	☐	☐
9. Ich prüfe, ob weitere Niederlassungen des Kundenunternehmens Bedarf an unseren Produkten haben könnten.	☐	☐	☐

Nutzen Sie Ihre Mitarbeiter vor Ort zur Verkaufsunterstützung

Eine wichtige Hilfe zur Umsatzsteigerung können Ihre Servicetechniker, Monteure oder Applikationsingenieure sein. Diese Mitarbeiter haben häufig Kundenkontakt und sehen vor Ort mehr von der Praxis als der Verkäufer. Sie werden nur leider meist nicht mit in den Verkaufsprozess einbezogen. In Zeiten, in denen ein Verkaufsbesuch im Investitionsgütergeschäft zwischen 600 und 1 000 Mark kostet, ist es einfach nicht länger zu verantworten, diese „stillen Reserven" nicht für verkäuferische Aktivitäten zu nutzen. Diese Mitarbeiter können wertvolle Hinweise geben für

- den Abschluss eines Wartungsvertrags,
- die Einführung einer neuen Software,
- die Anschaffung eines weiteren Produkts,
- die Erweiterung des vorhandenen Produkts durch eine Option,
- den Bedarf zusätzlicher Schulungsprogramme,
- die Existenz eines weiteren Interessenten,
- die Zufriedenheit des Kunden und seine mögliche Nutzung als Referenz,
- die Erhöhung der Umsätze durch After-Sales-Produkte, zum Beispiel Kühlflüssigkeit für Werkzeugmaschinen, Chemikalien für Laboranalysensysteme.

Die Mitarbeiter vor Ort haben ein enormes Wissen über die Situation bei den einzelnen Kunden und genießen einen hohen Grad an Glaubwürdigkeit, denn sie kommen ja zum Kunden, um ein Problem zu lösen. Sie werden als Experten und Helfer angesehen. Pflegen Sie deshalb die Beziehungen zu Ihren „Front-line-Kollegen".

Zusammenfassung

- *Bereiten Sie Ihre Argumentation vor,* und zwar im Hinblick auf Ihre Produktvorteile, im Vergleich zu Ihren Wettbewerbern und aus der Sicht Ihrer Kunden. Denken Sie stets daran, dass Sie dem Kunden einen konkreten Grund geben müssen, ausgerechnet von Ihnen und nicht von einem Ihrer Wettbewerber zu kaufen.
- *Analysieren Sie Ihr Produkt in dreifacher Hinsicht,* und zwar als generisches, aufgewertetes und integriertes Produkt. Das generische Produkt erfüllt den durchschnittlichen technischen Stand. Es ist nur über den Preis zu verkaufen. Das aufgewertete Produkt beinhaltet darüber hinaus spezielle Kundenvorteile. Wenn Sie dazu noch Service, Reputation und andere, begleitende Dinge betrachten, erhalten Sie in der Summe das integrierte Produkt.
- *Definieren Sie Ihren Wettbewerbsvorsprung:* Vergleichen Sie die Eigenschaften Ihrer Produkte mit denen der Wettbewerbsprodukte. Definieren Sie konkret, welche Eigenschaften einzigartig sind, welche der Wettbewerb auch bietet, aber nicht in so guter Qualität wie Sie, bei welchen Eigenschaften Sie gleich sind und bei welchen Sie Nachteile haben.
- *Formulieren Sie die Kernaussage Ihres Wettbewerbsvorsprungs:* Gehen Sie davon aus, welche speziellen Probleme die meisten Ihrer Kunden als Kaufmotiv sehen, und definieren Sie, wie Sie diese Probleme für die Kunden vorteilhafter lösen, als dies die Wettbewerber vermögen.
- *Finden Sie Ihre besten Kunden:* Definieren Sie, ausgehend von Ihrem Wettbewerbsvorsprung und Ihrer Kernaussage, das Profil des idealen Kunden für Ihr Produkt. Stellen Sie fest, welche Ihrer Kunden diesem Profil am besten entsprechen. Überprüfen Sie, wie Sie diese besten Kunden gefunden haben, und akquirieren Sie weitere Kunden auf diese Art. Identifizieren Sie neue Kundenzielgruppen, die ebenfalls weitgehend dem Profil Ihrer idealen Kunden entsprechen, und suchen Sie nach Wegen zur Gewinnung dieser Kunden.

- *Argumentieren Sie auf der strategischen Ebene:* Ein bloßer Vergleich von technischen Details führt dazu, dass Sie kaum als wesentlich anders als der Wettbewerb wahrgenommen werden. Strategisch argumentieren heißt, dass Sie vom Kunden als Consultant wahrgenommen werden, der allein durch sein beratendes Gespräch mit dem Kunden diesem einen Gewinn bringt.
- *Betreiben Sie persönliches Marketing zur Gewinnung neuer Kunden:* Schreiben Sie gezielte Mailings an potenzielle Kunden, und wecken Sie deren Interesse durch Ansprechen eines typischen Problems dieser Kunden. Rufen Sie nach einer Woche an, indem Sie sich auf Ihr Mailing beziehen, und versuchen Sie, einen Gesprächstermin zu vereinbaren. Nutzen Sie weitere Möglichkeiten zur Gewinnung neuer Kunden, wie Messen, Informationstage, Fachartikel und Pressemitteilungen. Sprechen Sie auch ehemalige Kunden an.
- *Nutzen Sie zufriedene Kunden als Referenzen:* Bitten Sie Ihre Kunden, für Referenzauskünfte zur Verfügung zu stehen. Noch besser ist es, wenn Sie ein Referenzschreiben erhalten können. Besonders wertvoll sind Referenzen von Kunden für andere Interessenten im eigenen Unternehmen.
- *Suchen Sie nach Chancen zur Umsatzsteigerung bei Ihren derzeitigen Kunden:* Zusätzliche Optionen, After-Sales-Produkte, Serviceleistungen oder Kapazitätserweiterungen bei den Kunden sind gute Möglichkeiten der Umsatzsteigerung. Diese Möglichkeiten entdecken Sie durch eine regelmäßige Kundenpflege.
- *Sammeln Sie laufend Informationen über Ihre Kunden:* Je mehr Sie von Ihren Kunden wissen, desto leichter ist es, ein Gespräch zu führen, einen Termin zu erhalten, auf die Kundenwünsche einzugehen und eine dauerhafte, vertrauensvolle Beziehung zu entwickeln.
- *Beziehen Sie Ihre Servicekollegen in den aktiven Verkauf ein.* Mitarbeiter der Bereiche Service, Applikation oder Montage haben häufig Kontakt mit Ihren Kunden und erhalten aufschlussreiche Informationen. Beziehen Sie diese Kollegen in den aktiven Verkaufsprozess mit ein. Geben Sie ihnen einen Anreiz dafür.

Schritt 2

Managen Sie Ihre Kundenkontakte

„So bekam ich den Eindruck, dass große Aufträge weniger das Ergebnis einer bestimmten Verkaufstaktik während des Gesprächs als einer persönlichen Beziehung waren, die sich im Laufe der vorausgegangenen Besuche entwickelt hatte."

Saul W. Gellermann: Was den guten Verkäufer ausmacht, HARVARDmanager, IV, 1990

Kundenkontakte sind Augenblicke der Wahrheit. Sie entscheiden über Erfolg oder Misserfolg im Geschäftsleben. Positive Kundenkontakte stellen sich nicht von selbst ein. Man muss etwas dafür tun. Die folgenden Ausführungen vermitteln Ihnen sichere Methoden, um mit Ihren Kunden erfolgreicher zu kommunizieren. Denn ohne eine gute Gesprächsbeziehung zu den maßgeblichen Leuten im Kundenunternehmen werden Sie kaum Verkaufserfolge erzielen, so sehr Sie sich auch anstrengen.

Kundenkontakte lassen sich in fünf Phasen unterteilen:

- die Identifizierung der richtigen Ansprechpartner,
- die Vereinbarung eines persönlichen Gesprächs,
- die Vorbereitung des Kontakts,
- der erste Eindruck auf den Kunden,
- die emotionale Beziehung zwischen den Gesprächspartnern.

Identifizieren Sie die richtigen Gesprächspartner

Bevor Sie Kontakt aufnehmen, sollten Sie sich die folgenden Fragen stellen: Wer ist der richtige Ansprechpartner im Unternehmen des Kunden? Sind es mehrere? Sollten Sie möglichst weit oben in der Hierarchie beginnen oder lieber mit den unteren Rängen verhandeln? Wie erfahren Sie die Namen der Entscheidungsträger?

Jedes Unternehmen ist anders, und es gibt keine allgemeingültige Antwort auf diese Fragen. Manchmal mag es angezeigt sein, direkt mit der Einkaufsabteilung Kontakt aufzunehmen. Besser ist es jedoch in vielen Fällen, bei der Fachabteilung oder der Geschäftsführung zu beginnen, da diese oft mehr Verständnis für Ihre Produktvorteile aufbringen. Die meisten Entscheidungen im Investitionsgüterbereich werden letztlich auf einer höheren Ebene getroffen, in Großunternehmen auf Abteilungs- oder Bereichsebene, in mittelständischen Unternehmen vom Geschäftsführer. Generell sind die Auftragschancen größer und der Verkaufsaufwand geringer, wenn Sie den Kontakt möglichst weit oben herstellen.

Nehmen wir einmal an, Sie haben auf einer Messe mit dem Produktionsleiter eines mittelständischen Unternehmens über die Anschaffung einer Werkzeugmaschine gesprochen. Ihre Chance sei 50 Prozent, dass er ernsthaft am Kauf dieser Maschine interessiert ist. Der Produktionsleiter versucht nun, dem Einkaufsleiter des Unternehmens die Idee der Anschaffung dieser Maschine plausibel zu machen. Nehmen wir weiterhin an, die Wahrscheinlichkeit sei 60 Prozent, dass das dafür vorgesehene Budget ausreicht. Ihre Chance liegt nun bei 30 Prozent.

Der Einkäufer wird jedoch darauf bestehen, dass mindestens drei Wettbewerbsangebote eingeholt werden. Nehmen wir wieder an, Ihre Chancen gegen den gesamten Wettbewerb lägen bei 50 Prozent, dann haben sich Ihre Aussichten auf einen Verkauf bereits auf 15 Prozent reduziert. Einkaufs- und Produktionsleiter müssen jetzt noch die Entscheidung des Geschäftsführers einholen. Die Chancen, dass dieser die Anschaffung genehmigt, lägen bei 60 Prozent. Die Wahrscheinlichkeit, dass Sie den Auftrag erhalten, wäre damit auf neun Prozent gesunken. In der Zwischenzeit haben Sie wahrscheinlich schon einigen Aufwand betrieben. Sie haben ein ausführliches Angebot abgegeben, zweimal den Kunden besucht und den Produktionsleiter zu einer Demonstration in

Ihre Firma eingeladen. Wenn es Ihnen jedoch gelingt, gleich mit dem obersten Entscheider zu sprechen, erhöhen sich Ihre Chancen auf einen Auftrag beträchtlich, und zwar aus folgenden Gründen:

- Sie selbst können den Entscheider besser von den Vorteilen Ihres Angebots überzeugen, als dies seine Mitarbeiter vermögen.
- Produktionsleiter und Einkaufsleiter sind Angestellte des Unternehmens und damit abhängig von ihren Vorgesetzten. Sie werden ihre Meinung nur soweit vertreten, wie dies nicht die Sicherheit ihres Arbeitsverhältnisses berührt.
- Für den Entscheider existiert die strikte Budgetgrenze nicht. Wenn Sie ihn überzeugt haben, wird einiges möglich sein, was ursprünglich nicht geplant oder auf unterer Ebene nicht möglich war.
- Wenn Sie erst einmal einen persönlichen Kontakt zum Entscheider hergestellt haben, wird vieles einfacher für Sie. Man wird auf den anderen Ebenen schneller und eher zu Ihren Gunsten reagieren.

Versuchen Sie also, Ihren Verkauf möglichst weit oben in der Hierarchie zu beginnen. Zeigen Sie Courage, gerade in den oberen Hierarchien ist es oft gar nicht so schwer, einen Gesprächstermin zu erhalten.

Wer sind Ihre typischen Gesprächspartner in einem Unternehmen?

Vor Jahren – ich war damals Verkaufsleiter eines Unternehmens der medizinischen Labortechnik – versuchten wir, ein automatisches Zähl- und Differenziergerät für Blutzellen in einem größeren Krankenhaus im Ruhrgebiet zu verkaufen. Wir hatten eigentlich die besten Karten. Das dort seit einigen Jahren vorhandene Gerät des Wettbewerbs war defekt und nicht mehr zu sinnvollen Kosten reparierbar. Der zuständige Chefarzt rief uns an und bat uns, kurzfristig ein Leihgerät aufzustellen. Dabei äußerte er sich abfällig über den bisher im Krankenhaus vertretenen Wettbewerber, der sich zu unflexibel für die kurzfristig erbetene Hilfe zeigte. Sollte das von uns zur Verfügung gestellte Gerät zufrieden stellend arbeiten, würde er sich für einen Kauf einsetzen. Auf unsere Frage, ob wir wegen der Finanzierung nicht auch mit der Verwaltungsleitung des Krankenhauses sprechen sollten, erwiderte er, das könne er selbst regeln, und wir bräuchten uns darum nicht kümmern. Wir stellten sofort eines unserer Geräte auf, und die Anwender waren sehr zufrieden damit.

Was wir nicht wussten, war die Tatsache, dass der besagte Wettbewerber in der Zwischenzeit intensive Gespräche mit der Verwaltung führte. Um eine lange Geschichte kurz zu machen: Wir verloren den Auftrag. Das Krankenhaus bestellte ein Produkt des Wettbewerbers. Der Aufwand, den wir in dieses Projekt hineingesteckt hatten, wie Angebote, Installation und Schulung des Personals, Organisation eines Seminars sowie zahlreiche Besuche, war beträchtlich. Die Moral von der Geschichte? Versuchen Sie stets, mit allen Entscheidungsbeteiligten zu sprechen. Verlassen Sie sich nicht allein auf Ihre „Ich-mache-das-schon-alles"-Kontaktperson.

Nach Untersuchungen von internationalen Business Schools sind bei größeren Aufträgen im Schnitt sieben Entscheidungsträger eines Unternehmens am Kaufprozess beteiligt. Bei Serviceleistungen sind im Durchschnitt fünf Leute involviert. Für Verkaufsverhandlungen sollte man wissen, welche Rollen die einzelnen Teilnehmer spielen, denn Sie müssen Ihre Argumentation auf die einzelnen Entscheidungsbeteiligten ausrichten. Jeder von ihnen hat andere Interessen, andere Ansichten und andere Entscheidungskompetenzen. Glücklicherweise gibt es in den meisten Unternehmen eine vorherrschende Struktur der Entscheidungsabläufe. Wenn man diese kennt, fällt es leichter, die einzelnen Beteiligten und ihre Rollen zu identifizieren und sich darauf einzustellen.

Grundsätzlich lassen sich fünf Typen von Entscheidungsbeteiligten identifizieren, die gemeinsam das Einkaufsteam für eine Kaufentscheidung bilden:

- der wirtschaftliche Entscheider,
- der Anwender,
- der Beeinflusser,
- der Torwart,
- der Mentor.

Jeder Typ, mit Ausnahme des wirtschaftlichen Entscheiders, kann in einer Person oder mehrfach in einem Einkaufsteam vorkommen. Die Kenntnis der verschiedenen Typen hilft Ihnen, sich gezielt auf jede dieser Personen vorzubereiten und Ihre Kontakte effektiver zu gestalten.

Der wirtschaftliche Entscheider

Der wirtschaftliche Entscheider tritt in einem Kaufprozess nur in einer Person auf. Er bestimmt letztlich, ob das Geld dafür ausgegeben wird. In kleineren Unternehmen ist es meist der Geschäftsführer selbst, in größeren Unternehmen kann es zum Beispiel ein Hauptabteilungsleiter sein. Er hat in jedem Fall ein Vetorecht und kann auch ein bereits weit fortgeschrittenes Projekt noch stoppen.

Der wirtschaftliche Entscheider

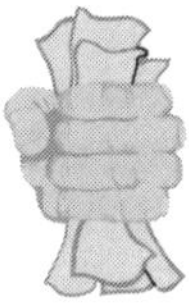

- hat die endgültige Entscheidungsbefugnis,
- verfügt über Budgetvollmachten,
- hat Vetorecht in jedem Stadium,
- ist nur einmal im Einkaufsteam vertreten.

Abbildung 9: Der wirtschaftliche Entscheider ist die letzte Instanz

Es ist oft nicht leicht, den wirtschaftlichen Entscheider zu identifizieren. Die meisten Verkäufer suchen ihn auf einer zu niedrigen Ebene und auch oft im falschen Bereich. Wenn Sie eine bessere Vorstellung über die Person des wirtschaftlichen Entscheiders erhalten wollen, überlegen Sie einmal konsequent, wer in Ihrem eigenen Unternehmen beispielsweise eine Anschaffung von 300 000 Mark letztlich absegnen würde. Wenn Sie diese Überlegung auf den Entscheidungsprozess Ihres Kundenunternehmens übertragen, können Sie auf die Position des Entscheidungsträgers schließen.

Eine weitere Möglichkeit, den wirtschaftlichen Entscheider zu identifizieren, besteht darin, möglichst mehrere Mitarbeiter des Kundenunternehmens unabhängig voneinander nach den einzelnen Stufen des Entscheidungsprozesses zu fragen. Wenn Sie aus diesen Befragungen entnehmen, dass die letzte Stufe der Entscheidungsschritte beim kaufmännischen Geschäftsführer liegt, dann versuchen Sie unbedingt, einen

Termin bei ihm zu erhalten. Viele Aufträge sind schon verloren gegangen, weil der Wettbewerb diesen wichtigen Schritt zuerst getan hat.

Die Zeit, die Sie brauchen, um den wirtschaftlichen Entscheider zu identifizieren, ist gut investiert. Das Problem ist, dass andere Leute des Kundenunternehmens oft versuchen, Sie von einem Kontakt mit dem wirtschaftlichen Entscheider abzuhalten. Es liegt in der menschlichen Natur begründet, dass sie sich selbst gern als die eigentlichen Entscheider darstellen. „Unser Chef zeichnet praktisch nur noch ab, was ich ihm vorlege", hört man oft. Leider stimmt dies in der Mehrzahl der Fälle nicht. Er wäre nicht Chef geworden, wenn dem so wäre.

Der Anwender

Der Anwender Ihres Produkts ist oft mehrfach vertreten. Fehlentscheidungen im Anschaffungsprozess muss er ausbaden. Er wird deshalb versuchen, die Kaufentscheidung in seinem Sinne zu beeinflussen. Der Entscheider tut gut daran, ein Produkt nicht gegen den Willen des Anwenders anzuschaffen. Anderenfalls wird dieser Möglichkeiten finden, das neue Produkt zu diskreditieren. Wenn Sie ihn ignorieren, kann er Ihnen das Leben schwer machen, indem er laufend Unzulänglichkeiten Ihres Produkts zu finden versucht.

Der Anwender

- Ihr Produkt betrifft unmittelbar seine Leistung und Zufriedenheit.
- Er beurteilt Ihr Produkt nach Auswirkungen auf ihn und seinen Arbeitsplatz.
- Er möchte in die Entscheidung einbezogen werden.

Abbildung 10: Der Anwender beeinflusst die Kaufentscheidung und die Kundenzufriedenheit nach dem Kauf

Anwender interessieren sich vor allem für folgende Punkte:

- Zuverlässigkeit des Produkts und des Service,
- Training und Einarbeitung zur Bedienung und Wartung,
- Sicherheit beim Betrieb,
- Einfachheit der Bedienung und gesundheitliche Verträglichkeit,
- Ausfallzeiten,
- Wartungsaufwand.

Stellen Sie möglichst zeitig die Frage: „Wer wird mit dem Produkt arbeiten?", und erläutern Sie den Anwendern den für sie zu erwartenden Nutzen. Empfehlenswert ist beispielsweise vor der Anschaffung eines Produkts ein Anwenderseminar. Damit räumen Sie Schwierigkeiten im Vorfeld aus und können positive Beziehungen für die spätere Zusammenarbeit schaffen.

Der Beeinflusser

Beeinflusser sind Leute, die von dem anstehenden Kauf betroffen sind oder bestimmte Kenntnisse und Erfahrungen besitzen, die für die Kaufentscheidung wertvoll sind. Sie können, aber müssen nicht, zu den Anwendern gehören.

Der Beeinflusser

wirkt meinungsbildend, hat

- strategisches Interesse,
- Wissen und Erfahrung,
- Vertrauen des wirtschaftlichen Entscheiders,
- oft Stabsverantwortung,
- gibt Signale für Kauf oder Ablehnung.

Abbildung 11: Der Beeinflusser gibt dem wirtschaftlichen Entscheider Signale, die dessen Urteil beeinflussen

Ein Beeinflusser kann sein:

- der Assistent des wirtschaftlichen Entscheiders,
- der Leiter einer Stabsabteilung, zum Beispiel für Organisation oder Finanzen,
- der Leiter anderer, mitbetroffener Abteilungen,
- die Frau des Geschäftsführers in einem kleinen Unternehmen.

Beispiele: Der Verkaufsleiter hat ein großes Interesse daran, in den Entscheidungsprozess einbezogen zu werden, wenn die Marketingabteilung ein EDV-gestütztes Vertriebssteuerungssystem einführt. Er knüpft bestimmte Erwartungen an ein solches System, obwohl die Koordination und Auswertung der Daten in der Marketingabteilung geschieht. Aber auch der Leiter des technischen Kundendienstes hat ein Interesse an der neuen Anlage, da auch seine Abteilung in den Adresspool und andere Informationen eingebunden ist. Beide, der Verkaufsleiter und der Kundendienstleiter, sind damit Beeinflusser.

Der Torwart

Der Torwart trifft zwar keine Kaufentscheidungen, er kann aber bereits im Vorfeld verhindern, dass Ihr Angebot überhaupt berücksichtigt wird, oder den Kauf später aufhalten. Wir verlieren manchmal Aufträge, ohne zu wissen, warum. Der Grund mag darin liegen, dass wir durch Blockade von seiten des Torwarts niemals ernsthaft in Betracht gezogen wurden, das heißt, er hat unseren Ball aufgehalten.

Der Torwart

- gibt Richtlinien vor,
- hat keine Entscheidungsbefugnis,
- kann aber blockieren,
- konzentriert sich oft auf
  - × Spezifikationen und
  - × technische Gesichtspunkte.

Abbildung 12: Der Torwart kann den Kaufprozess stoppen

Ein Torwart kann zum Beispiel sein:

- ein Konstrukteur, der meint, dass Ihr Unternehmen als Zulieferer nicht genügend Erfahrung auf einem Gebiet hat,
- ein Programmierer, der behauptet, dass die Responsezeit Ihrer EDV-Systeme zu lang sei,
- ein Controller, dem Ihre Finanzierungsbedingungen nicht gefallen,
- ein Qualitätsmanager, der auf die Einhaltung bestimmter Standards pocht.

Manche Firmen haben die Rollen der Torwarte bereits formalisiert, indem sie eine so genannte Listung der berechtigten Lieferanten vornehmen oder bestimmte Bedingungen, wie zum Beispiel die Zertifizierung nach ISO 9 000, verlangen.

Der Mentor

Ihr wichtigster Partner im Kundenunternehmen ist der Mentor. Ohne Mentor verkaufen Sie praktisch im Dunkeln. Er ist Ihr In-house-Verkäufer im Kundenunternehmen. Er ist gleichzeitig Ihr Pfadfinder, Fürsprecher und Diplomat. Die Interessen des Mentors müssen mit Ihren übereinstimmen. Einen Mentor muss man pflegen. Sie können auch mehrere Mentoren in einem Unternehmen haben. Die Gewinnung mehrerer Mentoren empfiehlt sich, damit Sie bei Ausscheiden oder Versetzung Ihres Mentors nicht wieder von vorn anfangen müssen. Sehr oft hat ein Mentor mit Ihnen über Jahre eine gute Geschäftsbeziehung entwickelt und vertraut Ihnen.

Der Mentor

- leitet Sie im Verkaufsprozess,
- möchte, dass Sie Erfolg haben,
- besitzt Glaubwürdigkeit im Unternehmen,
- hat Vertrauen zu Ihnen.

Abbildung 13: Der Mentor ist an Ihrem Erfolg interessiert

Er kann Sie über die an den Entscheidungen beteiligten Personen, die richtige Abfassung des Angebots, die zweckmäßige Gesprächsstrategie und die einzelnen Stufen des Entscheidungsprozesses informieren.

Meist ist der Mentor ein Angehöriger des Kundenunternehmens. Er kann aber auch von außen kommen und etwa folgende Rollen spielen:

- Unternehmensberater,
- Vertreter einer Einkaufsagentur,
- Bauleiter,
- ehemaliger Mitarbeiter,
- Vertreter einer ausschreibenden Behörde.

Der Mentor kann auch einer der vier oben genannten Gesprächspartner sein. Im Idealfall ist er gleichzeitig der wirtschaftliche Entscheider. Nächstbester Mentor wäre der Beeinflusser.

Der dominierende Beeinflusser

Häufig gibt es eine Person, die mehr als alle anderen das Vertrauen des wirtschaftlichen Entscheiders für einen bestimmten Bereich – oder auch generell – genießt. Sie kann zu jedem der einzelnen Bereiche des Unternehmens gehören. Oft verhält sich diese Person relativ lange ruhig. Wenn sie dann vom wirtschaftlichen Entscheider nach ihrer Meinung gefragt wird, gibt sie ein fundiertes, sachkundiges Urteil ab, das meist die Zustimmung der anderen findet. Ein solcher dominierender Beeinflusser ist oft ein Spezialist ohne Konkurrenz im Unternehmen, zum Beispiel ein Controller, ein technischer Fachmann oder auch ein persönlicher Assistent des Chefs. Sie sparen eine Menge Zeit, wenn Sie den dominierenden Beeinflusser so früh wie möglich identifizieren und ihn von Ihrem Produkt bereits im Vorfeld der Verhandlungen überzeugen.

Dominierende Beeinflusser kann man daran erkennen, dass

- sie über eine Menge Insider-Informationen verfügen,
- andere zuhören, wenn sie reden,
- sie selbst gute Zuhörer sind,
- sie ergebnisorientiert sind,
- ihre Aussagen sachlich ausgewogen erscheinen,
- sie gut vorbereitet sind,
- sie das Vertrauen des wirtschaftlichen Entscheiders besitzen,
- sie einen Sinn für Prioritäten haben.

Wie finden Sie heraus, wer Ihre Ansprechpartner sind?

Am einfachsten ist es, wenn Sie das Kundenunternehmen schon kennen. Sie können dann leicht die einzelnen Personen identifizieren und die Entscheidungspersonen gemäß Abbildung 14 in das Einkaufsteam eintragen. Wenn Sie am Anfang einer Geschäftsbeziehung stehen, sollten Sie im Gespräch mit Ihrem ersten Kontaktpartner versuchen, so viel wie möglich über Entscheidungswege und Entscheidungsbeteiligte in Erfahrung zu bringen. Ihr Wissen wird zunächst begrenzt sein. Versuchen Sie, in weiteren Kontakten mehr herauszufinden, und sorgen Sie dafür, dass diese Informationen in Ihre Kundenkartei eingehen. Je mehr Sie über die einzelnen Personen wissen, desto besser können Sie Ihre Gespräche vorbereiten – und umso größer werden Ihre Erfolgschancen sein. Verlassen Sie sich nicht allein auf die offizielle Organisationsstruktur. Die inoffizielle ist die wichtigere.

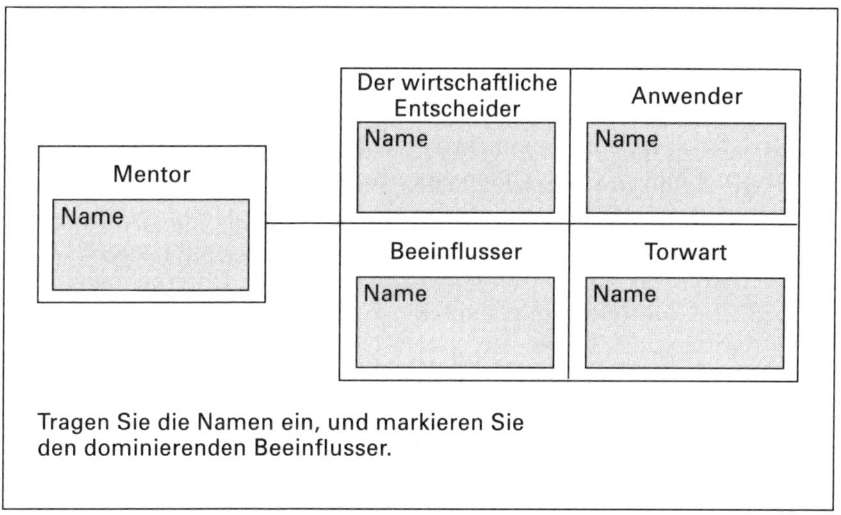

Abbildung 14: Das Einkaufsteam

Machen Sie einen kleinen Test:

- Nehmen Sie als Beispiel ein Unternehmen, mit dem Sie zur Zeit in Verkaufsverhandlungen stehen oder, noch besser, mit dem Sie am Anfang von Verkaufsverhandlungen stehen.

- Versuchen Sie, in die Abbildung 14 die Namen der einzelnen Entscheidungsbeteiligten einzutragen.
- Falls Sie dafür noch zu wenig Informationen besitzen, nutzen Sie die nächsten Kontakte mit dem Unternehmen, um die Namen zu erfragen.
- Bitten Sie dann Ihren Mentor, falls Sie schon einen haben, für Sie Termine bei den Entscheidungsbeteiligten für ein Gespräch zu vereinbaren. Nutzen Sie gegebenenfalls einen Vorwand, wenn Ihr Mentor Sie davon abhalten möchte. Zum Beispiel können Sie ihn bitten, nur einen Höflichkeitsbesuch zu arrangieren, woraus sich dann auch eine Kontaktbasis zu den Entscheidungsträgern oder dem wirtschaftlichen Entscheider ergeben könnte.
- Finden Sie heraus, wer der dominierende Beeinflusser ist, und konzentrieren Sie sich auf ihn. Sein Urteil gibt oft den Ausschlag über den Auftrag oder den Auftragsverlust.

Die Identifikation der Teilnehmer an der Kaufentscheidung lohnt sich in jedem Fall. Sie bewahrt Sie vor zwei entscheidenden Fehlern im Verkaufsprozess:

1. Verkaufsgespräche mit nicht entscheidungsbefugten oder über geringen Einfluss verfügenden Mitarbeitern zu führen und
2. den Verlust von Aufträgen an Wettbewerber, die mit den Entscheidern oder anderen einflussreichen Personen in Kontakt stehen.

Wie Sie einen Gesprächstermin erhalten

„Firma Blechschmidt, Fahrzeugzubehör, guten Tag."

„Guten Tag, Manfred Meyer, Firma Lauer, Werkzeuge und Vorrichtungen. Kann ich bitte Herrn Rosentreter vom Einkauf sprechen?"

„Moment bitte, ich verbinde."

„Martina Mauer, Einkauf."

„Guten Tag, hier ist Manfred Meyer, Firma Lauer, Werkzeuge und Vorrichtungen. Ist Herr Rosentreter zu sprechen?"

„In welcher Angelegenheit, bitte?"

„Es geht um die Vereinbarung eines Besuchstermins, ich möchte ihm gern unser Leistungsangebot zeigen."

„Herr Rosentreter ist zur Zeit in einer Besprechung."

„Dann rufe ich am Nachmittag noch mal an."

„Oh, das geht leider auch nicht, Herr Rosentreter ist diese Woche sehr beschäftigt. Schicken Sie uns doch bitte Ihre Unterlagen zu, wir melden uns wenn wir Bedarf haben."

„Hm, ja, gut, ich schicke Ihnen unseren Produktkatalog zu. Auf Wiedersehen und vielen Dank."

„Auf Wiedersehen."

Kommt Ihnen dieser Gesprächsverlauf bekannt vor? Manfred Meyer wurde abgewimmelt. Dem abgeschickten Katalog wird kaum Beachtung geschenkt werden. Ein Rückruf kommt vermutlich nie.

Wie können Sie die „Mauer" in Gestalt der Vorzimmerdamen in den Sekretariaten überwinden? Gibt es überhaupt Wege, um einen anderen als den oben dargestellten Gesprächsverlauf herbeizuführen? Es gibt sie, auch wenn es nicht immer einfach ist. Hier ist ein anderes Beispiel:

„Martina Mauer, Einkauf."

„Guten Tag, mein Name ist Manfred Meyer. Ich bin Vertriebsingenieur der Firma Lauer, Werkzeuge und Vorrichtungen. Wir haben ein völlig neues Tiefziehverfahren entwickelt, mit dem man eine enorme Kostenersparung hat. Da ich weiß, dass Ihr Unternehmen viele solche Arbeiten ausführt, wäre Herr Rosentreter sicher an konkreten Fakten dieser Neuentwicklung interessiert."

„Ja, schauen Sie, Herr Rosentreter ist diese Woche sehr beschäftigt, es wäre besser, wenn Sie uns erst mal Ihre Unterlagen zusenden."

„Das würde ich gern tun, aber die Entwicklung ist so neu, dass die Herstellung der Unterlagen noch eine Weile dauert. Ich würde es Herrn Rosentreter als Fachmann gern persönlich erklären. Das dauert maximal 20 Minuten. Sicher möchte er zu den ersten gehören, die über diese neue Technologie informiert sind."

Wenn Sie in diesem Stil weiter argumentieren, erhalten Sie mit höherer Wahrscheinlichkeit einen Besuchstermin. Es ist nur eine Frage der organisatorischen Gepflogenheiten, ob Sie jetzt mit Herrn Rosentreter oder Frau Mauer weiter verhandeln. Nehmen wir an, Frau Mauer vereinbart die Termine von Herrn Rosentreter, dann könnte es wie folgt weitergehen:

„Das wird in den nächsten Tagen sehr schwierig …"

„Es wäre mir sehr angenehm, wenn ich entweder in der nächsten Woche am Montag ab 16 Uhr oder am Mittwoch vormittag zu Ihnen kommen dürfte. Wäre einer dieser Zeitpunkte möglich?"

„Warten Sie mal …, ja, also Montag geht nicht. Aber könnten Sie am Mittwoch ganz früh, sagen wir 8 Uhr 15 kommen?"

„Ja, das passt mir sehr gut. Also dann bin ich am Mittwoch, den 14. Oktober, 8 Uhr 15 in Ihrer Firma. Vielen Dank, Frau Mauer, und auf Wiedersehen."

Was hat Herr Meyer dieses Mal anders gemacht?

1. Er hat nicht versucht, sein eigenes Interesse an einem Gesprächstermin in den Vordergrund zu stellen, sondern das des Kunden. Er hat sofort interessante Informationen mit einem möglichen Nutzen für den Kunden angedeutet.
2. Er hat nicht darauf bestanden, gleich mit Herrn R. zu sprechen. Statt dessen hat er dessen Sekretärin zunächst über den Gesprächsgrund informiert und ihre Kompetenz dadurch aufgewertet.
3. Er hat einen plausiblen Grund dafür genannt, dass er mit Herrn R. persönlich sprechen möchte.
4. Er hat Frau Mauer die Bedenken genommen, dass er ihrem Chef wertvolle Zeit stiehlt, indem er die maximal erforderliche Zeit auf 20 Minuten begrenzt hat.
5. Er hat zwei Terminvorschläge von sich aus zur Wahl angeboten. Damit hat er der Sekretärin einerseits die Freiheit der Wahl gelassen, andererseits aber auch selbst Einfluss auf einen für ihn günstigen Zeitpunkt genommen.

Ja, ja, ich höre buchstäblich schon Ihren Einwand zum Punkt 1: Herr Meyer konnte eine interessante Neuentwicklung anbieten. Was sollen wir jedoch machen, ohne jede Woche ein neues Produkt zu haben?

Seien Sie kreativ! Kunden haben immer Bedenken, dass Sie ihnen die Zeit stehlen. Sie sind ja schließlich nicht der einzige Verkäufer, der um einen Termin bittet. Es muss nicht immer ein neues Produkt sein. Andere Gesprächsgründe sind zum Beispiel:

- die Kenntnis eines akuten Problems beim Kunden, wie der Ausfall oder die Störung eines Geräts oder einer Maschine, das Sie vielleicht lösen können,
- die Bitte zur Befragung des Kunden als Experten zu einem wichtigen Sachverhalt (dazu erklären sich Kunden im Allgemeinen gern bereit),
- die Information über neue, für den Kunden interessante Serviceleistungen,
- die Information über neue Anwendungsfälle für Ihr Produkt,
- die Bitte zum Testen eines Produkts,
- die Erläuterung von Einsparungsmöglichkeiten beim optimalen Einsatz Ihrer Produkte,
- die Information über ein neues Finanzierungsmodell.

Gründe zur Besuchsvereinbarung zu suchen ist eine Ihrer wichtigen Aufgaben. Sie können sie allein oder im Brainstorming mit Ihren Kollegen finden. Wie auch immer, sie sind der Ausgangspunkt erfolgreicher Gespräche. Damit Sie jedoch die richtigen Gründe finden, müssen Sie über Ihren Kunden und sein Geschäft Bescheid wissen. Was stellt die Firma her? Wie steht sie im Markt? Was sind ihre Besonderheiten? Was sind ihre Probleme? Wer sind Ihre Gesprächspartner? Haben Sie mit dieser Firma bereits geschäftliche Beziehungen gehabt? Wenn ja, wie waren sie?

Lesen Sie die gleichen Fachzeitschriften, die Ihre Kunden lesen, gehen Sie zu den gleichen Tagungen, werden Sie Mitglied in den Fachverbänden und Vereinen, denen Ihre Kunden angehören. Je „näher" Sie Ihren Kunden sind, desto leichter werden Sie es haben, mit ihnen in Kontakt zu kommen. Leider werden solche Gelegenheiten von Verkäufern zu wenig genutzt!

Doch wo gäbe es eine bessere Gelegenheit, um Informationen zu sammeln und persönliche Kontakte zu knüpfen, als beispielsweise bei der Abendveranstaltung eines Kongresses, bei der die meisten Meinungsführer und viele Kundenvertreter einer Branche anwesend sind? Wie viele Anrufe muss man machen und wie viele Fahrten unternehmen, um so viele Kunden zu treffen? Wie viel besser kann man mit Kunden bei einem Glas Wein vertraut werden, als bei einem offiziellen Gespräch in seinem Büro? Sind es oft nicht gerade dieselben Verkäufer, die solche Chancen aus persönlicher Bequemlichkeit vertun und im eigenen Unternehmen darüber klagen, dass nur noch über den Preis verkauft werden könne?

Sechs Schritte zur telefonischen Vereinbarung eines Gesprächstermins

Zur Vereinbarung eines Termins mit Kunden hat sich die folgende Vorgehensweise bewährt:

1. Vorbereiten

Einen Gesprächstermin zu erhalten gehört oftmals zu den schwierigsten Aufgaben des Verkäufers. Auch hier gilt: Vorbereitung ist die Mutter des Erfolgs. Überlegen Sie sich, was Sie erreichen wollen, was Sie bestenfalls erreichen können, welcher Gesprächsgrund für den Kunden wirklich attraktiv ist und was Sie tun, wenn der Kunde absolut kein Interesse an Ihrem Besuch hat.

2. Begrüßen, Vorstellen

Sagen Sie „Guten Tag", und sprechen Sie dabei den Kunden mit Namen und gegebenenfalls seinem Titel an. Nennen Sie danach Ihren Namen und den Namen Ihres Unternehmens. Falls der Kunde Sie noch nicht kennt, müssen Sie natürlich Ihre Funktion nennen und Ihren Aufgabenbereich kurz beschreiben.

3. Interesse wecken

Nennen Sie den Grund Ihres Anrufs, und fragen Sie ihn, ob er zwei Minuten Zeit für eine neue Information hat oder ob Sie später noch einmal anrufen dürfen. Es kann ja sein, dass er gerade anderweitig beschäftigt ist. Danach kommt die Kurzbeschreibung der interessanten Informationen, über die Sie ihm in einem persönlichen Gespräch weitere Details geben möchten.

4. Vereinbarung vorschlagen

Steuern Sie im Gespräch sobald wie möglich Ihr eigentliches Ziel, die Vereinbarung eines Gesprächstermins beim Kunden, an. Deuten Sie an, wie lange das Gespräch dauern würde. Machen Sie ihm Alternativvorschläge für den Zeitpunkt des Gesprächs.

5. Vereinbarung bestätigen

Bestätigen Sie die Vereinbarung nochmals klar und deutlich, und fragen Sie, wer außer ihm noch an diesem Gespräch teilnehmen würde.

6. Bedanken, verabschieden

Bedanken Sie sich in jedem Fall für den Gesprächstermin, und verabschieden Sie sich.

So in etwa könnte ein solches Telefonat ablaufen:

„Guten Tag, Herr Kaufmann. Mein Name ist Roland Frick, ich bin Vertriebsingenieur bei der Firma Technicontrol GmbH. Wir haben kürzlich eine neue Modulreihe von elektronischen Steuerungssystemen auf den Markt gebracht. Hätten Sie zwei Minuten Zeit für einige kurze Informationen, oder darf ich Sie später nochmals anrufen?“ Der Kunde erwidert, dass es ihm jetzt passen würde.

„Ich habe gehört, dass Sie für den Einkauf der elektronischen Steuerungen für Ihre Sondermaschinen zuständig sind. Trifft das zu?“ Der Kunde sagt, dass dies zuträfe, er aber zur Zeit keinen Bedarf und im übrigen schon seit Jahren einen festen Lieferanten habe.

„Ja, ich verstehe, dass Sie nicht den Lieferanten wechseln wollen, wenn Sie bisher gut bedient wurden. Andererseits gibt es gerade auf diesem Gebiet immer wieder Fortschritte, und Sie könnten sich ja über einige Neuheiten unverbindlich informieren. Zum Beispiel über das neue, sensorgesteuerte Mikrosystem. Kennen Sie es schon?“ Er sagt, er kenne es nicht.

„Dann wird es Sie sicher interessieren. Es ist ein völlig neues Produkt, das wesentlich kleiner ist und dabei präziser arbeitet als herkömmliche Systeme.“ Damit haben Sie Ihren Wettbewerbsvorsprung, wie unter Schritt 1 beschrieben, genannt.

„Ich würde es Ihnen gern persönlich zeigen. Ist es möglich, dass ich Sie in der nächsten Woche einmal besuche? Es würde nicht länger als 20 Minuten dauern." Der Kunde stimmt zu.

„Wäre es am Mittwoch morgen oder Donnerstag vormittag möglich?" Er sagt, das wäre am Donnerstag um 11 Uhr möglich.

„Gut, dann bin ich am Donnerstag, den 21. Februar, um 11 Uhr in Ihrem Büro. Vielen Dank für Ihr Interesse. Auf Wiedersehen, Herr Kaufmann."

Lesen Sie dieses Beispiel noch einmal, und schauen Sie auf Ihre Uhr. Die Zeit liegt auch bei langsamer Sprechweise unter den angekündigten zwei Minuten. Nach dem Telefonat hat er bereits einen ersten Eindruck von Ihnen, Ihrem Unternehmen und Ihren Produkten, und Sie haben ein Gefühl, ob Ihr Gegenüber freundlich, reserviert oder unfreundlich ist und können auch die voraussichtliche Gesprächsdauer einschätzen.

Zehn Tipps zur telefonischen Terminvereinbarung

1. Nehmen Sie sich jeden Tag ein bestimmtes Ziel vor. Rufen Sie zum Beispiel jeden Tag vier Kunden an. So werden Sie immer genügend potenzielle Interessenten haben. Natürlich zählen nur die tatsächlich zustande gekommenen Gespräche.
2. Reservieren Sie für diese Gespräche einen bestimmten Zeitraum. Dieser sollte auf die arbeitsmäßigen Gepflogenheiten Ihrer Kunden abgestimmt sein.
3. Wählen Sie eine ruhige Umgebung und einen bequemen Arbeitsplatz für Ihre Telefonate. Treffen Sie Vorsorge, dass Sie nicht gestört werden.
4. Legen Sie die Fotos, Prospekte, Modelle, Beschreibungen oder andere Unterlagen Ihrer Produkte vor sich hin. Es wird Ihnen dann leichter fallen, am Telefon darüber zu sprechen.
5. Legen Sie Schreibzeug und mehrere funktionstüchtige Stifte bereit. Es lenkt ab, wenn ein Stift nicht funktioniert und Sie während des Gesprächs nach einem neuen suchen müssen.
6. Merken Sie sich sofort den Namen der Sekretärin des Angerufenen, wenn Sie ihn nicht schon kennen. Schreiben Sie ihn ebenfalls in Ihre Kundenkartei. Es ist wichtig, von Anfang an ihr Vertrauen zu ge-

winnen. Respektieren Sie ihre Funktion als „Abschirmdienst", und sagen Sie ihr, weshalb Sie ihren Chef sprechen möchten. Lügen Sie sie niemals an (zum Beispiel: „Es handelt sich um ein privates Gespräch.")!

7. Erreichen Sie den Kunden nicht, so vereinbaren Sie, dass Sie später noch einmal anrufen. Fragen Sie die Sekretärin nach einem günstigen Zeitpunkt dafür. Behalten Sie das weitere Vorgehen in der Hand, und vermeiden Sie, sich zurückrufen zu lassen. Sonst wären Sie zur Passivität verurteilt, und die Rückrufe erfolgen meist nie.

8. Erzählen Sie im Gespräch nicht mehr, als zur Weckung des Interesses nötig ist. Jedes Mehr an Information gefährdet das Ziel der Vereinbarung eines Besuchstermins. Weshalb sollte der Kunde Sie noch empfangen, wenn er schon das für ihn Wichtigste über Ihr Produkt erfahren hat?

9. Wenn Sie den Kunden noch nicht kennen oder wenn Sie wissen, dass seine Terminplanung zu wünschen übrig lässt, bestätigen Sie den Termin schriftlich. Sie ersparen sich dadurch teure Reisen ohne Resultat.

10. Rufen Sie auch zu unüblichen Zeiten an. Viele Führungskräfte sind schon sehr früh am Morgen oder spät abends noch im Büro. Manche legen auch ihre Mittagszeiten anders. Sie haben dann gute Chancen, den Chef direkt, ohne den Umweg über die Sekretärin, zu erreichen.

Bereiten Sie sich auf das Gespräch vor

Als ich vor mehr als zwei Jahrzehnten meine ersten Schritte im Verkauf machte, bat mich unser Verkaufsleiter, einen wichtigen Kunden zu besuchen. Wir verkauften Automaten zur Blutanalyse, und der Kunde war Inhaber eines großen Privatlabors. Er hatte bereits drei Geräte von uns. Zweck meines Besuches war die Erkundung weiterer Verkaufsmöglichkeiten. Ich wurde vom Chef und seinem Verwaltungsleiter empfangen.

Kaum dass ich mich vorgestellt hatte, überschütteten mich beide mit einer Schimpftirade über den miesen Lieferservice, die falschen Versprechungen und die Interesselosigkeit unserer Firma. Ich wurde praktisch

„kalt gefrühstückt". Die zuvor in einem Verkaufstraining gelernten Regeln der Gesprächsführung halfen mir auch nicht weiter. Die Kunden beklagten sich, dass wir seit drei Wochen die zum Betreiben der Geräte nötigen Reagenzien nicht mehr liefern würden, dass wir Garantien zugesagt hätten, die wir nicht hielten, und das Gerücht die Runde mache, dass wir Produktion und Service des Produkts einstellen würden (leider hatten die Kunden sogar Recht). Ich war voll „ins offene Messer gelaufen". Und dabei hatte ich mich vor dem Besuch auf eine vermeintlich „leichte Übung" eingestellt.

Mein Fehler? Nun, ich hätte mich vor dem Besuch mit der Kundenakte beschäftigen, von den Mitarbeitern des Service und des Reagenzienvertriebs etwaige Probleme erfragen und eine auf diese Probleme abgestimmte Gesprächsstrategie vorbereiten sollen. Der Lieferengpass war schließlich im Hause bekannt, und die emotionalen Entladungen waren vorauszusehen. Nur ich ahnte nichts. Wir hätten das Problem durch einen Reagenzienbezug von einem anderen Unternehmen möglicherweise beheben und den Kunden durch eine kostenlose Sonderlieferung für die Lieferunterbrechung besänftigen können.

Bereiten Sie sich deshalb gut vor, und informieren Sie sich. Stellen Sie sich vor jedem Besuch folgende 15 Fragen:

1. Wer sind die Ansprechpartner und was für Persönlichkeiten sind es?
2. Hatten wir bereits Geschäftsbeziehungen mit diesem Kunden?
3. Wenn ja, welcher Art und mit welchen Resultaten?
4. Wenn die Beziehung nicht erfolgreich war, was war der Grund?
5. Wenn der Kunde ein Produkt von uns hat, wie zufrieden ist er?
6. Welche Kontakte mit anderen Abteilungen wie Service, Applikation, Montage, Versandabteilung oder Buchhaltung gab es in letzter Zeit, und welche Probleme sind gegebenenfalls aufgetreten?
7. Wurden diese Probleme zur Zufriedenheit des Kunden gelöst?
8. Wann wurde der Kunde zuletzt besucht?
9. Welche Vereinbarungen wurden getroffen und wie wurden diese erfüllt?

10. Welche besonderen Interessen und Problemstellungen hat der Kunde?

11. Habe ich mich über unsere neuesten Produkte und Angebote vollständig informiert?

12. Bin ich ausreichend über die Produkte, Preise und Strategien der Wettbewerber informiert?

13. Habe ich mir klare Ziele für mein Gespräch gesetzt?

14. Habe ich mir alternative Ziele gesetzt, falls ich im Gespräch feststelle, dass ich mein Hauptziel nicht erreichen kann?

15. Habe ich genügend Fragen vorbereitet, um die Bedürfnisse des Kunden zu erfahren und die Ernsthaftigkeit des Bedarfs zu verdeutlichen (siehe Schritt 3: Entdecken Sie Probleme, und wecken Sie Bedürfnisse).

Ja, ja, werden Sie jetzt abwinken, das ist doch selbstverständlich. Ich kenne meine Kunden seit Jahren, und natürlich weiß ich über unsere Produkte Bescheid. Oder kann es doch sein, dass der Bericht über das neue Modell A noch in Ihrer Schublade liegt und Sie noch keine Zeit hatten, ihn zu studieren? Oder dass Ihnen entfallen ist, ob der Kunde B eigentlich noch alle Verbrauchsmaterialien von Ihrer Firma bezieht? Ist der letzte Brief rausgegangen, ohne in der Adresse zu berücksichtigen, dass der Kunde inzwischen zum Abteilungsdirektor befördert worden ist? Welche Vorteile hat der Kunde beim Einsatz Ihrer Produkte gegenüber denen der Wettbewerber? Wie war der letzte Servicefall verlaufen?

Wenn Sie es wirklich ernst meinen mit der Vorbereitung – und das müssen Sie –, dann schreiben Sie Ihre Informationen in Ihre Kundenkartei oder Ihren PC, und zwar immer sofort, nachdem Sie von einer Änderung erfahren haben.

> Wer sich gut auf seinen Auftritt vorbereitet, wird niemals arbeitslos.
> *Thomas Jefferson, ehemaliger US-Präsident*

Besuchsvorbereitung ist nicht nur für Anfänger wichtig. Auch gestandene Profis, die sich auf ihr Gedächtnis und ihre Intuition verlassen, geraten oft in Problemsituationen, die sich bei richtiger Vorbereitung vermeiden lassen. Die Vorteile einer solchen Vorbereitung liegen auf der Hand:

- Sie vermeiden unliebsame Überraschungen.
- Sie können durch die Vorbereitung das Gespräch geschickter und zielstrebiger führen.
- Sie verlieren nicht Ihre Sicherheit durch hilfloses Suchen in Ihren Papieren in Gegenwart des Kunden.
- Sie müssen nicht in Verteidigungsstellung gehen, da Sie wissen, was höchstwahrscheinlich auf Sie zukommt, und darauf vorbereitet sind.

Sie sollten aktiv und nicht passiv verhandeln, das heißt, Sie führen das Gespräch bis zur Erreichung Ihrer Ziele. Gespräche führt man am besten durch Fragen. Sie sollten die Fragen und Einwände des Kunden vorausahnen und die richtigen Argumente dazu bereithalten (siehe auch die folgenden Schritte 4 und 5).

Vorbereitung mit System

Verkäufer lehnen oft eine Formalisierung mit der Begründung ab, es komme ja doch alles anders als gedacht. Natürlich ist man nicht dagegen gefeit, dass Aspekte ins Spiel kommen, die man vorher nicht berücksichtigt oder für die man keine Lösung hat. Die Wahrscheinlichkeit, in solche Situationen zu geraten, ist jedoch ungleich größer, wenn man versucht, an der Vorbereitung zu sparen.

Eine einfache und nützliche Hilfe, die natürlich auch auf einen PC übertragen werden kann, ist der beigefügte Besuchsvorbereitungsplan. Er gibt Ihnen einen Überblick über die Punkte, die Sie beachten müssen, und ermöglicht eine effektive Vorbereitung der Verkaufsstrategie.

ARBEITSBOGEN 6: Besuchsvorbereitungsplan

Name der Firma: ____________________ Tel.: ___________ Fax: ________

Branche: ____

Gesprächspartner 1: ____________________ Funktion: ______________

Gesprächspartner 2: ____________________ Funktion: ______________

Gesprächspartner 3: ____________________ Funktion: ______________

Name der Sekretärin: ____________________________________

Produkte oder Serviceleistungen: ___________________________

Früherer oder derzeitiger Kunde? ___________________________

Neuer Interessent? ______________________________________

Falls früherer oder derzeitiger Kunde, wann war der letzte Besuch? ______

Wer hat ihn besucht? _____________________________________

Gibt es zur Zeit oder gab es früher Probleme mit diesem Kunden? ______

Welcher Art waren sie? ___________________________________

Haben wir diese Probleme gelöst oder wären wir in der Lage, sie zu lösen?

____

Welche spezifischen Bedürfnisse hat der Kunde wahrscheinlich? ________

____

Welche Fragen sollte ich stellen? ____________________________

____

Welche Vorteile unserer Produkte und Leistungen wären für ihn von Nutzen? ____

____

Welche Produkte oder welchen Service bezieht der Kunde beim Wettbewerb? ____

____

Was, wenn überhaupt, bietet die Konkurrenz für Vorteile? ______________

____

Welche Nachteile haben die Wettbewerbsprodukte? ______________

____

Wie argumentiere ich bei Wettbewerbsvergleichen? ______________

____

Wie argumentiere ich in Preisgesprächen? ______________

Was ist das Gesprächsziel? ______________

Welches Angebot wäre für ihn am besten geeignet? Nutzen? Preise? ____

____

Was wären alternative Ziele? ______________

Welche Angebote kämen noch in Frage? Nutzen? Preise? ______________

____

Eröffnungsstrategie im Gespräch: ______________

Vorbereitete Fragen (auf separater Seite notieren): ______________

Benötigte Unterlagen: ______________

Welche sonstigen Dinge sind zu beachten? ______________

____

____

Besuchsdatum: ______________ Besuchszeit: __________

Bestätigt? ______________

CHECKLISTE zur Besuchsvorbereitung

Oft sind es die „kleinen Dinge“, die bei Besuchsvorbereitungen vergessen werden. Das kann den harmonischen Gesprächsverlauf empfindlich stören. Legen Sie sich eine persönliche Checkliste an. Die nachstehende Liste kann als Ausgangsversion dienen.

- **Anfahrt/Kontakt**:
  - Adressen, Telefon- und Fax-Nummern, E-Mail-Adresse
  - Fahrtroute/Straßenkarte, Städteatlas
  - Parkmöglichkeiten
  - Besuchsbestätigung
  - Hotelbuchungen
- **Kundeninformation**:
  - letzte Besuchsberichte
  - Kundendatei
  - letzte Angebote/Briefe
- **Firmeninformationen:**
  - Prospekte, Literatur
  - Kataloge, Videofilme
  - interaktive Programme
  - Preislisten
  - Verkaufshandbuch
  - Tisch-Flipchart
  - Skizzenblock
  - Folien/Overheadprojektor
  - Muster, Modelle
- **Sonstige Dinge**:
  - Visitenkarten
  - Laptop Computer
  - Taschenrechner
  - Werbegeschenke
  - Kundenereignisse beachten (zum Beispiel Jubiläen, Geburtstage etc.)
- **Anhaltspunkte für Social talk prüfen, zum Beispiel**:
  - Hobbys
  - Urlaub
  - sportliche Ereignisse, kulturelle Anlässe
  - kulturelles und geografisches Umfeld
  - Nachrichten, Zeitschriftenartikel, die sein Unternehmen oder seine Branche betreffen

Der erste Eindruck

Jeder Kontakt mit einem Kunden soll letztlich zu einem Fortschritt bei der Verfolgung eines Abschlussziels und zur Entwicklung einer dauerhaften, partnerschaftlichen Beziehung beitragen. Bis dahin kann es – insbesondere im Investitionsgütergeschäft – ein langer Weg sein. Dabei spielt die Persönlichkeit des Verkäufers eine wichtige Rolle. Den ersten und nachhaltigsten Eindruck von ihm bildet sich der Kunde, wenn er ihm das erste Mal begegnet. Es gilt die Redensart: „Du bekommst niemals eine zweite Chance für einen guten ersten Eindruck."

Die äußere Erscheinung

Der erste Eindruck wird zunächst von der äußeren Erscheinung geprägt. Die Kleidung, die persönliche Gepflegtheit und die Körperhaltung spielen eine wichtige Rolle. Der ungepflegte Bart, die schlecht gepflegten Schuhe und die leicht verschlissene Mehrzweckkrawatte hinterlassen beim Gesprächspartner einen bleibenden Eindruck, und sicher nicht den besten. Der ungepflegte Auftritt des Verkäufers wirkt sofort negativ auf der emotionalen Ebene, die wiederum die sachliche Ebene der Kommunikation nachteilig beeinflusst. Im nachlässigen äußeren Auftritt liegt auch eine gewisse Geringschätzung gegenüber dem Kunden, die dieser bewusst oder unbewusst wahrnimmt. Wie aber soll man sich für das Gespräch mit dem Kunden kleiden? Es kommt darauf an, sich an die Arbeitsumwelt und die Gepflogenheiten der Kunden anzupassen. Beim Besuch eines Geschäftsbüros wird man üblicherweise einen Anzug sowie die dazu passende Krawatte, alles in gedeckten Farben, tragen. Arbeiten Ihre Kunden jedoch auf einer Baustelle, so ist eine entsprechend weniger konservative Kleidung am Platz; jedoch gilt auch hier: sauber, ordentlich und nicht auffällig.

Sparen Sie nicht an Ihrer Kleidung. Ein schlecht sitzender Anzug, eine unpassende Krawatte und stark getragene Schuhe disqualifizieren Sie als Vertreter einer professionellen Firma und nehmen Ihnen persönlich einen Teil Ihrer Wirkung. Misten Sie deshalb von Zeit zu Zeit Ihren Kleiderschrank aus. Die Investition in angemessene Kleidung zahlt sich auf Dauer aus. „Kleider machen Leute" heißt es nicht ohne Grund. Der Kunde wird Ihnen nur die Achtung für einen Profi entgegenbringen, wenn Sie auch wie einer aussehen.

Pünktlichkeit

Pünktlichkeit ist ein Zeichen von Respekt vor dem anderen. Die Zusage einer Verabredung ist ein Versprechen, das gehalten werden muss. Dabei ist es zunächst belanglos, ob der Kunde pünktlich ist. Da Sie vor allem etwas von ihm wollen, ist es zuallererst Ihre Pflicht, pünktlich zu erscheinen. Wenn Sie nachlässig sind im Umgang mit der Zeit anderer, deuten Sie dadurch an, dass Sie sie nicht als besonders wichtige Personen betrachten. Unpünktlichkeit kann eine der wichtigsten Voraussetzungen für gute Beziehungen zerstören: Ihre Glaubwürdigkeit.

Achten Sie bei der Vereinbarung einer Besuchszeit stets auf präzise Formulierung. Ich habe es schon einige Male erlebt, dass der Verkäufer der Auffassung war, er hätte mit dem Kunden keine feste Zeit abgesprochen, während der Kunde dies anders verstanden hatte und wartete. Maßgeblich ist dabei nicht, was der Verkäufer meint, gesagt zu haben, sondern was der Kunde verstanden hat. Im Zweifelsfall, vor allem auch bei weit vorausliegenden Terminen, sollten Sie Zeit und Ort nochmals schriftlich bestätigen.

Erstkontakte

Beim Erstkontakt kommt es in erster Linie darauf an, eine menschliche Beziehung aufzubauen. Bei Wiederholungskontakten dreht es sich hingegen mehr darum, die bereits vorhandene Beziehung weiter zu pflegen. Nehmen wir an, Sie haben Ihre „Hausaufgaben" erledigt, das heißt, Sie haben sich mit dem Unternehmen und den Produkten des Erstkontakt-Kunden vertraut gemacht und versucht, sich Ihre Gesprächspartner und den Gesprächsverlauf vorzustellen. Trotzdem müssen Sie sich bei Erstkontakten auf Überraschungen einstellen. Sie kommen in ein unbekanntes Büro und treffen Menschen, die Sie nie zuvor gesehen haben. Menschen mit anderen Wertvorstellungen, anderer Ausbildung, anderen Ansichten, anderen Erfahrungen. Und Sie haben nun die schwierige Aufgabe, in möglichst kurzer Zeit eine gute Beziehung zwischen Ihnen und den anderen aufzubauen. Dazu benötigen Sie zunächst eine gewisse Anpassungszeit, die Sie sich im Laufe der Begrüßung verschaffen können.

Die Begrüßung

Das menschliche Gehirn benötigt einige Sekunden, um sich auf den anderen einzustellen und eine positive Beziehung als Grundlage für das Sachgespräch aufzubauen. Da Sie letztlich etwas verkaufen wollen – und auch das Gespräch möglichst in der Hand behalten sollten –, ist es Ihre Sache, die Initiative zu ergreifen. Tiere beginnen damit, dass sie sich beschnuppern. Bei uns steht am Anfang die Begrüßung mit Handschlag.

Nachdem Sie sich vorgestellt haben, werden Sie in der Regel von Ihrem Kunden mit Handschlag begrüßt. Achten Sie darauf, dass der Kunde den Anfang macht und Ihnen zuerst die Hand entgegenstreckt. Erst dann reagieren Sie und strecken ebenfalls Ihre Hand aus. Der Handschlag ist mehr als nur eine körperliche Berührung. Ursprünglich galt er als Geste der Offenheit und sollte dem anderen signalisieren, dass man unbewaffnet sei. Im Laufe der Jahrhunderte hat sich seine Bedeutung gewandelt. Der Handschlag des professionellen Verkäufers besteht aus den drei H: Herz, Hirn und Hand.

1. *Herz:* Stellen Sie sich Ihr Gegenüber als den in diesem Augenblick wichtigsten Menschen für Sie vor. Konzentrieren Sie sich voll auf ihn.

2. *Hirn:* Schauen Sie ihm in die Augen. Versuchen Sie, sich die Farbe seiner Augen einzuprägen. Damit entgehen Sie der Versuchung, zu schnell wieder wegzuschauen.

3. *Hand:* Erwidern Sie seinen Händedruck mit festem Griff. Dabei sollen Sie weder seine Hand quetschen noch seinen Arm wie einen Pumpenschwengel auf- und niederschwenken. Vermeiden Sie andererseits jede Laschheit beim Händedruck. Sollten Sie, wie viele Menschen, feuchte Hände haben, dann stopfen Sie sich ein paar Papiertaschentücher in die rechte Hosentasche und wischen Ihre Hand vorher daran ab.

Mit dem Gruß stellen Sie sich vor: *„Guten Tag, Herr Großmann, ich bin Harald Reinert von den Vereinigten Metallwerken. Vielen Dank, dass ich Ihre Zeit heute morgen in Anspruch nehmen darf.“* Damit haben Sie sich vorgestellt und gleichzeitig etwas Zeit gewonnen, um eine positive Beziehung aufzubauen. Den ersten Schritt dazu haben Sie getan, indem Sie etwas Nettes gesagt haben. Der Gesprächspartner fühlt sich nun seinerseits veranlasst, etwas Nettes zu erwidern.

Herr Großmann könnte zum Beispiel sagen: *„Es trifft sich gut, dass Sie mich heute besuchen. Wir haben erst gestern über Ihre Firma gesprochen. Es dürfte schon ein halbes Jahr her sein, dass Ihr früherer Vertreter – wie hieß er doch gleich, ich glaube Grellmann oder so ähnlich – bei uns war. Ist er nicht mehr bei Ihnen?"*

„Herr Grillmeyer hat unser Unternehmen verlassen, und ich bin jetzt für Sie da. Zuvor war ich in der Serviceabteilung unseres Unternehmens als Applikationsingenieur tätig." Damit haben Sie Herrn Großmann informiert, dass Sie kein technischer Laie sind und seine Situation und Probleme sicher gut verstehen können. Gleichzeitig haben Sie noch etwas Zeit zum Einstellen auf die Persönlichkeit des anderen gewonnen.

Der Name des Kunden

Jeder Mensch identifiziert sich mit seinem Namen. Es kommt bei ihm gut an, wenn Sie ihn mit seinem Namen anreden. Noch mehr werden Sie seine Achtung gewinnen, wenn Sie sich mit seinem Namen beschäftigt haben und etwas über den Ursprung sagen können. Auf jeden Fall sollten Sie üben, sich Namen zu merken.

Wiederholen Sie den Namen des Kunden bei der Begrüßung und ab und zu im Gespräch. Trainieren Sie Ihr Gedächtnis, indem Sie den Namen mit Dingen, Personen, Tieren, Landschaften, Städten oder sonstigen bekannten Begriffen assoziieren.

> Prägen Sie sich den Namen Ihres Kunden ein; der Wille dazu ist der Anfang eines guten Gedächtnisses.

Wie Sie den Gesprächsbeginn finden

Es ist ratsam, das allgemeine Gespräch zur Kontaktherstellung nicht in die Länge zu ziehen. Der Besuch dient letztlich dem Geschäft. Entwickeln Sie ein Gefühl dafür, ob sich der Kunde über Belanglosigkeiten unterhalten möchte oder ob ihm seine Zeit zu schade dafür ist. Im Zweifelsfall sollten Sie immer zum geschäftlichen Teil übergehen.

Small talk zur Herstellung des Gesprächsklimas

Unter diesem angelsächsischen Begriff verstehen wir die Schaffung einer guten Gesprächsatmosphäre durch ein Kompliment oder Ansprechen eines den Kunden interessierenden allgemeinen Themas.

Verkäufer: *„Guten Tag, Herr Weizecker.“*

Kunde: *„Weizmann.“*

Verkäufer: *„Oh, entschuldigen Sie bitte, darf ich fragen, wie es Ihrer Gattin geht?“*

Kunde: *„Ich habe nicht die leiseste Ahnung, seit wir geschieden sind.“*

Verkäufer: *„Oh, das tut mir leid.“*

Kunde: *„Nun, wenigstens sind Sie konsequent. Bei Ihrem letzten Besuch hat es Ihnen auch schon leid getan.“*

Diese Szene entstammt einem humorvollen Verkaufsfilm mit dem Komiker John Cleese in der Hauptrolle. Um nicht in ähnlich peinliche Situationen zu geraten, müssen Sie sich vor dem Besuch über den Kunden informieren und mental auf den Beginn des Gesprächs vorbereiten.

Nachfolgend vier Beispiele für Gesprächseröffnungen:

- Zu einem Kunden, der gerade einen Artikel in einer Fachzeitschrift veröffentlicht hat: *„Guten Tag, Herr Krauthammer, letzte Woche entdeckte ich zu meiner Überraschung einen Artikel von Ihnen in der Zeitschrift ‚Technologie Forum‘ über neue Entwicklungen in der Mikrosystemtechnik. Ich fand es sehr interessant, was Sie über die künftigen Applikationsmöglichkeiten solcher Systeme im Bereich der Sensorik schreiben. Welchen Stellenwert wird dieses Gebiet in Ihrer Firma künftig einnehmen?“*

  Selbstverständlich unterstellen wir, dass Sie den Artikel tatsächlich aufmerksam gelesen und sich Ihre Fragen dazu vorher zurechtgelegt haben.

- Zur Einkäuferin eines Unternehmens, die, wie unser Vertriebsingenieur wusste, gerade von einem Urlaub in Spanien zurückgekommen war: *„Guten Tag, Frau Sommer, Ihre Urlaubsbräune überstrahlt ja alle Bleichgesichter in weitem Umkreis. Offensichtlich hatten Sie ein traumhaftes Wetter. Darf ich fragen, wo Sie waren?“*

- Zum Produktionsleiter einer bayerischen Karrosseriebaufirma, der ein begeisterter Fußballfan und Anhänger des lokalen Bundesligavereins ist: *„Guten Tag, Herr Schuhmann, das Ziel der Meisterschaft ist ja durch den gestrigen Sieg von Bayern München wieder in greifbare Nähe gerückt. Meinen Sie, dass sie es schaffen werden?“*
- Zu einem Chefarzt, der sich als Motorradfan kürzlich eine neue Harley Davidson gekauft hat: *„Guten Tag, Herr Professor Kiesling, haben Sie denn Ihre neue Harley schon eingefahren?“*

Sobald Sie diese Einleitungen gemacht haben, kommt es darauf an, wirklich aufmerksam den Antworten des Kunden zuzuhören und einzuschätzen, ob der Kunde an einer Weiterführung des Small talk interessiert ist. Wenn der Kunde auf das angesprochene Thema eingeht, sich sein Gesicht aufhellt, oder wenn er sich entspannt zurücklehnt, ist er offensichtlich an einer Weiterführung des Small talk interessiert. Gibt er aber kurze Antworten oder zeigt Zeichen von Ungeduld, so müssen Sie sofort auf das geschäftliche Thema übergehen.

Eröffnen Sie mit Small talk, aber überlassen Sie das weitere Timing dem Kunden.

Die genannten Beispiele setzen voraus, dass Sie den Kunden kennen oder wenigstens eine Möglichkeit hatten, sich über ihn zu informieren. Falls dies nicht der Fall ist, sollten Sie besser gleich zum Thema kommen. Es wäre ihm wahrscheinlich lästig, wenn er am Tag zehn Verkäufer empfängt, und jeder spricht ihn auf die Statue auf seinem Schreibtisch an. Vermeiden Sie das allzu Offensichtliche.

Meiden Sie zur Begrüßung auch Allgemeinplätze, auf die Sie ohnehin keine wahrheitsgemäße Antwort erwarten können, zum Beispiel „Wie geht es Ihnen?“, „Wie gehen die Geschäfte?“ oder wenig kreative Bemerkungen wie: „Schönes Wetter heute.“ Heben Sie sich von anderen Verkäufern ab, und bemühen Sie sich um einen intelligenteren Gesprächseinstieg. Vermeiden Sie ebenfalls Themen, die emotional besetzt sind. Auch wenn Sie von einer Partei begeistert sind und für Ihr Leben gern Witze reißen; der Kunde wird über diese Dinge wahrscheinlich anders denken als Sie.

Themen für Small talk, bei denen Sie sich auf sicherem Grund bewegen

- Urlaub
- Reisen
- Hobbys
- Sport
- Kunst
- Architektur
- Bücher
- Theater, Veranstaltungen
- spezielle Fähigkeiten
- lokale Presseberichte
- Geographie, Wohngegend des Kunden
- Firmenkultur
- laufende Projekte
- Branchenentwicklung
- Zeitungsberichte

Welche Themen Sie vermeiden sollten, wenn Sie den Kunden nicht gut kennen

- Politik
- Religion
- persönliche Belange
- Witze
- traurige Ereignisse

Der Übergang zum geschäftlichen Teil des Gesprächs

Trotz Small talk sollten Sie nie vergessen, dass die Zeit Ihrer Kunden und auch Ihre Zeit kostbar ist. Auch wenn das Geplauder noch so interessant ist, Sie verkaufen damit noch nicht Ihre Produkte. Kommen Sie deshalb bald zur Sache. Der Übergang zum geschäftlichen Teil könnte wie folgt geschehen:

- *„Herr Mohr, Sie äußerten anlässlich unseres Telefonats Interesse an unseren neuen Hartmetall-Werkzeugen. Darf ich zunächst einige Fragen zum Einsatz solcher Werkzeuge auf Ihren Maschinen stellen?"*
- *„Herr Gruber, als ich das letzte Mal bei Ihnen war, hatte der Finanzausschuss noch nicht über die Anschaffung der neuen Maschine entschieden. Ich hoffe, dass er inzwischen getagt und eine positive Entscheidung getroffen hat."*

- *„Herr Dr. Platte, Sie betreiben Ihr MA-1 000 Analysengerät jetzt seit cirka einem Jahr. Die Reagenzien zum Betrieb des Geräts beziehen Sie zum großen Teil nicht von uns, sondern von der Firma Boromed. Darf ich fragen, was der Grund dafür ist?"*
- *„Herr Neumann, wie ich hörte, war letzte Woche Ihr Farbkopierer kaputt, und unser Herr Kraus von der Technischen Abteilung war hier im Einsatz. Darf ich fragen, ob alles wieder zu Ihrer Zufriedenheit funktioniert?"*
- *„Herr Bethmann, als Sie zur letzten ACHEMA auf unserem Messestand waren, hatten Sie sich für unser neues System CAD 13-5 interessiert. Ich hatte versprochen, Ihnen einige nähere Informationen zu den Leistungsdaten zu geben. Ist es Ihnen recht, wenn wir die einzelnen Punkte einmal durchgehen?"*
- *„Herr Lohner, seit einem Monat setzen Sie unser neues Softwareprogramm für Ihre F & E-Planung ein. Darf ich Sie fragen, wie Ihre ersten Erfahrungen damit sind?"*

Versuchen Sie immer, konkrete Anlässe der Vergangenheit für die Aufnahme des geschäftlichen Gesprächs zu finden. Dies zeigt dem Kunden, dass Sie tatsächlich an seinem Geschäft und an der Lösung seiner Probleme interessiert sind. Diese Art des Einstiegs schafft eine gute Voraussetzung für eine Weiterführung des Gesprächs in Richtung künftiger Kaufabsichten.

Im weiteren Gesprächsverlauf gilt es herauszufinden, bei welchen Fragen der Kunde ein besonderes Interesse zeigt. Ist er zum Beispiel an der Steuerung eines neuen Förderbandsystems interessiert, so gehen Sie nicht zum nächsten Punkt über und erläutern ihm die Rollenführung. Fassen Sie nach, und fragen Sie, was ihn persönlich daran interessiert, auf welche Parameter es ihm besonders ankommt und wie sich diese im praktischen Betrieb auswirken. Versuchen Sie möglichst viel über diese Punkte zu erfragen, um seine Bedürfnisse definieren zu können.

Angenommen, Sie verkaufen Bürokopierer und haben bei einem Kunden drei Systeme installiert. Beim Durchgehen seiner After-Sales-Bestellungen in Ihrem Unternehmen sehen Sie, dass er lediglich Reparaturleistungen und Ersatzteile bei Ihnen bestellt, aber weder Tonerpatronen noch Kopierpapier. Dieses After-Sales-Geschäft, das einen guten Gewinn beinhaltet, möchten Sie sich nicht entgehen lassen. Sie eröffnen das Gespräch mit Ihrem Kunden wie folgt:

„Herr Jacob, Sie haben unsere Kopiersysteme jetzt seit etwa einem Jahr. Sind Sie damit zufrieden?" Der Kunde bejaht dies, und Sie fragen weiter: *„Es ist mir aufgefallen, dass Sie bei uns keine Verbrauchsmaterialien bestellen. Darf ich fragen, was der Grund ist?"* Der Kunde meint, er könne diese Dinge von einer anderen Quelle preisgünstiger erhalten. Ihre nächst Frage lautet: *„Können Sie mir sagen, wie viele Kopien Sie im Schnitt pro Woche machen?"* Der Kunde gibt Ihnen eine geschätzte Zahl.

Sie kommen jetzt zum Kern der Sache: *„Ich könnte mir vorstellen, dass wir Ihnen bei dieser Menge einen interessanten Preisnachlass einräumen könnten. Dazu würden wir Ihnen noch einen komfortablen Lieferservice kostenlos offerieren. Wir erkundigen uns einmal wöchentlich nach Ihrem Bedarf und liefern Ihnen dann sämtliche benötigten Verbrauchsmaterialien kostenlos an. Entsprechend der verbrauchten Menge erhalten Sie nur einmal monatlich eine Rechnung. Wir können auch die Beträge jeweils von Ihrem Konto abbuchen. Dadurch sparen Sie insgesamt Kosten, und wir nehmen Ihnen die Sorge des rechtzeitigen Nachbestellens in der notwendigen Menge ab. Wäre das für Sie interessant?"*

Damit haben Sie zwei Probleme (die Kosten und den Lieferservice) angesprochen und begonnen, konkrete Bedürfnisse zu entdecken. Sie haben sorgfältig darauf geachtet, dass der Kunde nach jeder Frage seine Zustimmung verbal oder durch Gestik gegeben hat, bevor Sie zur weiteren Frage übergingen. (Eine Fragestrategie zum Entdecken von Problemen und Wecken von Bedürfnissen finden Sie unter Schritt 3.)

Und wenn der Kunde nicht gesprächsbereit ist?

Die meisten von uns haben bereits den Versicherungsvertreter erlebt, der unter dem Vorwand, nur 20 Minuten unserer Zeit zu beanspruchen, nach zwei Stunden immer noch nicht gegangen war. Hartnäckigkeit ist sicher in vielen Fällen angebracht, sie kann aber, falsch eingesetzt, eine Kundenbeziehung zerstören. Der Kunde, der sich im nachhinein noch ärgert, dass er so viel Zeit verloren hat, wird sich künftig vor den Besuchen dieses Vertreters zu schützen wissen.

Auch Sie werden gelegentlich in die Situation geraten, wo der Kunde zu erkennen gibt, dass er unter zeitlichem Druck steht und heute kein Gespräch wünscht. Dann gibt es nur eine Möglichkeit: Vereinbaren Sie einen neuen Termin. Sie haben damit den Druck von Ihrem Kunden genommen und gleichzeitig etwas für die Qualität Ihres Verkaufsgesprächs getan. Ein Kunde, der unter Zeitdruck steht, wird selten richtig zuhören, und die Gefahr, dass Ihr gut vorbereitetes Verkaufsgespräch nicht ankommt, wäre groß. Sie hätten dann kaum eine zweite Chance, das Ganze später noch einmal zu wiederholen.

Bedanken Sie sich

Wann immer Sie sich von einem Kunden verabschieden, bedanken Sie sich für seine Zeit und seine Aufmerksamkeit, die er Ihnen geschenkt hat. Diese Regel gilt in jedem Fall, unabhängig vom Ergebnis des Gesprächs. Damit ebnen Sie sich den Weg für den nächsten Kontakt, den Sie immer vor Augen haben sollten.

Überzeugen durch persönlichkeitsorientiertes Verhalten

Robert Freitag, Verkäufer eines Maschinenbauunternehmens, hat sich auf den Termin mit dem Leiter der Abteilung Einkauf eines mittelgroßen Unternehmens gründlich vorbereitet. Er hat Ablaufpläne für den Einsatz seiner Maschine für unterschiedliche Fertigungsanforderungen zusammengestellt, die Spezifikationen im Vergleich zu denen der wichtigsten Konkurrenten in einem Diagramm dargestellt und sich auf eine Reihe von technischen Fragen vorbereitet. Er hat sich das Ziel gesetzt, den Kunden zunächst mit seinem Produkt bekannt zu machen und ihn von den technischen Eigenschaften zu überzeugen. Er hat auch bereits ein ausführliches Angebot erstellt.

Am Tage des Besuchs wartet Robert zunächst im Sekretariat seines Kunden. Pünktlich um 10 Uhr 30, zum vereinbarten Zeitpunkt, geht die Tür des Chefzimmers auf, und er wird vom Einkaufsdirektor kurz und mit förmlichem Handschlag begrüßt. Während der Kunde mit seiner Sekretärin noch ein paar Worte wechselt, sieht sich Robert im Chefzimmer um. Es ist gediegen eingerichtet und strahlt Macht und Status aus. An der Wand entdeckt er ein Ölgemälde und ein Bild, auf dem der Kunde anlässlich einer Messe dem Wirtschaftsminister die

Hand schüttelt. Auf dem mächtigen Schreibtisch, der einen aufgeräumten Eindruck macht, steht ein Schild mit den Worten: „Do it now!"

Der Kunde kommt herein und bittet ihn, Platz zu nehmen. Er fragt Robert, wie es ihm gehe, und, ohne eine Antwort abzuwarten, bedeutet er ihm, dass er für das Gespräch einen Zeitraum von 15 Minuten zur Verfügung habe. In seinem Bestreben, zunächst eine gute Gesprächsatmosphäre herzustellen, beginnt Robert mit Small talk. Er macht eine anerkennende Bemerkung über die Urkunde an der Wand und schließt eine Frage daran an, wie denn die Geschäfte zur Zeit gehen. Der Kunde beantwortet diese Frage kurz und knapp, um ihn gleich darauf zu bitten, ihm sein Angebot zu offerieren.

Robert holt seine Unterlagen aus der Tasche und schickt sich an, dem Kunden einige Informationen über sein Unternehmen zu geben und dann die Maschine in ihren Funktionen zu erklären. Bereits nach wenigen Sekunden unterbricht ihn der Kunde und stellt präzise Fragen nach den Preisen und Kosten der Maschine, den wichtigsten Leistungsdaten und den Möglichkeiten eines optimalen Produktionsausstoßes. Er ist vor allem an Kosten und Produktivität interessiert.

Robert gibt sich redliche Mühe, die zum Teil unerwarteten Fragen zu beantworten. Er wird jedoch wiederholt unterbrochen, mit Aufforderungen wie: „Das können wir uns sparen" oder „Was kommt unterm Strich dabei raus?"

Nach zwölf Minuten bemerkt der Kunde, dass man langsam zum Abschluss kommen müsse, und Robert möchte ihm die vorbereiteten Unterlagen mit Prospekten und ausführlichem Angebot übergeben. Der Kunde wehrt jedoch ab und bittet ihn darum, dass er innerhalb von vier Tagen ein kurzes Angebot mit einer Gegenüberstellung der Kosten der bisherigen Lösung und mit dem Einsatz der neuen Maschine sowie unterschiedlichen Finanzierungsvarianten zusendet. Dann steht er auf und verabschiedet Robert mit den Worten: „Eine Woche nach Erhalt Ihres Angebots informieren wir Sie über unsere Entscheidung."

Robert ist ziemlich betroffen. Er hatte sich den Besuch anders vorgestellt. Da er selbst ein sensibler und auf Harmonie bedachter Mensch ist, hat ihn das knappe, geschäftsmäßige Gebaren des Kunden irritiert. Er fühlt, dass in dem Gespräch die Wellenlänge zwischen den beiden Partnern nicht gestimmt hat, und es ist ihm nicht wohl bei dem Gedanken, dass er diesem Kunden noch einmal Rede und Antwort stehen soll.

Die Goldene Regel

Woran hat es gelegen, dass eine solche Dissonanz im Gespräch der beiden eingetreten war, obwohl Robert versucht hat, seinen Kunden so zu behandeln, wie er gern selbst von diesem behandelt werden würde? Das Problem liegt darin, dass sich hier zwei Menschen unterschiedlicher Verhaltenstypen begegnet sind. Der eine harmoniebedürftig, auf einen rücksichtsvollen Umgang miteinander bedacht und von dem Vorsatz geleitet, seinem Partner so viel Informationen wie möglich zu vermitteln. Der andere, ein typischer „Macher“ der Führungsetage, dem Zeit und Effizienz über alles, das heißt auch über menschliche Beziehungen gehen, wollte so rasch wie möglich zu einem Ergebnis kommen.

„Alles, was ihr also von anderen erwartet, das tut auch ihnen.“
(Matthäus 7,12 – Die Goldene Regel)

Wenn Sie die oben genannte Goldene Regel wörtlich befolgen, dann werden Sie bei 75 Prozent Ihrer Begegnungen mit anderen Menschen ähnlich negative Erfahrungen wie Robert machen. Menschen sind verschieden und wollen demzufolge unterschiedlich behandelt werden. Beziehungen funktionieren besser, wenn wir die Goldene Regel wie folgt abwandeln:

Behandle andere so, wie *sie* behandelt werden möchten.

Auf unsere Szene übertragen bedeutet dies, dass der Verkäufer seine Argumentation dem Gesprächs- und Verhaltensstil des Kunden anpassen sollte. Er hätte sofort zur Sache kommen und in kurzen knappen Worten, unterstützt durch wenige, übersichtliche Charts, die wirtschaftlichen Vor- und Nachteile der von ihm angebotenen Lösung erläutern sollen.

Wie soll er aber wissen, um was für einen Verhaltenstyp es sich bei seinem Kunden handelt? Dazu gibt es drei Möglichkeiten: Entweder man kennt den Kunden schon, man erkundigt sich über ihn oder man schätzt seinen Verhaltensstil anhand seines Auftretens und seiner Umgebung ein. Letzteres ist gar nicht so schwierig, wenn man etwas Übung darin besitzt.

Das Persönlichkeits-Profil-System (PPS)

Sie werden nun eine Methode kennen lernen, mit der Sie in kürzester Zeit und mit hoher Zuverlässigkeit den Verhaltenstyp Ihres Kunden einschätzen können. Wenn Sie dann Ihre Gesprächsführung dem Verhaltenstyp des Kunden anpassen, ist die Wahrscheinlichkeit, dass Sie ihn mit Ihrer Argumentation überzeugen, wesentlich größer, als wenn Sie ohne Rücksicht auf den Verhaltenstyp Ihr Verkaufsgespräch abspulen.

Die Methode wurde in den USA zunächst von dem Psychologen John Geyer begründet und unter der Bezeichnung People Profile System (PPS) von T. Alessandra und M. O'Connor[2] weiterentwickelt. O'Connor, ein international bekannter Psychologe, hat sie an Tausenden von Fällen überprüft und verfeinert. Sie kann ohne psychologische Vorkenntnisse von jedem Verkäufer in kurzer Zeit erlernt und wirksam angewandt werden. Nach einiger Übung ist es erstaunlich, wie schnell man bei Anwendung der im Folgenden beschriebenen Verhaltensregeln an Überzeugungskraft gewinnt.

Typische Verhaltensweisen

Wir können die Verhaltensstile der Menschen durch die Beobachtung ihres Verhaltens und ihres persönlichen Umfelds identifizieren. Dabei beachten wir die verbale Ausdrucksweise, die Körpersprache, die äußere Erscheinung und das Umfeld.

Die Einführung einer Klassifikation von Verhaltensstilen ermöglicht es uns, eine schnelle Einschätzung des voraussichtlichen Verhaltens vorzunehmen. Dazu betrachten wir zwei Dimensionen des menschlichen Verhaltens: Anteilnahme und Direktheit (siehe Abbildungen 15 und 16). Nach Alessandra und O'Connor werden die beiden Dimensionen wie folgt definiert:

> Die Dimension anteilnehmend/selbstzentriert (offen/kontrolliert) beschreibt eine Reihe von Verhaltensweisen, die die Prioritäten einer Person reflektieren – von einem Streben nach bestmöglichen persönlichen Beziehungen bis zur überstarken Aufgabenfokussierung. Die anteilnehmende Person ist mehr beziehungsorientiert, die selbstzentrierte Person mehr aufgabenorientiert.

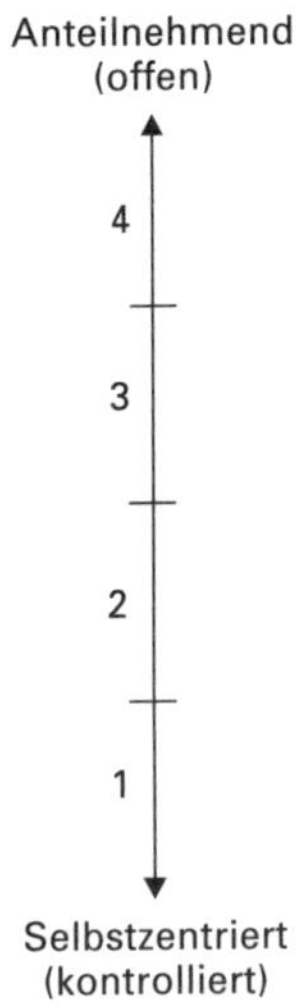

Eine anteilnehmende Person
- zeigt Gefühle und Emotionen
- mag Teamarbeit
- ist leicht kennen zu lernen
- gibt sich locker und freundlich
- interessiert sich für Menschen
- zeigt Enthusiasmus/Begeisterung
- trifft Entscheidungen intuitiv
- setzt intensiv Körpersprache ein

Eine selbstzentrierte Person
- zeigt wenig Gefühle und Emotionen
- arbeitet lieber allein
- ist nicht leicht kennen zu lernen
- gibt sich formell und ernst
- interessiert sich für Sachverhalte
- zeigt kaum Enthusiasmus/Begeisterung
- trifft Entscheidungen rational
- setzt wenig Körpersprache ein

Abbildung 15: Anteilnehmende (offene) gegenüber selbstzentrierter (kontrollierter) Verhaltensweise

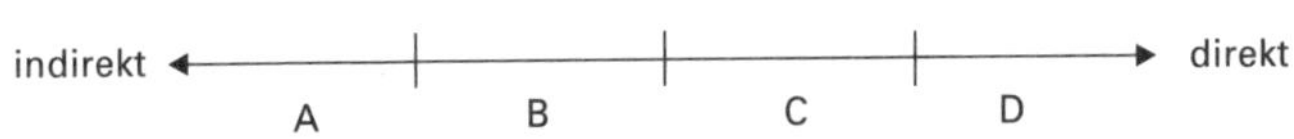

Eine indirekte Person
- liebt Beständigkeit
- scheut Risiken
- drängt sich nicht vor
- handelt überlegt
- fragt mehr, als sie spricht
- folgt Regeln und Verordnungen
- äußert eigene Meinung zögerlich
- ist zurückhaltend bei Kontakten
- reagiert langsam
- ist geduldig

Eine direkte Person
- liebt Abwechslung
- ist risikobereit
- steht gern im Mittelpunkt
- handelt schnell
- spricht mehr, als sie fragt
- umgeht gern Regeln und Verordnungen
- äußert eigene Meinung rückhaltlos
- ist kontaktfreudig
- reagiert schnell

Abbildung 16: Indirekte gegenüber direkter Verhaltensweise

Die Dimension direkt/indirekt beschreibt eine Reihe von Verhaltensweisen, die den Grad der Extrovertiertheit oder der Introvertiertheit reflektieren. Eine direkte Person ist mehr nach außen, eine indirekte Person mehr nach innen orientiert.

Die vier menschlichen Verhaltenstypen

Die Kombination der beiden Achsen Anteilnahme und Direktheit aus Abbildung 15 und Abbildung 16 bildet vier Quadranten, bei denen jeder einem bestimmten Verhaltenstyp entspricht. Jeder Verhaltenstyp hat seine Besonderheiten und Bedürfnisse, die von Einfluss auf die Beziehungen zu anderen Menschen sind. Kaum ein Verhaltenstyp existiert jedoch in Reinkultur. Sie werden im Regelfall jeweils Elemente aus allen vier Quadranten in einer Person entdecken. Die menschliche Natur lässt sich nicht in Schubladen zwängen, eine ungefähre Unterteilung der Menschen in Verhaltenstypen ist jedoch wesentlich effektiver als gar keine. Man kann Menschen zum Zweck einer wirksameren menschlichen Kommunikation danach einteilen, wie sie sich überwiegend verhalten werden, und sich darauf einstellen.

Wir können nach dem Grad der Offenheit und der Direktheit die folgenden vier Verhaltenstypen identifizieren (Abbildung 17):

1. *Der Direktor:* selbstzentriert (kontrolliert), direkt
2. *Der Denker:* selbstzentriert (kontrolliert), indirekt
3. *Der Harmonisierer:* anteilnehmend (offen), indirekt
4. *Der Kontakter:* anteilnehmend (offen), direkt

Es gibt keinen so genannten „besten" Verhaltensstil. Jeder hat seine Stärken und Schwächen. Die Effektivität eines Verhaltensstils in einer bestimmten Situation hängt davon ab, wie es die Person dieses Verhaltensstils versteht, ihr Verhalten während des Kontakts an den Verhaltensstil der anderen anzupassen. Viele mögen sich an dem Begriff „anpassen" stoßen. Niemand passt sich gern an jemanden an, am allerwenigsten, wenn es die eigene Persönlichkeit betrifft. Es geht hier jedoch keinesfalls um eine Änderung oder gar Aufgabe der eigenen Persönlichkeit. Was hier gemeint ist, kann man mit den Begriffen Takt, Rücksichtnahme und Verständigungsbereitschaft beschreiben. Wir verlassen für die Zeitdauer des Gesprächs unsere Zone des persönlichen Komforts und erleichtern dem anderen die Kommunikation mit uns.

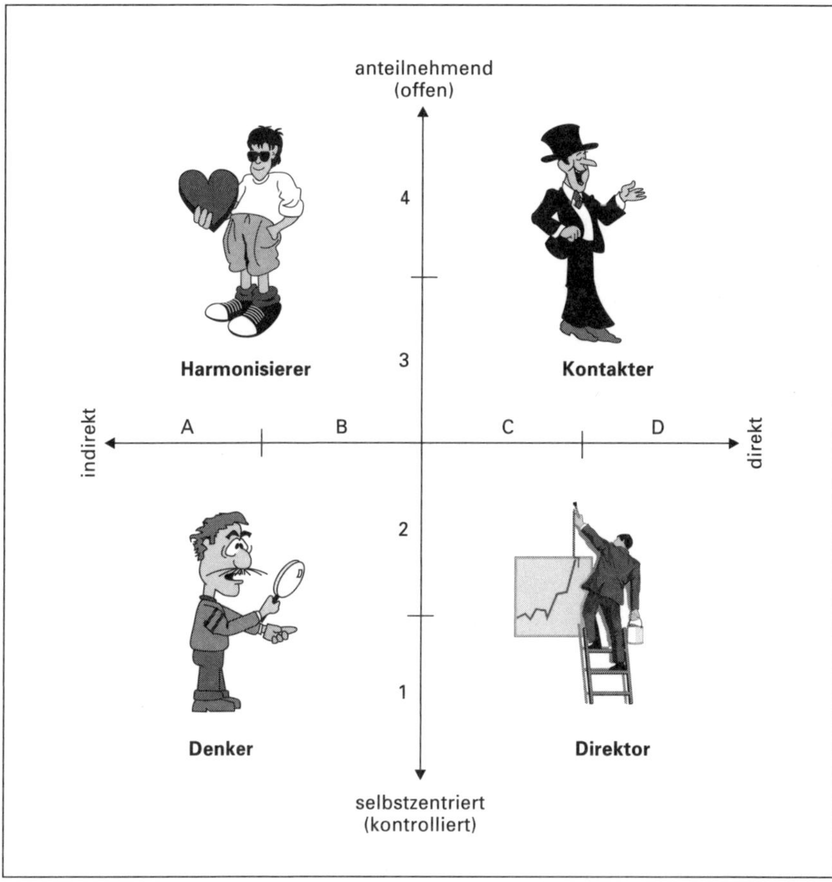

Abbildung 17: Die vier Verhaltensstile

> Wenn es gelingt, mit Hilfe einer Typologie Kunden gezielter anzusprechen, dann haben Sie auch mehr Erfolg. Die Umsätze steigen zwischen 15 Prozent und 45 Prozent. Warum sind solche Verbesserungen möglich? Weil heute über 80 Prozent aller Kommunikation für die Katz ist. Sie bewegt nichts im Menschen oder viel zu wenig.
> *Professor Rolf Berth, Informationsforscher, in „VDI-Nachrichten" vom 7.7.1995*

Eine der Hauptursachen ineffektiver Kommunikation wird darin gesehen, dass der Verhaltensstil des anderen missachtet wird. Er nimmt dann kaum etwas von dem auf, was man ihm mitteilen will (oder meint, mitgeteilt zu haben). Die Kenntnis der einzelnen Verhaltensstile der Menschen, einschließlich des eigenen, und die Fähigkeit der Anpassung des eigenen Verhaltens an den Verhaltensstil des anderen sind die stärksten Instrumente zur Verbesserung der Kommunikation.

Der Verhaltensstil des Direktors

Der Direktor

Verhalten	**Erkennung**
■ selbstzentriert ■ kontrolliert ■ direkt ■ spontan, nachdrücklich ■ fordernd ■ unpersönlich ■ ergebnisorientiert ■ dirigierend	■ hört wenig zu ■ spricht schnell, bestimmt ■ reagiert schnell ■ variiert Stimmlage ■ zeigt wenig Gefühle ■ hat statusträchtig eingerichtetes Büro ■ kleidet sich formell ■ fährt große, komfortable Autos
Vorlieben für	**Entscheidungsfindung**
■ Professionalität ■ Macht und Einfluss ■ Einzelarbeit ■ Ergebnisse, Erfolge ■ Zeiteinsparung ■ Leistung ■ Multitasking ■ Durchsetzungsvermögen	■ Ergebnis unterm Strich zählt ■ erst die Sache, dann die Person ■ keine Scheu vor Konflikten ■ entscheidet schnell ■ erwartet professionelles Auftreten ■ bereit zum Risiko ■ hasst viel Papier ■ entscheidet allein

Motto: Do it now!

Abbildung 18: Charakteristische Merkmale des Direktors

Direktoren sind selbstzentriert und sehr direkt im Auftreten. Ihr Ehrgeiz konzentriert sich auf Ziele, Effizienz und Ergebnisse. Dabei sind sie äußerst zeitbewusst und lieben keine Ablenkung von der direkten Verfolgung ihrer Ziele.

Direktoren mögen Herausforderungen und übernehmen gern und schnell leitende Aufgaben. Sie verfügen über Organisationstalent und administrative Fähigkeiten. Sie benötigen viel Freiheit, um ihre Aufgaben auf dem ihnen bequemsten und schnellsten Weg zu erledigen. Ihre Erfolge zeigen sie gerne anderen und bringen sie durch Statussymbole wie Kleidung, Büroausstattung und Dienstwagen zum Ausdruck.

Sie sind typische Macher, die Entscheidungen schnell treffen und sie auch zügig in die Praxis umsetzen. Sie treiben andere gern an und erwarten von ihnen die gleiche Effizienz wie von sich selbst. Sie sind ungeduldige Zuhörer und schalten geistig schnell ab, wenn die Gesprächspartner nicht sofort zur Sache kommen.

Der Verhaltensstil des Denkers

Denker sind indirekte und selbstzentrierte Menschen. Man wird aus ihnen oft nicht klug, welchen Kurs sie eigentlich verfolgen. Von sich selbst geben sie kaum etwas preis. Sie gehen alle Dinge systematisch an, sind oft detailbesessen und hartnäckig in der Verfolgung ihrer Ziele. Sie können auch sehr kritisch und penibel sein und andere dadurch abstoßen.

Denker sind sicherheitsbewusst und verlassen sich auf Zahlen, Logik und Fakten. Sie lieben keine schnellen Entscheidungen, sondern bereiten diese sorgfältig und systematisch vor. Sie lieben klare Organisationsstrukturen und mechanische Abläufe. Ihre Stärken liegen in der Lösung von Problemen und der Einhaltung von Regeln.

> Ein Kontakter und ein Denker sitzen zusammen im Zug. Auf einer Wiese sehen sie eine Schafherde. Sagt der Kontakter: „Schauen Sie, die sind alle frisch geschoren.“ Sagt der Denker: „Jedenfalls auf der uns zugewandten Seite.“

Der Denker

Verhalten	Erkennung
▪ selbstzentriert ▪ kontrolliert ▪ indirekt ▪ langsam, systematisch ▪ formell ▪ unpersönlich ▪ detailorientiert ▪ überlegt ▪ kritisch	▪ hört kritisch zu ▪ spricht langsam ▪ reagiert Schritt für Schritt ▪ zeigt kaum Emotionen ▪ ändert Stimme kaum ▪ hat nüchternes, funktionelles Büro ▪ kleidet sich unauffällig ▪ fährt Auto nach Wirtschaftlichkeitsgesichtspunkten
Vorlieben für	**Entscheidungsfindung**
▪ Fakten, Zahlen, Beweise ▪ Distanz bei Kontakten ▪ Einzelarbeit ▪ Funktionszusammenhänge ▪ Details ▪ Beständigkeit ▪ Zuverlässigkeit ▪ Objektivität	▪ Absicherung durch Daten, Vergleiche, Dokumentation ▪ erwartet gründliche Vorbereitung ▪ Sachentscheidungen vor menschlichen Belangen ▪ Betrachtung aller Pros und Kons ▪ lange Entscheidungszeiten ▪ Vermeiden von Risiken ▪ sucht „ideale" Entscheidung

Motto: Der Teufel steckt im Detail

Abbildung 19: Charakteristische Merkmale des Denkers

Der Verhaltensstil des Harmonisierers

Harmonisierer sind offen und rücksichtsvoll. Eine gute menschliche Beziehung geht ihnen über alles. Sie achten darauf, dass sie niemanden verletzen und nehmen gern persönlichen Anteil am Schicksal anderer. Von anderen werden sie oft als angepasst, weichherzig und unentschlossen eingeschätzt. Harmonisierer suchen Sicherheit, scheuen Veränderungen und Risiken und versichern sich gern der Zustimmung anderer Menschen, bevor sie Entscheidungen treffen. Von allen vier Verhaltenstypen sind sie am stärksten auf die menschlichen Beziehungen fixiert. Konflikte sind ihnen so unangenehm, dass sie manchmal dazu neigen, anderen nach dem Munde zu reden. Sie sind gute Zuhörer und deshalb im Allgemeinen sehr beliebt. Aggressives und herausforderndes Verhalten verabscheuen sie.

Der Harmonisierer

Verhalten	**Erkennung**
▪ anteilnehmend ▪ offen ▪ indirekt ▪ langsam ▪ entspannt ▪ freundlich ▪ persönlich ▪ geduldig	▪ hört aktiv zu ▪ spricht zurückhaltend ▪ ändert Stimmlage wenig ▪ reagiert bedächtig ▪ zeigt wenig Emotionen ▪ hat freundlich eingerichtetes Büro ▪ kleidet sich unauffällig ▪ fährt unauffällige Autos
Vorlieben für ▪ menschliche Beziehungen ▪ Freundschaften ▪ Teamarbeit ▪ Harmonie ▪ Gemütlichkeit ▪ Beständigkeit ▪ Sicherheit ▪ Rücksichtsnahme	**Entscheidungsfindung** ▪ gute Beziehungen sind wichtiger als Sachen ▪ keine Konflikte erwünscht ▪ Nutzen für Menschen wichtig ▪ keine großen Veränderungen ▪ zögerliches Herangehen ▪ zurückhaltend mit Einwänden ▪ Vermeiden von Risiken ▪ sucht Gruppenkonsens

Motto: Lasst alle Blümlein sprießen

Abbildung 20: Charakteristische Merkmale des Harmonisierers

Der Verhaltensstil des Kontakters

Kontakter sind direkt, offen und extrovertiert. Sie sind sehr begeisterungsfähig und sprühen oft vor neuen Ideen, die sie aber zum Teil am Tag danach bereits wieder vergessen haben. Sie suchen Abwechslung und lieben spontane Entschlüsse. Sie sind nicht so sehr fixiert auf Fakten und Details, als vielmehr auf Aktivität und Geselligkeit.

Der Kontakter

Verhalten

- anteilnehmend
- offen
- direkt
- schnell
- spontan
- enthusiastisch
- kontaktsuchend
- wechselhaft

Erkennung

- schlechter Zuhörer
- spricht gern, dramatisiert
- ändert Stimmlage stark
- reagiert schnell
- zeigt starke Emotionen
- hat freundliches, desorganisiertes Büro
- fällt gern auf
- fährt ausgefallene Autos

Vorlieben für

- Gesellschaft
- Abwechslung
- Kontakte
- Außergewöhnliches
- neue Trends
- Visionen
- Äußerlichkeiten
- Bewunderung

Entscheidungsfindung

- menschliche Kontakte wichtiger als Sachen
- scheut Konflikte
- möchte sich bestätigt sehen
- bereit zum Risiko
- empfänglich für Neuheiten
- schweift oft vom Thema ab
- entscheidet schnell
- zeigt oft Kaufreue danach

Motto: Hoppla, jetzt komm ich!

Abbildung 21: Charakteristische Merkmale des Kontakters

Sie lieben es, im Mittelpunkt zu stehen, und sind auch vor Übertreibungen nicht gefeit. Man kommt mit ihnen sehr leicht ins Gespräch, und es ist nicht schwierig, mit ihnen spontan ein gutes Verhältnis aufzubauen. Man muss sie jedoch immer wieder auf den eigentlichen Gesprächsgrund zurückführen und Vereinbarungen festlegen. Ihr unverbesserlicher Optimismus führt oft dazu, dass die Dinge rosiger dargestellt werden, als sie in Wirklichkeit sind.

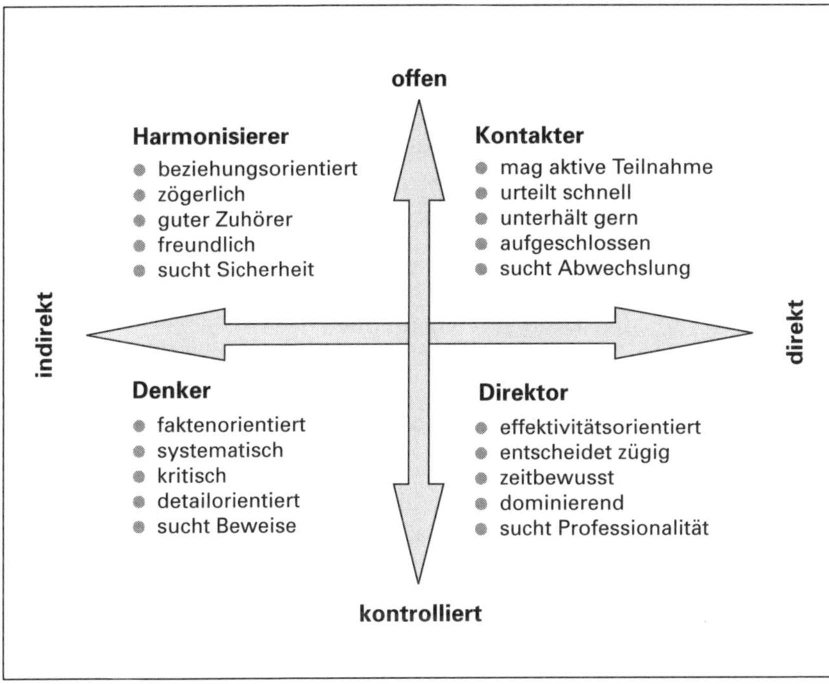

Abbildung 22: Zusammenfassung der Verhaltensstile

Identifizieren Sie Ihren Verhaltensstil

Um sich an den Verhaltensstil des Kunden anpassen zu können, müssen Sie zuerst Ihren eigenen kennen. Sie können Ihren eigenen Verhaltensstil mit Hilfe von Arbeitsbogen 7 und Arbeitsbogen 8 leicht selbst bestimmen.

Die Spalten A1 und A2 von Arbeitsbogen 7 führen Sie zu der Erkenntnis, ob Sie sich überwiegend anteilnehmend (offen) oder selbstzentriert (kontrolliert) verhalten. Schätzen Sie bitte ein, welche der jeweils gegenüberliegenden Aussagen stärker, das heißt in der überwiegenden Zeit Ihres normalen Verhaltens, zutrifft, und markieren Sie diese. Addieren Sie dann die Markierungen der Spalten A1 und A2. Lassen Sie die Spalte unbeachtet, die die kleinere Punktzahl hat, und tragen Sie die höhere Punktzahl der anderen Spalte in die entsprechende Richtung des Achsenkreuzes von Arbeitsbogen 9 ein. Sollten Sie für beide Spalten die gleiche Punktzahl 6 erreichen, so liegt Ihre Eintragung auf der waagerechten Achse.

Verfahren Sie nun analog mit den beiden Spalten von Arbeitsbogen 8 (B1 und B2) für den Grad Ihrer Direktheit. Wenn Sie jetzt im rechten Winkel zu den beiden Achsen, jeweils vom Punkt Ihrer Eintragung, eine Gerade im rechten Winkel ziehen, erhalten Sie einen Schnittpunkt in einem der vier Felder. Er zeigt Ihnen Ihren Verhaltenstyp und – je nach Grad der Anteilnahme und Direktheit – wie stark dieser ausgeprägt ist.

Erfahrungsgemäß verhalten sich die meisten Menschen im Beruf anders als im Privatleben. Gehen Sie deshalb von Ihrem beruflichen Verhalten aus. Berücksichtigen Sie auch keine Stresssituationen, da diese ebenfalls Einfluss auf das Verhalten haben.

ARBEITSBOGEN 7: Wie Sie Ihren Verhaltensstil bestimmen

Spalte A1		Spalte A2	
Ich zeige meine Gefühle meist in kontrollierter Form.	☐	Ich zeige meine Gefühle meist freimütig.	☐
Ich treffe Entscheidungen vor allem auf der Grundlage von Fakten.	☐	Ich treffe Entscheidungen oft nach Gefühl.	☐
Ich konzentriere mich vor allem auf Sachverhalte und Aufgaben im Gespräch.	☐	Ich konzentriere mich vor allem auf die menschlichen Beziehungen im Gespräch.	☐
Ich ziehe es vor, unabhängig zu arbeiten.	☐	Ich arbeite gern mit anderen zusammen.	☐
Ich minimiere körperliche Nähe.	☐	Ich suche und akzeptiere körperliche Nähe.	☐
Es ist nicht leicht, mich zu durchschauen.	☐	Ich bin leicht zu durchschauen.	☐
Ich wirke meist reserviert und korrekt.	☐	Ich wirke meist entspannt und freundlich.	☐
Mein Händedruck ist förmlich.	☐	Ich schüttle Hände in ungezwungener Weise.	☐
Ich gebe wenig durch Körpersprache über mich preis.	☐	Ich gebe viele Hinweise durch meine Körpersprache.	☐
Ich orientiere mich an Realitäten, Erfahrungen und Fakten.	☐	Ich nehme Träume, Visionen und Eingebungen ernst.	☐
Ich zeige nicht viel Enthusiasmus.	☐	Ich zeige viel Enthusiasmus.	☐
Ich passe auf, dass mir andere nicht meine Zeit stehlen.	☐	Mir macht es nichts aus, meine Zeit mit anderen zu verbringen.	
Summe A1	___	**Summe A2**	___

ARBEITSBOGEN 8: Wie Sie Ihren Verhaltensstil bestimmen

Spalte B1		Spalte B2	
Ich gehe Risiken, Entscheidungen oder Veränderungen zögerlich und bedachtsam an.	☐	Ich gehe Risiken, Entscheidungen und Veränderungen schnell und spontan an.	☐
Ich trage nur zeitweise zu Gruppengesprächen bei.	☐	Ich trage laufend zu Gruppengesprächen bei.	☐
Ich benutze ab und zu Gesten und stimmliche Betonungen.	☐	Ich benutze regelmäßig Gesten und stimmliche Betonungen.	☐
Ich drücke mich oft zurückhaltend aus, z. B.: „ich denke", „meiner Meinung nach" usw.	☐	Ich mache emphatische Aussagen, z. B.: „ich bin sicher", „auf jeden Fall" usw.	☐
Ich unterstreiche Aussagen durch sachliche Erklärungen.	☐	Ich betone Aussagen durch stimmlichen Ausdruck und Körpersprache.	☐
Ich stelle meist Fragen zur Klärung, zur Unterstützung oder zur Information.	☐	Ich stelle oft rhetorische Fragen.	☐
Ich behalte meine Meinung oft für mich.	☐	Ich teile meine Meinung bereitwillig mit.	☐
Ich bin geduldig, kooperativ und diplomatisch.	☐	Ich bin weniger geduldig und scheue keine Konkurrenz oder Konfrontation.	☐
Ich warte zunächst, dass andere sich vorstellen.	☐	Ich tendiere dazu, mich selbst vorzustellen.	☐
Mein Händedruck ist leicht.	☐	Mein Händedruck ist kräftig.	☐
Ich halte Augenkontakt mit Unterbrechungen.	☐	Ich halte ununterbrochen Augenkontakt.	☐
Ich folge etablierten Regeln und Vorschriften.	☐	Ich kümmere mich nicht sehr um etablierte Regeln und Vorschriften.	☐
Summe B1	___	**Summe B2**	___

ARBEITSBOGEN 9: Ihr persönliches Verhaltensprofil

Tragen Sie jetzt die jeweils höheren Ziffern in das Profil von Arbeitsbogen 9 ein.

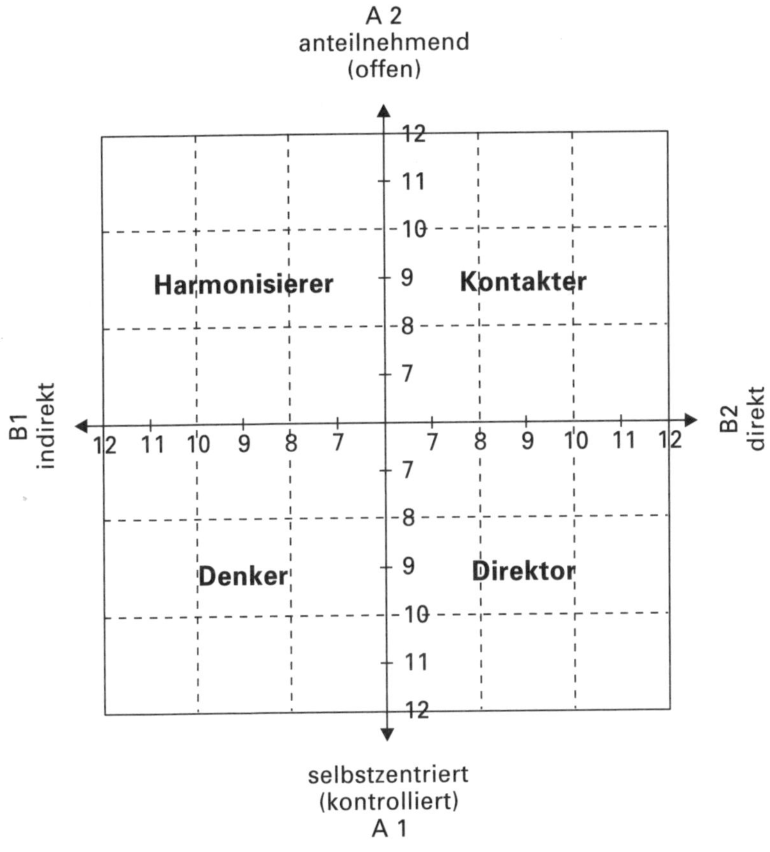

Stress in Beziehungen

Sie kennen jetzt die einzelnen Verhaltensstile und deren Dimensionen Anteilnahme (Offenheit) und Selbstzentriertheit (Kontrolliertheit). Mit dem Grad der Anteilnahme geht auch eine Änderung der Prioritäten der betrachteten Person einher. Weiterhin ändert sich mit dem Grad der Direktheit das Tempo im Denken und Handeln der Person. Besonders wenn Personen unterschiedlicher Verhaltensstile zusammentreffen, und das ist in der Mehrzahl der Fälle so, sind diese Betrachtungen wichtig. Wenn sich in einer solchen Situation jeder nur nach seinen persönlichen Ansichten und Gewohnheiten verhält, sind Spannungen vorprogrammiert.

Priorität und Tempo

Wenn Sie mit Ihrem Auto auf die Autobahn fahren, müssen Sie die Geschwindigkeit des Verkehrs auf der Autobahn beachten und Ihre eigene Geschwindigkeit entsprechend anpassen. Anderenfalls käme es zu Störungen oder Kollisionen. Störungen in den menschlichen Beziehungen treten auch auf, wenn Menschen unterschiedlicher Verhaltenstypen zusammenkommen und sie ihr Verhalten nicht an das des anderen anpassen. Die Problematik beim Zusammentreffen verschiedener Verhaltensstile der beteiligten Personen wird in Abbildung 23 verdeutlicht.

Wenn ein Kontakter und ein Harmonisierer zusammentreffen, so werden beide als Priorität die menschliche Beziehung ansehen, das heißt beide Verhaltensstile werden sich auf dieser Ebene gut verstehen. Beide haben aber verschiedene Tempi, das heißt die Geschwindigkeiten im Handeln, Sprechen und Entscheiden sind unterschiedlich. Dem Kontakter wird alles zu langsam gehen, der Harmonisierer lehnt das schnelle Vorangehen des Kontakters ab. Es besteht die Wahrscheinlichkeit, dass es zu Spannungen kommt. Wieder anders sieht es aus, wenn ein Direktor und ein Kontakter zusammentreffen. Im Tempo sind sich beide ähnlich. Probleme treten bei den Prioritäten auf. Der Kontakter stellt die persönliche Beziehung an erste Stelle. Der Direktor sieht zuerst die Aufgabe. Am schwierigsten wird es, wenn diametral gegensätzliche Verhaltensstile aufeinandertreffen. Konflikte oder Gespräche ohne Ergebnis entstehen dann sehr schnell, da sowohl Tempo als auch Prioritäten kollidieren.

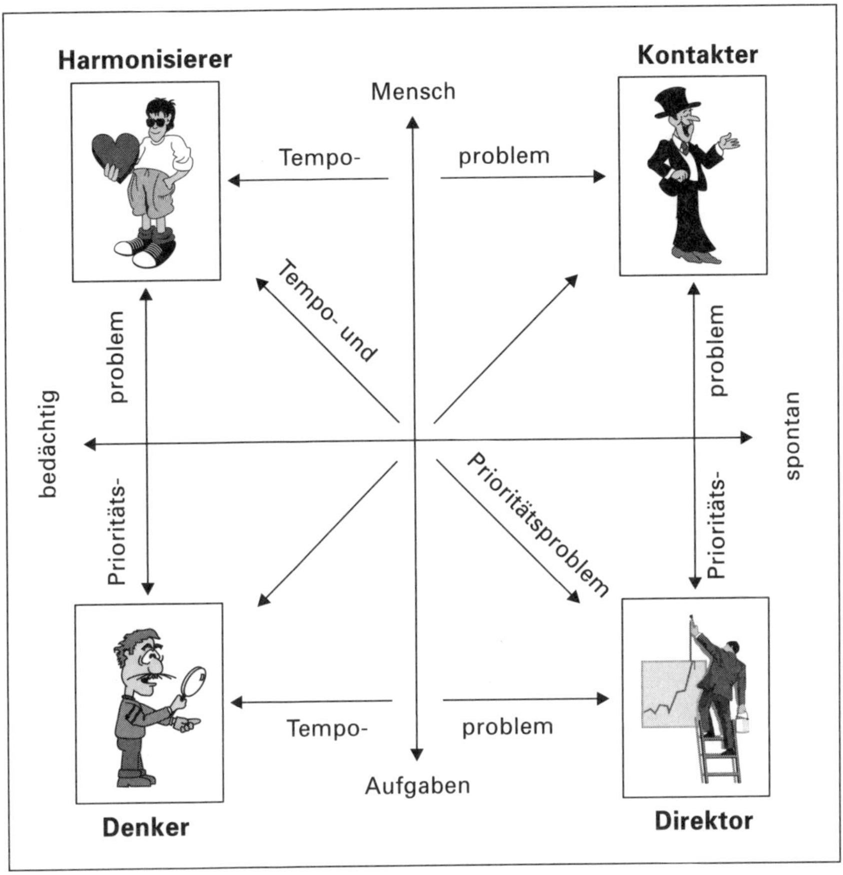

Abbildung 23: Stress in Beziehungen

Um Stress zu vermeiden, muss wenigstens eine Person ihr Verhalten an das der anderen anpassen. Ideal wäre es, wenn dies beide täten. Da Sie im Regelfall von Ihren Kunden nicht erwarten können, dass sich diese aus Rücksicht auf Ihren Verhaltensstil einstellen, sollten Sie selbst Ihr Verhalten an das Persönlichkeitsprofil des Kunden anpassen. Ihre eigenen Wertvorstellungen und Ihre charakterlichen Eigenschaften bleiben dabei die gleichen. Sie gehen aber situationsbedingt zeitweilig aus Ihrer persönlichen Komfortzone heraus, um eine gute Gesprächsbeziehung zu schaffen. Um dies zu erreichen, gibt es zwei Fähigkeiten, die Sie als guter Kommunikator brauchen:

1. *Flexibilität:* Ihre Fähigkeit, sich an das Verhalten des anderen anzupassen.
2. *Gewandtheit:* Ihre Fähigkeit, mit anderen über unterschiedliche Themen leicht und locker eine Konversation zu starten und zu führen.

Wenn Sie über beide Fähigkeiten ausreichend verfügen, werden Sie kaum Schwierigkeiten im Umgang mit anderen Menschen haben.

Flexibilität	**Gewandtheit**
dazu gehören:	dazu gehören:
■ Einfühlungsvermögen ■ Selbstvertrauen ■ Wertschätzung anderer ■ Positives Denken ■ Toleranz	■ Beobachtungsgabe ■ Widerstandsfähigkeit ■ Sicherheit ■ Kompetenz ■ Vision
Der Wille zur Verhaltenssteuerung	Die Fähigkeit zur Verhaltenssteuerung

Wie Sie Ihre Fähigkeiten der Verhaltenssteuerung erhöhen

Ihr persönliches Verhaltensprofil nach Arbeitsbogen 9 zeigt Ihnen, was Sie beachten sollten, wenn Sie mit Personen anderer Verhaltensstile zusammentreffen. Dabei ist es gleichgültig, ob dies im Büro, beim Kunden oder in Ihrem privaten Bereich geschieht. Das Wissen um Ihren eigenen und den Verhaltensstil Ihrer Gesprächspartner gibt Ihnen die Möglichkeit, mit jedem in kürzester Zeit eine gute Gesprächsbeziehung herzustellen. Der Erfolg wird sich rasch einstellen, sofern Sie Ihr Verhalten entsprechend steuern. Wie Sie Ihr Verhalten an das der anderen während des Gesprächs anpassen sollten, zeigen Ihnen die Abbildungen 24 bis 27.

Wenn Sie ein Direktor sind, sollten Sie: 	**Wenn der andere ein Direktor ist, sollten Sie:**
▪ den anderen besser zuhören ▪ weniger Dominanz zeigen ▪ mehr fragen als reden ▪ sich entspannter und lockerer geben ▪ Geduld üben ▪ versuchen, sich in den anderen hineinzuversetzen ▪ auf die Gefühle anderer Rücksicht nehmen ▪ sich vor vorschnellen Entscheidungen hüten ▪ Gründe für Ihre Entscheidungen erläutern ▪ weniger auf das achten, was Sie selbst wollen, und mehr auf das, was andere wollen ▪ andere weniger antreiben	▪ sofort zur Sache kommen ▪ sich auf die wesentlichen Punkte konzentrieren ▪ professionell auftreten ▪ seine Erfolge anerkennen ▪ Zeitbewusstsein signalisieren ▪ ihm helfen, zu gewinnen ▪ auf kurze, klare Präsentation achten ▪ Effektivität demonstrieren ▪ auf Kosten-/Nutzenrelationen konzentrieren ▪ Optionen zur Entscheidung vorschlagen ▪ Aufgaben, Ziele, Verantwortlichkeiten und Termine klar definieren ▪ Ihre eigene Überzeugung voll einbringen

Abbildung 24: Wie Sie Ihre Fähigkeiten der Verhaltenssteuerung erhöhen: der Direktor

Wenn Sie ein Denker sind, sollten Sie: 	**Wenn der andere ein Denker ist, sollten Sie:**
▪ weniger perfektionistisch sein ▪ andere nicht durch zu viele kritische Fragen in Verlegenheit bringen ▪ mehr auf Gefühle und Emotionen anderer Rücksicht nehmen ▪ Interesse und Anerkennung für andere zeigen ▪ nicht zu starr an Regeln und Prozeduren kleben ▪ auch Dinge entscheiden, wenn noch nicht alle Informationen vorliegen ▪ anpassungsfähiger für neue Organisationen und Methoden sein ▪ mehr über eigene Gefühle sprechen ▪ Dinge schneller zu Ende bringen, Abkürzungen nehmen	▪ sich gut informieren und Ihre Hausaufgaben machen ▪ korrekt sein in allem, was Sie behaupten ▪ exakte Angaben machen ▪ auf die Logik Ihrer Argumentation achten ▪ Sachverhalte dokumentieren ▪ formell auftreten ▪ nicht zu schnell vorgehen ▪ keine vorschnellen Behauptungen aufstellen ▪ positive und negative Seiten einer Sache betrachten ▪ ruhig und sachlich argumentieren ▪ systematisch vorgehen ▪ auf Ordnung und Übersicht achten

Abbildung 25: Wie Sie die Fähigkeiten Ihrer Verhaltenssteuerung erhöhen: der Denker

Wenn Sie ein Harmonisierer sind, sollten Sie: 	**Wenn der andere ein Harmonisierer ist, sollten Sie:**
▪ sich mehr auf Ihre eigenen Prioritäten konzentrieren ▪ öfter nein sagen ▪ Konflikten nicht immer ausweichen ▪ unangenehme Dinge nicht verdrängen ▪ mehr an andere delegieren ▪ gelegentlich ein Machtwort sprechen ▪ ab und zu ein Risiko eingehen ▪ Ihre Gefühle und Gedanken ausdrücken ▪ weniger Angst vor Ablehnung haben ▪ selbstbewusster auftreten	▪ freundlich und zurückhaltend auftreten ▪ sich entspannt und locker geben ▪ Konfliktthemen vermeiden ▪ Ruhe und Sicherheit ausstrahlen ▪ höflich und aufmerksam sein ▪ viele Fragen stellen ▪ Gefühle ansprechen ▪ bei Vorschlägen Auswirkungen auf menschliche Beziehungen beachten ▪ niemals Druck ausüben ▪ nicht zu schnell vorgehen ▪ häufig Kontakt halten

Abbildung 26: Wie Sie die Fähigkeiten Ihrer Verhaltenssteuerung erhöhen: der Harmonisierer

Wenn Sie ein Kontakter sind, sollten Sie: 	**Wenn der andere ein Kontakter ist, sollten Sie:**
▪ sich etwas zurückhalten mit emotionalen Äußerungen ▪ mehr auf die Nutzung Ihrer Zeit achten ▪ Dinge vor Entscheidungen von mehreren Seiten betrachten ▪ mehr auf Fakten und Logik achten ▪ sich vor vorschnellen Entscheidungen hüten ▪ mehr Zurückhaltung bei Behauptungen üben ▪ auch auf Details achten ▪ Dinge besser planen und diszipliniert realisieren ▪ sich auf die gerade vorliegende Aufgabe konzentrieren und sie zu Ende bringen ▪ Vereinbarungen (auch kleine) strikt einhalten	▪ auf seine Ideen und Visionen eingehen ▪ Enthusiasmus und Begeisterung mit ihm teilen ▪ sich locker und humorvoll geben ▪ Präsentationen durch Effekte, Abwechslung auflockern ▪ ihn wegen seiner Beziehungen und Kontakte bewundern ▪ Referenzen von bekannten Persönlichkeiten anführen ▪ darauf achten, dass der andere nicht zu sehr vom Thema abschweift ▪ seinen gesellschaftlichen und geschäftlichen Status anerkennen ▪ ihn nicht mit Details langweilen ▪ Absprachen schriftlich dokumentieren

Abbildung 27: Wie Sie die Fähigkeiten Ihrer Verhaltenssteuerung erhöhen: der Kontakter

Effektives Verhalten in Kundengesprächen

Sie verfügen jetzt über ein wirksames Mittel, um schnell eine positive Gesprächsbeziehung mit Ihren Kunden oder Interessenten herzustellen. Je nach Verhaltensstilen können Sie schneller und sicherer zu Ergebnissen im Verkauf gelangen, wenn Sie die folgenden Verhaltensregeln anwenden. Sicher gehört dazu einige Übung, die Sie sich aber leicht erwerben, wenn Sie das Persönlichkeits-Profil-System (PPS) konsequent anwenden.

Wenn Sie Ihre Gesprächspartner schon kennen, nehmen Sie sich die jeweils zutreffende Checkliste der Abbildungen 28 bis 31 zur Hand und bereiten sich auf die Gesprächsführung vor. Wenn Sie den Kunden noch nicht kennen, dann versuchen Sie, während des Gesprächs auf Grund seiner Büroeinrichtung, seiner Sprechweise und seiner Art des Vorgehens sein Verhaltensprofil zu bestimmen.

Wenn der Kunde ein Direktor ist,

sollten Sie sich so verhalten:

- Erläutern Sie den Zweck Ihres Besuchs.
- Zeigen Sie ihm, dass Sie seine knappe Zeit respektieren, und schlagen Sie ein Zeitlimit vor.
- Sparen Sie sich Small talk.
- Sprechen Sie in kurzen Sätzen, und beschränken Sie sich auf das Wesentliche.
- Zeigen Sie, dass Sie sich über seine Branche, sein Unternehmen und seine Person gut informiert haben.
- Stellen Sie Fragen, die sich auf die gewünschten Resultate und die zeitlichen Zwänge beziehen.
- Konzentrieren Sie sich auf Optionen, Resultate, Preis-/Leistungs-Verhältnis und Wirtschaftlichkeit.
- Heben Sie Effektivität und Einsparung hervor.
- Übergeben Sie wenig Papier. Stellen Sie in Kurzform Optionen mit Kosten-/Nutzen-Analysen zusammen.
- Versichern Sie ihm, dass Sie hinter dem Produkt und hinter Ihrer Firma stehen.
- Sichern Sie ihm zu, dass Sie sich persönlich um die Auslieferung und die zufrieden stellende Funktion kümmern werden.
- Bringen Sie sich regelmäßig mit Hinweisen über Leistungen und Erfolge Ihres Unternehmens in Erinnerung.

Abbildung 28: Wie Sie sich in Verkaufsgesprächen mit einem Direktor verhalten

Wenn der Kunde ein Denker ist,

sollten Sie sich so verhalten:

- Erläutern Sie den Grund Ihres Gesprächswunschs.
- Sprechen Sie langsam, und wählen Sie Ihre Worte mit Bedacht.
- Machen Sie exakte Angaben, nennen Sie Quellen und Beweise.
- Halten Sie sich mit Emotionen zurück.
- Bereiten Sie sich auf alle vorauszusehenden Fragen vor, und sammeln Sie Daten und Belege.
- Stellen Sie kurze und eindeutige Fragen.
- Betonen Sie Qualität, Funktionen und Zuverlässigkeit.
- Nennen Sie sowohl Vorteile wie auch Nachteile.
- Sagen Sie ehrlich, wenn Sie etwas nicht wissen, und finden Sie es heraus.
- Übergeben Sie eine ausführliche Dokumentation.
- Drängen Sie nicht, und liefern Sie genügend Daten zur Analyse der Optionen.
- Erstellen Sie tabellarische Übersichten und objektive Bewertungen.
- Vereinbaren Sie nach dem Kauf bestimmte Zeitpunkte, um sich nach der Zufriedenheit der Kunden zu erkunden.
- Kümmern Sie sich auch darum, dass Installationen und Serviceeinsätze qualitäts- und termingerecht erledigt werden.

Abbildung 29: Wie Sie sich in Verkaufsgesprächen mit einem Denker verhalten

Wenn der Kunde ein Harmonisierer ist,

sollten Sie sich so verhalten:

- Geben Sie sich entspannt, locker und informell.
- Hören Sie aufmerksam zu, und lassen Sie den anderen immer ausreden.
- Konzentrieren Sie sich auf die Entwicklung einer harmonischen Beziehung und den Aufbau von Vertrauen.
- Stellen Sie viele offene Fragen, und erklären Sie, weshalb Sie dies tun.
- Seien Sie besonders taktvoll bei sensiblen Themen.
- Heben Sie die positiven Auswirkungen Ihres Produkts auf die Motivation der Mitarbeiter und den Betriebsfrieden hervor.
- Weisen Sie auf Sicherheit, Stabilität und Umweltfreundlichkeit Ihrer Lösung hin.
- Üben Sie niemals Druck aus.
- Beziehen Sie den Harmonisierer durch Feedback-Fragen mit ein.
- Geben Sie solide Empfehlungen, und vereinbaren Sie einen Aktionsplan.
- Vermeiden Sie den Anschein spektakulärer Veränderungen.
- Führen Sie nach dem Kaufabschluss regelmäßig Follow-up-Kontakte durch.
- Pflegen Sie die weitere Beziehung durch kleine persönliche Aufmerksamkeiten, Nachfragen und Unterstützung.

Abbildung 30: Wie Sie sich in Verkaufsgesprächen mit einem Harmonisierer verhalten

Wenn der Kunde ein Kontakter ist,

sollten Sie sich so verhalten:

- Seien Sie freundlich, informell und offen.
- Gehen Sie auf seine Ideen und Visionen mit freundlichem Enthusiasmus ein.
- Lassen Sie ihn das Gesprächstempo bestimmen.
- Stellen Sie vorwiegend offene Fragen, die ihn seine Ideen und Vorstellungen schildern lassen.
- Stellen Sie die Einzigartigkeit, die technologischen Besonderheiten und den Prestigewert des Produkts heraus.
- Verweisen Sie auf allgemein bekannte und geachtete Kunden, die das Produkt besitzen.
- Gestalten Sie Ihre Präsentation abwechslungsreich, und setzen Sie Medien und Modelle ein.
- Sprechen Sie in bildhaften Vergleichen.
- Fixieren Sie Ihre Vereinbarungen schriftlich.
- Rufen Sie nach dem Kaufabschluss an, und stellen Sie nochmals die Vorteile der Entscheidung dar, um Kaufreue zu vermeiden.
- Kümmern Sie sich persönlich um die einwandfreie Auslieferung, Installation und Kundenzufriedenheit, damit der Kontakter intern eine gute Figur macht.

Abbildung 31: Wie Sie sich in Verkaufsgesprächen mit einem Kontakter verhalten

Zusammenfassung

- *Identifizieren Sie die Entscheidungsträger Ihrer Kunden.* Finden Sie heraus, wer letztlich die wirtschaftliche Entscheidung trifft, wer mit dem Produkt arbeiten wird, wer die Entscheidung beeinflussen wird, wer den Kauf aufhalten kann und wer in Ihrem Sinne versucht, die Dinge voranzutreiben.
- *Identifizieren Sie den dominierenden Beeinflusser.* Auf wen hören die anderen? Auf wen hört der wirtschaftliche Entscheider? Wer ist die „graue Eminenz“?
- *Versuchen Sie, den Gesprächseinstieg möglichst weit oben in der Hierarchie zu finden,* am besten beim wirtschaftlichen Entscheider.
- *Knüpfen Sie mit allen Entscheidungsbeteiligten Kontakte.* Vernachlässigen und unterschätzen Sie niemanden.
- *Beachten Sie bei der telefonischen Gesprächsvereinbarung* vor allem drei Dinge:
  - sofort zur Sache kommen,
  - dem Interessenten einen Vorteil in Aussicht stellen,
  - den maximalen Zeitaufwand eines Gesprächs beim Kunden angeben.
- *Bereiten Sie Ihre Telefonate systematisch vor.* Nutzen Sie geeignete Planungshilfsmittel.
- *Kündigen Sie zur Gewinnung von Neukunden Ihren Anruf* mit einem kurzen, aussagekräftigen und interessanten Mailing an.
- *Rufen Sie potenzielle Interessenten zwecks Terminvereinbarung selbst an.* Ihre Gesprächspartner haben ein Recht, von Ihnen den Gesprächsgrund selbst zu erfahren.
- *Machen Sie ab und zu „Kaltbesuche“,* wenn Sie die Kunden bereits kennen und Ihr unangemeldeter Besuch im Regelfall akzeptiert wird.
- *Bereiten Sie sich rechtzeitig auf jeden Kundenbesuch vor.* Beachten Sie besonders Dinge wie bisherige Geschäftsbeziehungen, Kundenzufriedenheit und Kundenprobleme, Ansprechpartner, bisherige Besuchsergebnisse, Wettbewerbsvorteile Ihres Produkts, Gesprächsziele, vorzubereitende Fragen und den geplanten Gesprächsverlauf.

- *Schaffen Sie sich eine Methodik zur Besuchsvorbereitung,* zum Beispiel einen Besuchsvorbereitungsplan.
- *Arbeiten Sie eine Checkliste für Ihre Reise- und Besuchsvorbereitung aus.* Ergänzen Sie diese laufend.
- *Sorgen Sie für einen guten ersten Eindruck.* Ihr gepflegtes Äußeres, Ihre Kleidung und Ihre persönliche Hygiene prägen den ersten und bleibenden Eindruck, den der Kunde von Ihnen erhält. Kleiden Sie sich so, wie es andere professionelle Gesprächspartner Ihres Kunden tun, zum Beispiel sein Rechtsanwalt oder der Vertreter seiner Bank. Sparen Sie nicht an Ihrer Garderobe. Der billige Anzug strahlt auch ein billiges Image aus.
- *Achten Sie auf Pünktlichkeit.* Zuspätkommen signalisiert mangelnde Zuverlässigkeit. Sollte es sich doch nicht vermeiden lassen: unbedingt vorher anrufen!
- *Begrüßen Sie Ihren Gesprächspartner aufmerksam und freundlich.* Halten Sie Augenkontakt bei der Begrüßung. Prägen Sie sich den Namen des anderen ein, und wiederholen Sie ihn im Gespräch. Erwidern Sie den Handschlag des Partners angemessen, das heißt nicht zu lasch und nicht zu fest. Stellen Sie sich bei Erstkontakten mit Namen und durch Überreichen Ihrer Visitenkarte vor.
- *Beginnen Sie mit Small talk, aber lassen Sie den Kunden das weitere Timing bestimmen.* Außer fachlicher Kompetenz wird vom Vertriebsingenieur ein gewisses Konversationstalent erwartet. Viele Kunden werden im Fachgespräch zugänglicher, wenn Sie durch lockere Konversation eine angenehme Gesprächsatmosphäre hergestellt haben. Beachten Sie dabei aber den Persönlichkeitstyp des Kunden.
- *Beziehen Sie sich zu Beginn des Fachgesprächs auf einen konkreten Anlass.* Der Besuch des Kunden auf dem Messestand, das zugeschickte Angebot oder Ihr Wissen um die geplante Erweiterung der Produktion sind Anknüpfungspunkte für ein Verkaufsgespräch.
- *Identifizieren Sie Ihren eigenen Verhaltensstil nach dem PPS-System.* Schätzen Sie Ihren eigenen Verhaltensstil anhand der Arbeitsbögen 7 bis 9 ein. Lassen Sie diese Einschätzung auch von Ihren Angehörigen und Freunden durchführen. Leiten Sie daraus ab, wie Sie Ihr Verhalten im Gespräch mit jedem der drei anderen Verhaltenstypen anpassen sollten.

- *Identifizieren Sie den Persönlichkeitstyp des Kunden.* Schätzen Sie ein, ob ein Kunde ein Direktor, Denker, Harmonisierer oder Kontakter ist. Beobachten Sie dazu seine Umgebung, seine Gestik sowie seine verbale und vokale Ausdrucksweise.
- *Passen Sie Ihr Verhalten dem des Kunden an.* Gehen Sie bei der Vorbereitung und der Durchführung des Gesprächs auf den Verhaltensstil des Kunden ein. Üben Sie Ihre Flexibilität und Gewandtheit in der Gesprächsführung. Bereiten Sie sich anhand der Checklisten dieses Buches auf jedes Gespräch mit dem zu erwartenden Persönlichkeitstyp vor.

Schritt 3

Entdecken Sie Probleme, und wecken Sie Bedürfnisse

Wenn ich Hundefutter verkaufen will, muss ich erst einmal die Rolle des Hundes übernehmen; denn nur der Hund allein weiß ganz genau, was Hunde wollen.

Ernest Dichter, amerikanischer Sozialforscher

Umfragen haben ergeben, dass es mit dem Image von Verkäufern in den Augen der Kunden nicht zum Besten steht. Negative Verhaltensweisen, die man vielen Verkäufern anlastet, sind:

- schlechtes Zuhören,
- zu wenig Interesse an Kundenproblemen,
- zu wenig Engagement für den Kunden,
- zu wenig Kenntnis der eigenen Produktvorteile gegenüber denen des Wettbewerbs,
- zu wenig Fragen und Rücksprachen mit dem Kunden.

Professionelle Verkäufer vermeiden diese Fehler. Sie gehen vor wie ein guter Arzt: erst die Diagnose, dann die Therapie. Wir nennen diese Art des Vorgehens kundenorientiertes Verkaufen. Kundenorientiertes Verkaufen besteht aus zwei Hauptaktivitäten:

1. Problemstellungen des Kunden identifizieren und verdeutlichen.
2. Problemlösungen gemeinsam mit dem Kunden entwickeln.

Um diese beiden Dinge zu realisieren, muss ein Verkäufer zwei wesentliche Fähigkeiten beherrschen: Er muss Probleme des Kunden durch Fragen entdecken und das Problembewusstsein des Kunden verstärken. Dazu muss er lernen, in der Sprache des Kunden zu reden und aktiv zuzuhören.

Therapie ohne Diagnose ist ein Kunstfehler.
Ärztlicher Grundsatz

Finden Sie die Bedürfnisse des Kunden heraus

Als ich meinen ersten Personal Computer kaufte, zählte mir der Verkäufer eine Menge technischer Details auf, wie 486er Prozessor, 33 Megahertz, 4 MB RAM, 64 KB Cache und die Möglichkeit eines Upgrading. Ebenso hätte er damals chinesisch zu mir reden können. Was mich eigentlich interessiert hätte, wären Informationen gewesen, wie ich meine Präsentationsfolien und Trainingsunterlagen optimal herstellen kann. Auf meine naiven Fragen erntete ich neben einem erstaunten Blick und einem hilflosen Schulterzucken die Antwort, ich müsse schließlich wissen, was ich wolle.

Wie ich den Computer schließlich gekauft habe? Nun, ich habe mich von einem Freund beraten lassen. Er stellte mir zunächst einige Fragen über meine Arbeit, zum Beispiel nach dem Anteil von Texten und Grafiken, der Häufigkeit der Nutzung, der Ansprüche an die Druckqualität und der voraussichtlichen Entwicklung meiner Arbeitsschwerpunkte in den nächsten Jahren. Dann legten wir gemeinsam die für meine Zwecke am besten geeignete Konfiguration fest, und ich bestellte den PC, ohne den Verkäufer noch mit einer Frage zu „belästigen“.

Bevor der Kunde ein Produkt kauft, stellt er in den meisten Fällen drei Fragen:

1. Welchen Nutzen bringt mir dieses Produkt?
2. Ist mir dieser Nutzen die Kosten wert, und kann ich sie bezahlen?
3. Kann ich dieses Produkt woanders günstiger erhalten?

Zumeist stellt sich der Kunde diese Fragen auch in dieser Reihenfolge. Dabei müssen Sie berücksichtigen, dass er oft eine völlig andere Sichtweise der Dinge hat als Sie. Was Sie als Nutzen ansehen, mag für ihn nur eine nebensächliche Eigenschaft sein. Andererseits legt er vielleicht Wert auf Vorteile Ihres Produkts, die Sie als weniger wichtig ansehen.

Als Verkäufer müssen Sie eine Mischung aus Detektiv, Archäologe und Stratege sein. Als Detektiv stellen Sie Fragen, um möglichst genau die Bedürfnisse des Kunden zu erfahren. Als Archäologe entwickeln Sie ein

Gespür, um weitere, übergeordnete Bedürfnisse zu entdecken, die der Kunde nicht ohne weiteres zu erkennen gibt. Das heißt, Sie schürfen tiefer, als Stratege führen Sie das Gespräch in Richtung Wettbewerbsvorteile.

Ich erinnere mich noch gut an einen Fall in Hongkong, wo wir einem chinesischen Laborarzt mit eigenem Labor ein automatisches Blutanalysengerät verkaufen wollten. Alles schien zu passen, das Gerät erfüllte alle seine Forderungen. Trotzdem konnte er sich nicht entscheiden. Erst nach längeren geduldigen Gesprächen fanden wir heraus, dass er überlegte, ob er sich für dieses Geld nicht lieber einen Mercedes kaufen solle. Als wir das erkannt hatten, machten wir ihm eine Rechnung auf, bei der er den Mercedes über einen Zeitraum von zwei Jahren bequem von den Erlösen aus dem Betrieb des Analysengeräts finanzieren konnte. Dazu boten wir ihm noch einen maßgeschneiderten Finanzierungsplan an. Der Kunde kaufte das Gerät. Wenn Sie in der Sprache des Kunden reden wollen, so müssen Sie vor allem seine Bedürfnisse herausfinden. Das können zum Beispiel folgende sein:

- Das Produkt bewahrt ihn vor dem Auftreten eines Problems.
- Das Produkt macht ihm das Leben leichter.
- Das Produkt hilft ihm, Kosten zu sparen.
- Das Produkt hilft ihm, Geld zu verdienen.
- Das Produkt hilft ihm, einen besseren Eindruck zu machen oder sich besser zu fühlen.
- Das Produkt hilft ihm, seine Position im Unternehmen zu stärken.
- Das Produkt hilft ihm, sein berufliches Fortkommen zu unterstützen.
- Das Produkt hilft ihm, Zeit zu sparen.
- Das Produkt kann alle oder einige wichtige Punkte besser erfüllen als ein anderes Produkt.

> Ein Bedürfnis nach einem Produkt entsteht, wenn der Kunde ein Problem sieht, zum Beispiel Kosten zu sparen, und eine Möglichkeit sieht, dieses Problem durch ein Produkt, zum Beispiel eine neue Software, zu lösen.

Wie aber erfahren wir die Probleme des Kunden? Hier helfen nur zwei Dinge weiter:

1. Informieren Sie sich vorher so umfassend wie möglich über den Kunden.

2. Stellen Sie Fragen, und hören Sie aktiv zu.

Informieren Sie sich über den Kunden

Je mehr Sie über das Unternehmen des Kunden wissen, desto besser können Sie gezielt Fragen stellen. Sammeln Sie zunächst die in Ihrem Haus vorhandenen Informationen. Werten Sie die bisherigen Besuchsberichte aus, wenn Ihr Unternehmen bereits Geschäfte mit dem Unternehmen des Kunden gemacht hat. Nutzen Sie Branchenverzeichnisse, Fachzeitschriften und Messekataloge, wenn Ihnen das Unternehmen noch nicht bekannt ist. Schauen Sie sich seine Internetseiten an. Schreiben Sie an die Werbeabteilung des Kundenunternehmens, und bitten Sie um Zusendung von Prospektmaterial. Lesen Sie auch so genannte „Insider-Briefe", die oft für bestimmte Branchen oder Märkte herausgegeben werden. Der Kunde wird es zu schätzen wissen, wenn Sie sich bereits mit seinem Unternehmen befasst haben.

Sprechen Sie auch mit den Kunden Ihres Kunden, das heißt mit solchen, die die Produkte Ihres Kunden nutzen. Letztlich wollen Sie ja Ihrem Kunden helfen, selbst erfolgreicher zu werden. Machen Sie sich mit dem Fachjargon Ihres Kunden vertraut, und informieren Sie sich über die Einflussfaktoren seiner Branche. Sie werden dann nicht mehr nur als Verkäufer, sondern als Fachmann und Berater angesehen und genießen Glaubwürdigkeit und „kollegiale" Anerkennung.

Nachdem Sie Ihre Informationen über den Kunden zusammengestellt haben, ist es Zeit, Ihre Fragestrategie zu entwickeln. Überlegen Sie sich vor dem Gespräch, was Sie alles wissen sollten, um Probleme zu finden und Ihrem Kunden die bestmögliche Lösung vorschlagen zu können. Stellen Sie eine Liste aller Fragen zusammen, die Ihnen die gewünschten Informationen bringen. Sie können sich dann im Gespräch mit Ihrem Kunden voll auf dessen Antworten konzentrieren und müssen sich nicht laufend neue Fragen überlegen.

Stellen Sie sich einmal vor, Sie haben sich entschlossen, ein Haus zu bauen. Sie treffen sich mit einem Bauunternehmer in dessen Musterhaus, um sich zu informieren. Er führt Sie durch das Haus und preist die Innenausstattung, das solide Mauerwerk und die großzügige Gestaltung des Wohnbereichs. Anschließend stellt er Ihnen einige Fragen, wie zum Beispiel: Möchten Sie noch in diesem Jahr bauen? Sollen wir Ihnen auch eine Unterkellerung anbieten? Wie viele Quadratmeter soll die nutzbare Fläche betragen? Wie viele Räume soll das Haus haben? Was für eine Heizung haben Sie vorgesehen? Wie soll die Finanzierung aussehen?

Danach füllt er ein Formblatt aus und bittet Sie um Ihre Unterschrift. Dabei erwähnt er, dass sein Architekt die weiteren Details mit Ihnen besprechen wird.

Ein anderer Bauunternehmer geht nach einer gemeinsamen Besichtigung seines Musterhauses wie folgt vor. Er stellt Fragen wie: Auf welche Dinge würden Sie bei einem neuen Haus besonderen Wert legen? Wie viele Kinder haben Sie, und wie groß wird Ihre Familie voraussichtlich in zehn Jahren sein? Ist es möglich, dass später einmal ein Elternteil zu Ihnen ziehen wird? Wie oft haben Sie Gäste? Wie häufig erledigen Sie Büroarbeit zu Hause? Welche Hobbys haben Sie? Wie wichtig ist für Sie das Kochen? Worauf legen Sie Wert, wenn Sie sich abends entspannen möchten? Lieben Sie die Sonne, oder gehen Sie ihr lieber aus dem Weg? Wie groß wird das Grundstück sein, und wie stellen Sie sich die Gestaltung Ihres Gartens vor?

Während Sie ihm auf seine Fragen antworten, macht er sich eifrig Notizen. Anschließend führt er Sie noch einmal durch das Haus und erläutert Ihnen anhand der von Ihnen geäußerten Wünsche die unterschiedlichen Gestaltungsmöglichkeiten. Er vereinbart mit Ihnen einen Termin, zu dem er Ihnen den ersten Entwurf Ihres Hauses und eine Preiskalkulation vorlegen wird, und bittet Sie, ihn anzurufen, wenn Ihnen in der Zwischenzeit noch einige Gesichtspunkte einfallen sollten.

Welchem Bauunternehmer würden Sie bei vergleichbaren Angeboten den Vorzug geben? Bei wem wären Sie sicherer, dass Sie ein Haus nach Ihren Vorstellungen bekommen? Ich nehme an, Sie würden den zweiten Unternehmer wählen, der sich wirklich für Ihre Bedürfnisse interessiert. Seine Fragen ermöglichen es ihm, Ihnen das bestmögliche Angebot zu unterbreiten.

Verstärken Sie das Kaufbedürfnis des Kunden

Stellen Sie sich vor, dass der Kunde eine Waage wie in der Abbildung 32 im Kopf hat, mit der er die Höhe des zu erwartenden Nutzens eines Produkts mit den dafür aufzuwendenden Kosten vergleicht.

Er wird erst dann zum Kauf bereit sein, wenn der Nutzen in seinen Augen schwerer wiegt als die Höhe der Kosten. Damit er den Nutzen hoch genug einschätzt, muss ein entsprechend großes Bedürfnis zur

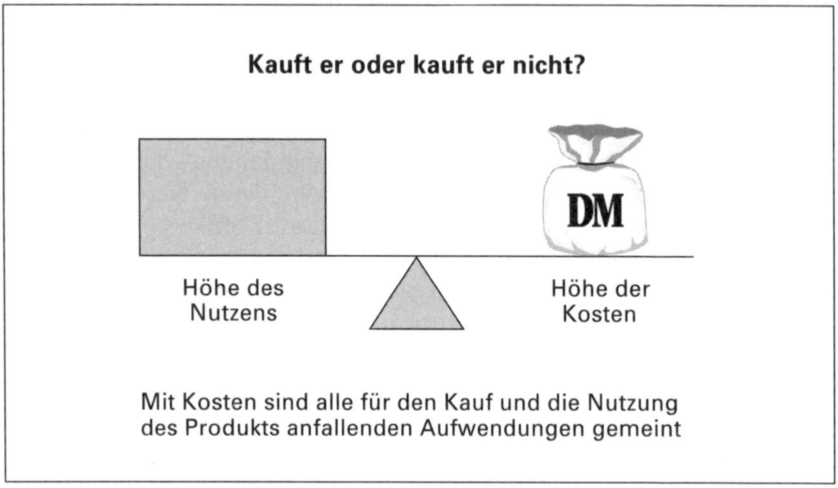

Abbildung 32: Die Wertgleichung

Lösung eines Problems vorhanden sein. Man kann sich das Bedürfnis als Lücke zwischen dem erstrebten Soll- und dem vorhandenen Ist-Zustand vorstellen (siehe Abbildung 33).

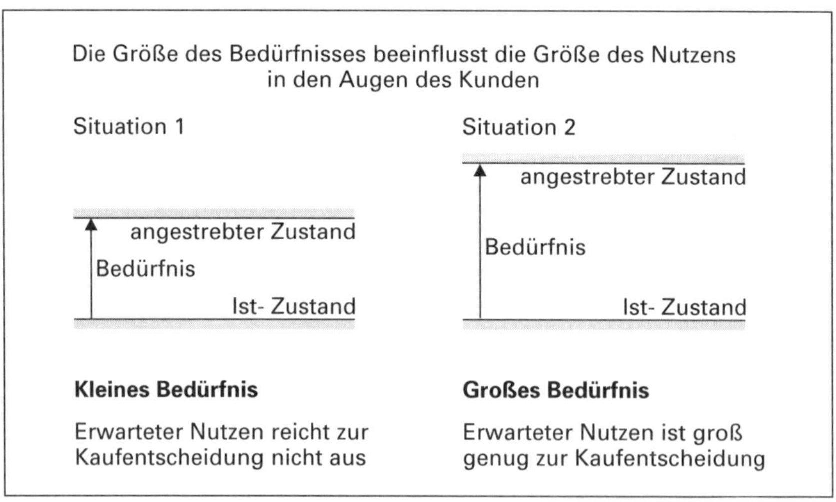

Abbildung 33: Bedürfnis und erwarteter Nutzen

Das Bedürfnis eines Eskimos, dem Sie einen Kühlschrank verkaufen wollen, wird so klein sein, dass er keinen Nutzen darin sehen kann, der den Preis rechtfertigt. Umgekehrt werden Sie an einem heißen Sommertag ein ausreichend großes Bedürfnis für einen kühlen Drink haben.

Ein Nutzen entsteht, wenn ein ausreichend großes Bedürfnis durch die Vorteile eines Produkts erfüllt wird.

Der Kunde wird die Vorteile des Produkts mit der Größe seines Bedürfnisses vergleichen und seine Entscheidung danach treffen, ob daraus für ihn ein ausreichender Nutzen entsteht. Ein Bedürfnis kann materiell, zum Beispiel eine Kosteneinsparung, oder ideell, zum Beispiel das Erreichen eines bestimmten Status, sein.

Die wichtigste Bedingung für einen Kauf: Das Bedürfnis muss so groß sein, dass der Kunde dafür die Kosten des Produkts akzeptiert. Es entsteht ein ausdrückliches Bedürfnis.

Stellen Sie sich vor, Ihr Wagen hat bereits 200 000 Kilometer auf dem Tacho. Er tut noch seinen Dienst, und Sie können dem Kauf eines neuen Autos in aller Ruhe entgegensehen. Das Bedürfnis ist noch nicht groß. Im Verhältnis zum Preis eines Neuwagens sehen Sie keinen ausreichenden Nutzen für einen Kauf zum jetzigen Zeitpunkt. Anders sieht es aus, wenn Ihr Auto plötzlich einen Motorschaden hat. Die Bedürfnislücke ist jetzt groß, da Sie dringend ein neues Auto brauchen. Doch in den meisten Fällen liegen die Dinge nicht so einfach. Häufig ist sich der Kunde über die Größe seines Problems gar nicht im Klaren.

Vor Jahren habe ich einmal Messgeräte verkauft, mit denen die Qualität von Weizen in wenigen Minuten festgestellt werden kann. Kunden waren unter anderem die Betreiber von Getreidemühlen. Ein solches Gerät kostete über 20 000 Mark, und es war den Müllern nicht leicht beizubringen, dass sie eine solche Investition tätigen sollten. Mit anderen Worten, das Bedürfnis war nicht groß genug. Nachdem ich in Verkaufsgesprächen eine Reihe von Fragen gestellt hatte, war mir klar, wie man die Müller zum Kauf bewegen konnte. Wir mussten das Bedürfnis vergrößern, indem wir die anzustrebende Situation stärker bewusst machten. Daraufhin trainierten wir unsere Verkäufer und brachten ihnen bei, die richtigen Fragen zur Vergrößerung des Bedürfnisses zu stellen.

Ein typischer Dialog zwischen Müller und Vertriebsingenieur lief danach zum Beispiel wie folgt ab:

Verkäufer: „*Wie führen Sie zur Zeit die Qualitätskontrolle des angelieferten Weizens durch?*"

Müller: „*Wir schicken eine Probe davon ins Labor.*"

Verkäufer: „*Wie lange dauert es, bis Sie die Ergebnisse erhalten?*"

Müller: „*So zwei bis drei Tage.*"

Verkäufer: „*Und wenn die Qualität nicht in Ordnung ist?*"

Müller: „*Dann fordern wir einen Preisrabatt vom Lieferanten.*"

Verkäufer: „*Sind solche Verhandlungen mit dem Lieferanten nicht schwierig, wenn die Ware schon bei Ihnen ist.*"

Müller: „*Ja, das stimmt schon, wir haben dann manchmal Ärger mit dem Lieferanten.*"

Verkäufer: „*Wie hoch schätzen Sie den Schaden, der Ihnen im Jahr durch mangelhafte Lieferqualität entsteht?*"

Müller: „*So genau weiß ich das nicht, aber es können schon ein paar hunderttausend Mark sein.*"

Verkäufer: „*Haben Sie bei Qualitätsmängeln des angelieferten Getreides nicht Probleme mit Ihren Abnehmern?*"

Müller: „*Ja, das kommt schon vor.*"

Verkäufer: „*Würde es Ihnen helfen, wenn Sie sofort bei Ankunft der Lieferung eine Weizenprobe nehmen und selbst in wenigen Minuten die Qualität messen könnten?*"

Müller, nach kurzem Überlegen: „*Ja, dann könnte ich vor der Abnahme gleich reklamieren und wäre in einer besseren Position.*"

Verkäufer: „*Meinen Sie nicht, dass Sie dann über 100 000 Mark sparen könnten, wenn Sie noch vor der Abnahme mit den Lieferanten einen Rabatt aushandeln?*"

Müller: „*Hm, schon möglich.*"

Wir wollen uns hier aus dem Gespräch ausklinken. Der Verkäufer ist auf dem besten Weg, ein Gerät zu verkaufen. Der Müller wittert einen Nutzen. Wir wollen uns darauf konzentrieren, die Fragen des Verkäufers zu untersuchen.

Kaufen lassen statt verkaufen

Die erste Frage: „Wie führen Sie zur Zeit die Qualitätskontrolle des angelieferten Weizens durch?“ ist eine Frage nach dem gegenwärtigen Ablauf in der Firma des Kunden. Damit orientiert sich der Verkäufer über die Organisation des Unternehmens. Auch die nächste Frage nach der Zeitdauer bis zum Erhalt der Ergebnisse bezieht sich auf die gegenwärtige Situation.

Die Kunst des Verkaufens besteht darin, ein Kundenproblem zu finden und dieses zu lösen. Wir müssen also die weiteren Fragen so stellen, dass wir ein solches Problem des Kunden entdecken. Das geschieht mit der nächsten Frage: „Und wenn die Qualität nicht in Ordnung ist?“ Die Antwort des Kunden, dass er dann einen Preisrabatt fordert, deutet auf ein mögliches Problem hin.

Ein Bedürfnis entsteht aus einem Problem und wächst mit der wahrgenommenen Größe dieses Problems.

Der Kunde mag zwar erkannt haben, dass er ein Problem hat und dass dieses mit dem Angebot des Verkäufers gelöst werden könnte. Er wird aber deswegen noch nicht unbedingt 20 000 Mark ausgeben wollen. Die Ernsthaftigkeit des Problems und damit das Bedürfnis ist für ihn noch nicht groß genug. Was können Sie also tun?

Stellen Sie weitere Fragen nach den Auswirkungen des Problems. Die folgende Frage des Verkäufers: „Sind solche Verhandlungen mit dem Lieferanten nicht schwierig ... ?“ ist eine solche Frage nach den Auswirkungen, wenn das Problem nicht gelöst wird. Sie verstärkt die Ernsthaftigkeit des Problems, wie der Kunde mit seiner Antwort zeigt. Auch die nächste Frage: „Wie hoch schätzen Sie den Schaden?“ zielt auf die Auswirkungen. Dadurch wird die Ernsthaftigkeit wiederum in den Augen des Kunden verstärkt (siehe Abbildung 34).

Sie werden erst dann Aussicht auf einen Verkaufserfolg haben, wenn die Ernsthaftigkeit des Problems und damit das Bedürfnis für den Kunden größer erscheint als die Kaufsumme. Mit der Ernsthaftigkeit des Problems wächst auch das Bedürfnis des Kunden, dieses Problem zu lösen. Der Verkäufer stellt noch eine letzte Art von Fragen, zum Beispiel: „Würde es Ihnen helfen, wenn Sie sofort bei Ankunft der Lieferung eine Weizenprobe nehmen und selbst in wenigen Minuten die Qualität messen könnten?“ Damit fragt er nach dem Nutzen einer Lösung.

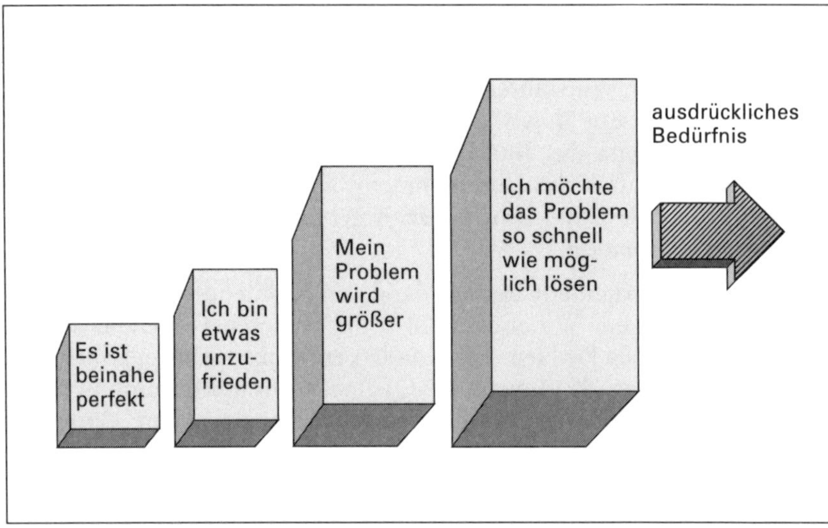

Abbildung 34: Verstärkung eines Bedürfnisses durch Fragen nach den Auswirkungen eines Problems

Der Kunde erkennt dadurch selbst, dass er ein solches Produkt benötigt. Es ist ein Unterschied, ob einem etwas verkauft wird oder ob man es selbst kauft. Wenn Sie selbst etwas auswählen, stehen Sie mehr dazu, als wenn Ihnen etwas Bestimmtes angeboten wird. Wenn Sie also den Kunden durch Ihre Fragestrategie selbst darauf kommen lassen, was er braucht, werden Sie im Verlauf des weiteren Gesprächs weniger Einwände des Kunden haben. Auch die letzte Frage des Verkäufers in unserem Beispiel nach den Einsparungen oder dem Verdienst ist eine solche Lösungsfrage. Sie vermeiden damit ein Nein zu Ihrem Produkt.

Zum anderen erfahren Sie, wie stark er jetzt selbst eine Lösung seines Problems vertritt. Da er ja mit hoher Wahrscheinlichkeit vor einer Entscheidung intern in seinem Unternehmen noch mit anderen Beteiligten Gespräche führen wird, bei denen Sie nicht zugegen sind, muss er jetzt ohne Ihre Hilfe seinen Kollegen Ihr Produkt verkaufen. Das wird er aber nur können, wenn er selbst davon überzeugt ist. Wenn er also die Lösungsfrage nicht bejaht, müssen Sie entweder weitere Auswirkungsfragen stellen oder, wenn dies nicht weiterführt, den Frageprozess noch einmal mit einer neuen Problemfrage beginnen.

Vergrößerung der Bedürfnislücke mit OPAL

Zur Vergrößerung der Bedürfnislücke bietet sich die Fragestrategie OPAL an, die in Anlehnung an die Untersuchungen des amerikanischen Huthwaite Institutes, unter der Leitung von Neil Rackham[3], definiert wurde:

O → Orientierungsfragen
P → Problemfragen
A → Auswirkungsfragen
L → Lösungsfragen

Die vier Arten von Fragen werden wie folgt angewandt:

Orientierungsfragen dienen dazu, Informationen über die derzeitige Situation zu erhalten. Sie bilden das Fundament, um die nächste Kategorie der Fragen darauf aufzubauen. Beispiel: *„Mit welchen Geräten arbeiten Sie zurzeit?“*

Problemfragen werden gestellt, um Informationen über die Kundenprobleme, das heißt die speziellen Schwierigkeiten und die Unzufriedenheiten des Kunden mit der gegenwärtigen Lösung zu erhalten. Beispiel: *„Wie oft fällt Ihr derzeitiges Gerät aus?“* Sie dienen aber auch zum Aufzeigen neuer, kostensparender oder produktivitätssteigernder Möglichkeiten. Beispiel: *„Ist diese Speicherkapazität nicht etwas gering im Vergleich zum heutigen Stand der Technik?“*

Auswirkungsfragen geben Informationen über die Auswirkungen und Folgen der Kundenprobleme. Sie dienen dazu, dem Kunden selbst die Probleme in ihren Auswirkungen und Folgen noch bewusster zu machen, wenn das Problem nicht gelöst würde. Beispiel: *„Inwiefern bringt der häufige Ausfall Ihrer bisherigen Maschine zusätzliche Kosten für Überstunden?“ „Führt die geringe Speicherkapazität nicht zu Fertigungsengpässen?“*

Durch **Lösungsfragen** erhalten Sie Informationen über den Wert einer vorgeschlagenen Lösung für den Kunden. Beispiel: *„Würde eine Maschine mit einer um 30 Prozent höheren Leistung diesen Engpass beseitigen?“* Sie prüfen damit, wie ernsthaft der Kunde generell eine Investition in eine bessere Lösung in Betracht zieht. Darüber hinaus entdeckt der Kunde selbst den Nutzen für sich und wird dann stärker davon überzeugt sein, als wenn Sie ihm diesen aufzeigen.

Wenn der Kunde die Lösungsfrage bejaht, äußert er damit ein ausdrückliches Bedürfnis. Der nächste Schritt ist, den Kunden von den Fähigkeiten Ihres Produkts zur Lösung des Problems zu überzeugen.

Wie Sie OPAL-Fragen anwenden

Orientierungsfragen sind vor allem im Anfangsstadium des Verkaufsgesprächs von Bedeutung. Sie sammeln damit zunächst Fakten über die Situation des Kunden. Unerfahrene Verkäufer neigen dazu, zu viele Orientierungsfragen zu stellen. Die Kunden fragen sich dann bald, was diese ganze Befragung für sie bringt.

Sie können die Zahl der Orientierungsfragen auf ein Minimum beschränken, wenn Sie sich vorher über das Geschäft Ihres Kunden informieren.

Erfahrene Verkäufer gehen schon bald, nach wenigen Orientierungsfragen, zu *Problemfragen* über. „Wie schaffen Sie denn den Durchsatz mit einer einzigen Maschine?" „Scheuert sich diese Dichtung nicht schon nach kurzer Zeit durch?" Problemfragen tragen stärker zum Verkaufserfolg bei als Orientierungsfragen.

Das Bedürfnis des Kunden nach höherer Leistung der Maschine, nach größerer Sicherheit beim Autofahren, nach besserem Service bei Ausfällen etc. entsteht aus seinem Problembewusstsein. Die Fragen nach den Problemen sind für den Kunden interessanter als Orientierungsfragen – und bringen ihn ein Stück weiter an die Kaufentscheidung heran.

Wir haben bereits gesehen, dass professionelle Verkäufer nicht gleich mit fertigen Antworten auf sich abzeichnende Probleme herausrücken. Sie stellen *Auswirkungsfragen*, die das Problembewusstsein des Kunden verstärken. Es sind im technischen Verkauf die für die Entwicklung des Bedürfnisses wirksamsten Fragen. Sie sind aber auch am schwierigsten zu formulieren und stoßen ab und zu an Grenzen, die der Kunde nicht so gern öffnen möchte.

Weshalb sind sie so wirksam? Bei teuren Investitionsgütern dauert der Entscheidungsvorgang des Kunden zumeist einige Zeit, mitunter sogar Monate und Jahre. Bevor er 10 000, 100 000 oder eine Million Mark ausgibt, muss er zu der Überzeugung kommen, dass die erkauften Vorteile und der spezifische Nutzen für ihn so groß sind, dass sie den Preis und die Unterhaltungskosten rechtfertigen. Die Akzeptanz der Vorteile wächst mit dem Problembewusstsein. Um den Problemen das rechte Gewicht zu verleihen, stellen Sie die Auswirkungsfragen. Aber auch hier gilt es, fair zu bleiben und nicht zu übertreiben. Denn Sie wollen, dass Ihnen der Kunde auf Dauer erhalten bleibt. Wir wollen nicht dem Versicherungsverkäufer nacheifern, der uns den Ruin der ganzen Familie ausmalt, wenn wir seine Police nicht kaufen. Wir wollen Probleme verdeutlichen, aber nicht erfinden. Alle Fragen müssen auf das Ziel gerichtet sein, dem Kunden zu einer für ihn optimalen Lösung zu verhelfen.

Auswirkungsfragen richtig zu stellen setzt voraus, dass Sie sich das Problem des Kunden vorstellen können, oder besser, sich damit identifizieren können. Besonders als Vertriebsingenieur, der sich in der Branche des Kunden gut auskennt, haben Sie dafür beste Voraussetzungen. Wenn Sie der Kunde als Fachmann anerkennt, ist er auch eher bereit, mit Ihnen über seine Probleme und deren Auswirkungen zu sprechen.

Lösungsfragen verstärken die positiven Aspekte einer Lösung. Damit fragen Sie nach dem Vorteil einer Problemlösung für den Kunden. Sie verhindern durch rechtzeitiges Stellen der Lösungsfragen, dass der Kunde in einen depressiven Stimmungssumpf vor lauter Problem- und Auswirkungsfragen versinkt. Durch die Lösungsfragen sieht er wieder Licht am Ende des Tunnels. Sie zeigen ihm die Lösung, ohne bereits jetzt das Produkt zu beschreiben, und beugen damit späteren Einwänden vor.

Auswirkungsfragen machen den wesentlichen Unterschied zwischen dem einfachen und dem komplexen Verkauf aus. Sie erfordern eine sorgfältige Planung vor dem Gesprächstermin.

Gehen Sie bei der Planung Ihrer Auswirkungsfragen wie folgt vor:

1. Schreiben Sie ein denkbares Problem des Kunden auf.

2. Überlegen Sie, welche Auswirkungen dieses Problem haben könnte, wenn es nicht gelöst würde (Abbildung 35).

3. Denken Sie sich Fragen aus, welche die möglichen Auswirkungen aufdecken könnten, und schreiben Sie diese auf.

4. Konzentrieren Sie sich auf Fragen, mit denen Sie dem Kunden die Vorteile Ihres Produkts gegenüber denen der Wettbewerbsprodukte bewusst machen.

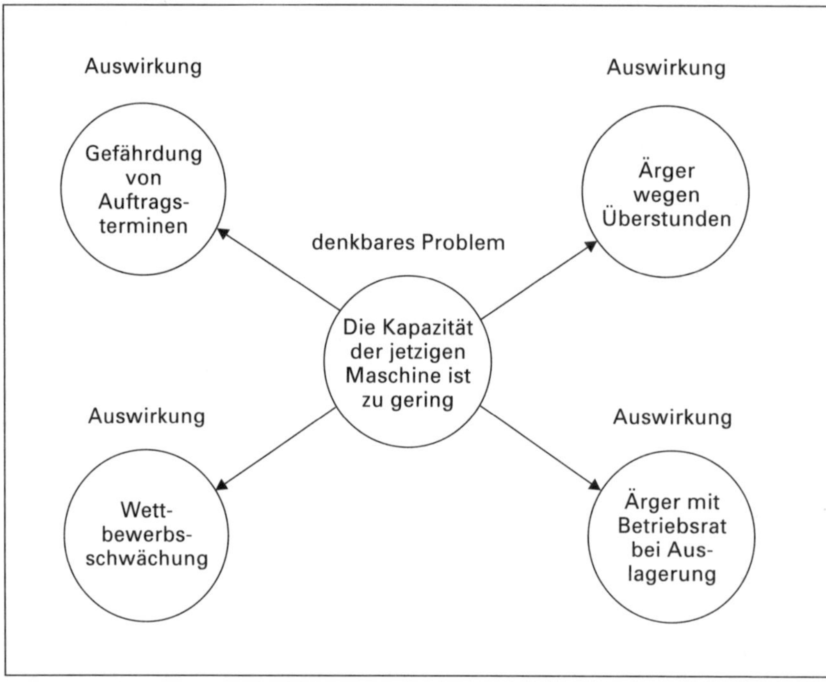

Abbildung 35: Auswirkungsfragen planen

Es ist selbst für erfahrene Vertriebsingenieure nicht leicht, Auswirkungsfragen aus dem Stegreif zu stellen. Eine sorgfältige Planung ist deshalb erforderlich.

Effektive Verkäufer erkennt man daran, dass sie viele Auswirkungsfragen stellen (und wenig Situationsfragen).

Weshalb ist es im Investitionsgüterverkauf so wichtig, OPAL-Fragen zu stellen?

Wenn Sie einem Kunden eine Uhr für 15 Mark verkaufen wollen, dann wird er seine Entscheidung für oder gegen einen Kauf recht schnell treffen. Die 15 Mark bringen ihn nicht um, und er ist für den Kauf niemandem Rechenschaft schuldig.

Wenn Sie dagegen einem Kunden eine Maschine für 500 000 Mark verkaufen wollen, so wird er sich diese Entscheidung sehr genau überlegen und andere Beteiligte hinzuziehen. Falls er sein Bedürfnis für Ihre Maschine nicht so hoch einschätzt, dass ihm die Anschaffung 500 000 Mark wert ist, so wird er einen Kauf ablehnen. Wenn er jedoch einmal nein gesagt hat, ist es schwierig, ihn wieder umzustimmen, zumal er auch seine an der Entscheidung beteiligten Kollegen und möglicherweise auch seinen Chef umstimmen müsste. Sie müssen also erst ein genügend großes Bedürfnis wecken, bevor Sie Ihr Produkt anbieten. Wir nennen diesen Vorgang des Verkaufens höherwertiger Güter – im Unterschied zum einfachen Verkauf – den komplexen Verkauf (siehe Abbildung 36).

Beim einfachen Verkauf wird die Lösung unmittelbar nach Andeutung des Bedürfnisses angeboten. Beim komplexen Verkauf wird erst über Auswirkungs- und Lösungsfragen ein ausdrückliches Bedürfnis entwickelt.

Der Zweck der OPAL-Fragen besteht darin, dem Kunden die Ernsthaftigkeit des Problems so stark zu verdeutlichen, dass er den Kauf einer Maschine für 500 000 Mark als notwendig ansieht. Daraus entsteht das „ausdrückliche", im Gegensatz zum „angedeuteten" Bedürfnis, das noch nicht für eine Kaufentscheidung ausreicht.

> Der häufigste Fehler von Verkäufern ist, dass sie dem Kunden ein Produkt vorschlagen, bevor dieser ein ausdrückliches Bedürfnis zu erkennen gibt.

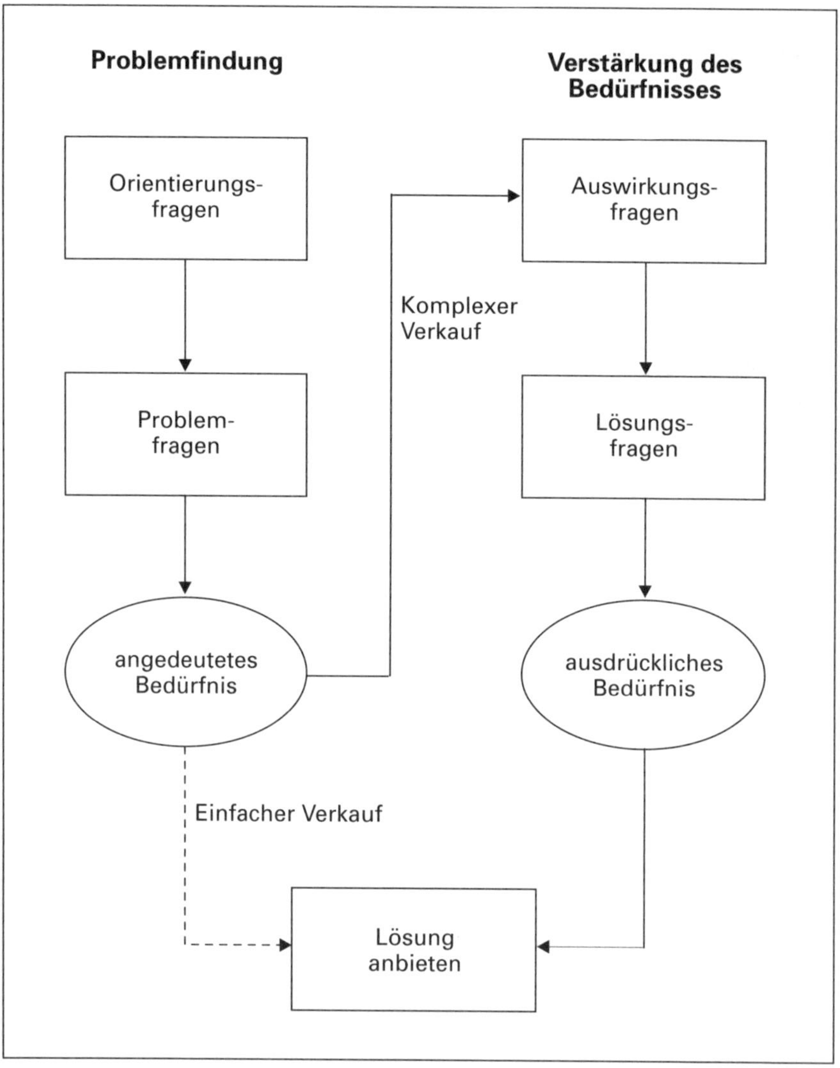

Abbildung 36: Die OPAL-Strategie im komplexen Verkauf

Durch Problem- und Auswirkungsfragen verstärken Sie das Bedürfnis des Kunden nach einer Lösung des existierenden Problems. Prüfen Sie nun anhand von Arbeitsbogen 10 Ihr Einschätzungsvermögen für die unterschiedlichen Fragearten.

ARBEITSBOGEN 10: OPAL-Fragen

Um welche Art der Opal-Fragen handelt es sich? Schreiben Sie in das Kästchen hinter jeder Frage ein O ... für Orientierungsfragen, P ... für Problemfragen, A ... für Auswirkungsfragen, L ... für Lösungsfragen.

1. Wie wirkt sich der hohe Anteil der Überstunden auf die Moral der Mitarbeiter aus? ☐
2. Mit welchen Maschinen haben Sie die Bleche bisher gestanzt? ☐
3. Würde eine neue Software mit doppelter Buchungszahl pro Stunde das Problem in Ihrer Buchhaltung lösen? ☐
4. Wie hoch sind die monatlichen Wartungskosten dieser Anlage? ☐
5. Klappt der Transport mit Ihrem bisherigen Speditionsunternehmen zufriedenstellend? ☐
6. Wie wichtig ist für Sie eine schnelle Lieferbereitschaft? ☐
7. Sind die mit diesem Verfahren gemessenen Patientendaten ausreichend genau? ☐
8. Was würde passieren, wenn eine Fehlmessung eintritt? ☐
9. Wie oft benötigen Sie einen Servicetechniker? ☐
10. Würde Ihnen eine automatische Fehlerdiagnostik helfen? ☐

Die Lösungen finden Sie am Ende dieses Kapitels auf Seite 146.

Erst zuhören, dann reden

Ein Radioreporter führte sein erstes Live-Interview durch. Seine Fragen hatte er sehr sorgfältig vorbereitet. Sein Gast war ein bekannter Entdecker, der alle Kontinente bereist hatte. Der Reporter begann mit seinen Fragen, und sein Gast antwortete. Das Interview lief soweit gut, bis der Reporter folgende Frage stellte: „Kamen Sie bei Ihren Expeditionen auch einmal in eine Situation, in der Sie richtige Angst hatten?" Der Entdecker dachte kurz nach und erwiderte dann: „Oh ja, einmal. Ich war gerade dabei, mein Zelt aufzuschlagen, als ich plötzlich hinter mir ein merkwürdiges Schnaufen hörte. Ich drehte mich um und erstarrte. Keine zehn Meter hinter mir stand ein Löwe und schaute mich an."

Die Hörer erfuhren nie, wie die Geschichte endete. Anstatt sofort zu fragen: „Mein Gott, was haben Sie gemacht?", hatte der Reporter getreu seinem Manuskript schon die nächste Frage im Kopf formuliert. Er fragte: „Und wie viele Tage im Jahr sind Sie unterwegs?"

Die besten Fragetechniken nützen nichts, wenn man nicht richtig zuhört. Doch kaum jemand ist sich bewusst, dass er ein schlechter Zuhörer ist.

> Gott gab dem Menschen zwei Ohren und einen Mund, auf dass er doppelt so viel hören wie sprechen solle.

Möchten Sie einmal Ihre Fähigkeit des Zuhörens und Beobachtens testen? Dann beantworten Sie bitte zügig die Testfragen auf der folgenden Seite. Auf jede Frage sollten Sie nicht mehr als sechs Sekunden Zeit verwenden.

Wenn Sie nicht alle Fragen zügig im ersten Durchgang richtig beantwortet haben, sollten Sie an Ihrer Fähigkeit des Zuhörens und Beobachtens arbeiten. Die Lösungen zu diesem Test finden Sie am Schluss dieses Kapitels auf Seite 146.

TEST

1. Ein Flugzeug, das aus den USA kommt, zerschellt genau auf der Grenze nach Mexiko. In welchem Land werden die nicht mehr zu identifizierenden Überlebenden nach internationalem Recht begraben?
2. Wie viele verschiedene Arten von Tieren nahm Moses während der Sintflut mit an Bord seiner Arche?
3. Ein Mann erwirbt von einem Antiquitätenhändler ein Relief aus Bronze mit der Gravur „46 vor Christi". Ist das Relief echt? Wie begründen Sie die Antwort?
4. Gibt es in Deutschland ein Gesetz, das es der Schwester einer Witwe verbietet, deren Ehemann zu heiraten?
5. Der VfB Stuttgart und Bayern München tragen drei Fußballspiele aus. Jede Mannschaft gewinnt zwei Spiele. Wie ist das möglich?
6. Schauen Sie sich kurz den Text auf dem untenstehenden Bild an. Decken Sie dann das Bild ab, und schreiben Sie ihn auf ein Blatt Papier.

DER
KUNDE IST
IST KÖNIG
!

Sieben Gründe für schlechtes Zuhören

Die mangelnde Fähigkeit vieler Menschen zuzuhören hat mehrere Gründe:

1. Mangelnde Konzentration

Wir lassen uns durch Äußerlichkeiten oder unsere Gedanken ablenken. Von 100 Prozent Input kommen oft nur zehn Prozent an. Durch so genanntes aktives Zuhören sollte man aus 100 Prozent Input 1 000 Prozent Information machen. Dazu gehört, dass man nicht nur auf die Worte achtet, sondern versucht, auch zwischen den Worten zu erfahren, was der andere meint.

2. Voreingenommenheit

Oft sind wir dem anderen gegenüber voreingenommen und meinen, bereits zu wissen, dass dessen Argumente ja doch zu nichts führen. Oder wir glauben, bereits zu wissen, was der andere sagen will, legen ihm Worte in den Mund oder hören gar nicht bis zum Ende zu.

3. Ungeduld

Wir sprechen mit etwa 125 Wörtern pro Minute, aber wir denken mit ungefähr 460 Worten pro Minute. Das führt dazu, dass wir oft schon dem voraus sind, was der andere sagt. Wir sollten uns davor hüten, in Gedanken abzuschweifen und bereits die Antwort zu formulieren, bevor wir alles gehört haben, was der andere sagen wollte.

4. Kritisches Zuhören

Wir achten weniger auf den Informationswert als auf Unkorrektheiten und Fehler in der Argumentation des anderen. Damit einhergehend nehmen wir oft eine Wertschätzung der Person des anderen vor. Oft wollen wir auch den anderen mit unserem Wissen und unseren Fähigkeiten des logischen Denkens beeindrucken.

5. Informationsflut

Wir werden ständig mit Informationen überflutet, sei es durch Radio, Fernsehen, Zeitschriften, schriftliche Unterlagen oder Besprechungen. Um diese Belastung durch Informationen erträglich zu machen, haben wir uns angewöhnt, nur noch selektiv zuzuhören. Das führt dazu, dass wir mitunter auch wichtige Dinge ignorieren.

6. Mangelndes Training

Wir hören mehr, als wir sprechen, lesen oder schreiben, doch im Gegensatz zum Sprechen, Lesen oder Schreiben haben wir meist keine Schulung im Zuhören erhalten.

7. Bequemlichkeit

Zuhören ist Arbeit. Es genügt nicht, einfach den Mund zu halten. Aktives Zuhören lässt den Blutdruck und die Pulsfrequenz ansteigen. Es bedeutet, dass wir uns mehr auf die andere Person als auf uns selbst konzentrieren müssen. Das Resultat ist, dass viele Leute aus Bequemlichkeit nicht zuhören.

Der Nutzen des aktiven Zuhörens

Aktives Zuhören nützt Ihnen in mehrfacher Hinsicht:

- Es verbessert das zwischenmenschliche Klima im Beruf, zu Hause und in der Gesellschaft.
- Es verringert negativen Stress und Spannungen im Umgang mit anderen.
- Es spart Zeit durch die Verringerung von Fehlern und Missverständnissen.
- Es verringert die Verlustrate von Aufträgen im Verkauf.
- Es hilft, Mitarbeiter an das Unternehmen zu binden.
- Es führt zum schnelleren Lösen von Problemen.
- Es veranlasst auch die anderen, Ihnen besser zuzuhören.

Zuhören und Zuhören ist nicht immer das Gleiche. Menschen hören je nach Interesse, Stimmung und Konzentrationsvermögen mit unterschiedlicher Intensität zu. Wir können vier verschiedene Typen nach der Intensität des Zuhörens unterscheiden:

1. Der Weghörer

In diesem Stadium macht der Angesprochene keinerlei Anstrengungen, die Information aufzunehmen. Äußere Zeichen des Weghörens sind ausdruckloses Starren, nervöses Spielen mit Gegenständen oder häufiges Unterbrechen.

2. Der selektive Zuhörer

Jemand in diesem Stadium schnappt zwar einige Worte oder Halbsätze auf, gibt sich aber keine Mühe, das Gehörte wirklich zu verstehen. Aus diesen Teilinformationen entstehen oft Missverständnisse und Konflikte. Der Zuhörende meint, er wisse schon alles, was der andere sagen will, und widmet sich vorrangig seinen eigenen Gedanken.

3. Der kritische Zuhörer

Der kritische Zuhörer konzentriert sich auf die Fakten, die Logik und die Fehler in der Rede des anderen. Er versucht nicht wirklich zu verstehen, was der andere sagen will, sondern fühlt sich mehr als Prüfer und Kritiker.

4. Der aktive Zuhörer

Der aktive Zuhörer befindet sich im höchsten Stadium des Zuhörens. Er konzentriert sich nicht nur auf die verbalen Inhalte des Gesprochenen, sondern auch auf den emotionalen Ausdruck. Er bewertet das Gesagte nicht voreilig, sondern konzentriert sich voll auf das, was der andere ausdrücken will.

Anhand von Arbeitsbogen 11 können Sie einschätzen, zu welchem Typus Sie gehören.

> Wenn Sie 80 Prozent der Zeit sprechen und 20 Prozent zuhören, werden Sie verlieren. Wenn Sie 20 Prozent sprechen und 80 Prozent zuhören, werden Sie sehr viel gewinnen und als Gesprächspartner geschätzt.

ARBEITSBOGEN 11: Schätzen Sie Ihre Zuhörfähigkeit ein

Bevor Sie damit beginnen, Ihre Fähigkeit des Zuhörens weiterzuentwickeln, sollten Sie kurz einschätzen, inwieweit Sie bereits ein aktiver Zuhörer sind. Der folgende kleine Test wird Ihnen dabei helfen. Seien Sie ehrlich und kritisch in Ihren Antworten – sie sind der Anfang zur Besserung.

Je nach Beurteilung Ihrer Zuhörfähigkeit kreisen Sie bitte die entsprechende Punktzahl ein. Die Zahlen bedeuten folgendes: 1 ... nie, 2 ... selten, 3 ... oft, 4 ... meistens, 5 ... immer. Die Auswertung finden Sie am Ende der Analyse.

A	**Aufmerksamkeit**					
1.	Wenn ich mit anderen spreche, bin ich völlig auf das konzentriert, was sie sagen, und ich denke dabei nicht an andere Dinge.	1	2	3	4	5
2.	Wenn ich mich mit anderen im Gespräch befinde, halte ich meine Kommentare zurück, bis sie aufgehört haben zu sprechen, auch wenn mein Kommentar einen direkten Bezug zu dem Gesagten hat.	1	2	3	4	5
3.	Ich lasse mich durch andere Dinge wie Telefonklingeln, Straßenlärm, andere Unterhaltungen im Raum nicht ablenken von dem, was der andere sagt.	1	2	3	4	5
R	**Reaktion**					
4.	Wenn ich mit jemandem von Angesicht zu Angesicht oder am Telefon spreche, reagiere ich auf das Gesagte durch Zwischenbemerkungen wie „ja", „ich verstehe", „natürlich" oder im sichtbaren Kontakt durch Kopfnicken, Augenkontakt und eine vorgebeugte, aufmerksame Haltung.	1	2	3	4	5
B	**Befragen**					
5.	Wann immer ich mit jemanden spreche, fördere ich den Dialog, indem ich zu meinem besseren Verständnis Fragen stelle und entsprechende Antworten gebe.	1	2	3	4	5

6.	Ich zeige anderen, dass ich zuhöre und zu verstehen versuche, indem ich Redewendungen benutze wie „Können Sie mir bitte mehr darüber sagen“, „Können Sie mir ein Beispiel geben“, „Was wären die Auswirkungen“.	1	2	3	4	5
E	**Emotionale Kontrolle**					
7.	Wenn ich mit anderen spreche, lasse ich mich nicht durch nebensächliche Dinge wie deren Akzent, Aussehen, Kleidung, Frisur, Sprechweise oder andere Eigentümlichkeiten gedanklich ablenken.	1	2	3	4	5
8.	Ich werte und reagiere auf das Gesagte nur in Bezug auf den Informationsinhalt und nicht hinsichtlich der Art, wie es gesagt wurde.	1	2	3	4	5
I	**Indirektes Verstehen**					
9.	Wenn ich mit anderen spreche, versuche ich die indirekte Sprache, die so genannte Körpersprache, genauso zu verstehen, wie die direkte (verbale) Sprache, um aus beiden Teilen die ganze Wahrheit zu erfahren.	1	2	3	4	5
10.	Wenn ich mit anderen spreche, versuche ich herauszufinden, was sie dabei fühlen, weshalb sie sagen, was sie gerade sagen, und was sie meinen, ohne es direkt zu sagen.	1	2	3	4	5
T	**Topographisches Strukturieren und Speichern**					
11.	Wann immer ich mit jemanden spreche, präge ich mir entweder diese Informationen im Gedächtnis ein oder ich schreibe sie nieder. Dabei konzentriere ich mich auf Schlüsselideen, Hauptpunkte und wichtige, unterstützende Informationen.	1	2	3	4	5
12.	Wenn ich meine mentalen oder geschriebenen Notizen mache, strukturiere ich sie in bildhafter Anordnung.	1	2	3	4	5

Punktbewertung und Beurteilung

Zählen Sie jetzt bitte Ihre Punkte zusammen, und lesen Sie die nachstehende Beurteilung für Ihre Punktzahl.

12 bis 23 Punkte – *Weghörer*

Sie sind ein schlechter Zuhörer. Tun Sie schnellstens etwas, um Ihre Gewohnheiten zu ändern. Werten Sie täglich jede Konversation nach dem obigen Arbeitsbogen aus. Nehmen Sie sich jede Woche einen anderen Punkt des Arbeitsbogens vor, und verhalten Sie sich strikt danach.

24 bis 35 Punkte – *Selektiver Zuhörer*

Ihr Zuhörvermögen ist erheblich verbesserungsbedürftig. Nehmen Sie sich die Aussagen des obigen Arbeitsbogens vor, bei denen Sie weniger als vier Punkte haben, und üben Sie nach dem oben genannten Schema.

36 bis 47 Punkte – *Kritischer Zuhörer*

Sie hören zwar zu, aber versetzen sich noch nicht genügend in die Person des Gesprächspartners. Sie versuchen, mehr Fehler zu finden, als wirklich zu verstehen. Üben Sie täglich, indem Sie die Aussagen des obigen Arbeitsbogens, bei denen Sie weniger als fünf Punkte haben, nach jedem Gespräch kritisch überprüfen und sich für die nächsten Gespräche bestimmte Vorgaben machen.

48 bis 60 Punkte – *Aktiver Zuhörer*

Gratulation, Sie sind schon ein aktiver Zuhörer. Sie können es noch zur Meisterschaft bringen, wenn Sie es sich zur Angewohnheit machen, täglich kurz Ihr Verhalten bei Gesprächen anhand des oben genannten Arbeitsbogens zu überprüfen und versuchen, es beim nächsten Mal noch besser zu machen.

> Sie können durch ehrliches Interesse an anderen Menschen in zwei Monaten mehr Freunde gewinnen als durch Selbstdarstellung in zwei Jahren.
>
> *Dale Carnegie*

Wie Sie aktives Zuhören lernen

Um ein aktiver Zuhörer zu werden, gehen Sie am besten nach den folgenden sechs Schritten vor. Denken Sie daran: Aktiv zuhören bedeutet *ARBEIT*.

Sie lohnt sich aber gleich dreifach: Sie lernen, sicherer zu argumentieren, vermeiden Stress durch überhastetes Reagieren und ernten noch einen Sympathiebonus des anderen. Wie schon in Arbeitsbogen 11 gezeigt, dient uns das Akronym ARBEIT als Leitlinie für besseres Zuhören.

Beachten Sie beim Zuhören die folgenden sechs Regeln:

A	**Aufmerksamkeit** Konzentrieren Sie sich auf den Sprecher, und nur auf den Sprecher.
R	**Reaktion** Geben Sie durch Reaktionen wie Kopfnicken oder kurze Zwischenfragen zu erkennen, dass Sie interessiert und aufmerksam sind.
B	**Befragen** Sammeln Sie durch geschickte Fragen und prüfende Aussagen Informationen über den Sprecher und seine Ausführungen.
E	**Emotionale Kontrolle** Halten Sie Ihre Emotionen, die durch den Inhalt der Information, die Art und Weise des Sprechens der anderen, durch ihr Äußeres oder ihren Auftritt entstehen können, unter Kontrolle.
I	**Indirektes Verstehen** Versuchen Sie, die Signale der Körpersprache des anderen zu verstehen.
T	**Topographisches Strukturieren** Ordnen Sie die erhaltene Information, und halten Sie diese bildhaft in Form einer mentalen Landkarte fest (Mind Mapping, Abbildung 37). Diese Art der Informationsspeicherung regt gleichzeitig zur Kreativität an.

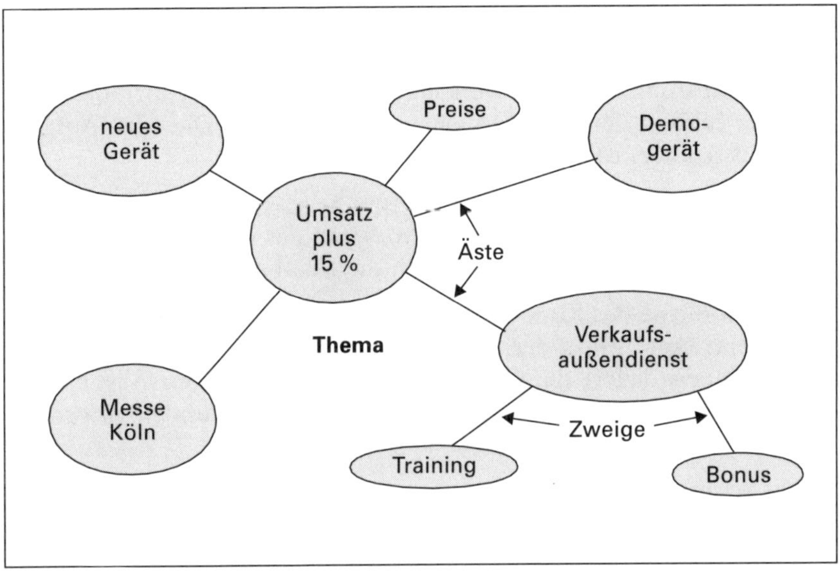

Abbildung 37: Mind Mapping – topographische Form der kreativen Informationsspeicherung

Aktives Zuhören ist eine der wichtigsten Fähigkeiten des Verkäufers

Die in diesem Abschnitt besprochenen Techniken des Zuhörens sind sicher einfach zu verstehen. Schwieriger ist die Anwendung. Wir sind meist nicht geschult im Zuhören und müssen unser im Laufe von Jahrzehnten erworbenes Verhalten und oft auch unsere lieb gewordenen Klischees ändern. Es lohnt sich aber, denn aktives Zuhören bringt Ihnen eine Reihe von Vorteilen: Der Kunde wird es schätzen, wenn Sie ihm aktiv zuhören und es besser verstehen als Ihre Kollegen vom Wettbewerb, auf seine Wünsche und Bedürfnisse einzugehen.

Zusammenfassung

- Voraussetzung für einen Verkauf ist das Vorliegen von Problemen, deren Lösung dem Kunden einen Nutzen bringt. Die erste Aufgabe des Verkäufers ist es, diese Probleme zu finden.
- Das Vorliegen eines Problems kann beim Kunden ein Bedürfnis bewirken, dieses Problem zu lösen. Wenn das Bedürfnis zur Lösung des Problems gering ist, wird auch die Kaufbereitschaft gering sein.
- Um Probleme des Kunden zu finden und ein angedeutetes Bedürfnis zu verstärken, muss der Verkäufer Fragen stellen. Eine Systematik des Fragens liefert die OPAL-Strategie. Sie führt vom Allgemeinen zum Speziellen und hilft, das Kaufbedürfnis des Kunden zu verstärken, wenn das Problem ernsthaft genug ist.
- Die wichtigste Kaufvoraussetzung ist erfüllt, wenn das Kaufbedürfnis groß genug ist, um den Preis – oder die Kosten – in den Augen des Kunden zu rechtfertigen.
- Für den Verkaufserfolg ist es oft entscheidend, erst die Ernsthaftigkeit des Problems zu verdeutlichen und den Nutzen einer Erfüllung des Bedürfnisses vom Kunden erkennen zu lassen, bevor Sie Ihren Lösungsvorschlag mithilfe Ihres Produkts vorstellen.
- Falls Ihr Produkt nicht geeignet ist, ein Problem des Kunden zufrieden stellend zu lösen, dann geben Sie das ehrlich zu und raten dem Kunden von einem Kauf ab.
- Neben dem geschickten Stellen von Fragen muss der Verkäufer das aktive Zuhören beherrschen. Zuhören ist ARBEIT. Nach der „ARBEIT-Formel“ können Sie aktives Zuhören täglich trainieren.

Lösungen von Arbeitsbogen 10 auf Seite 135:
1A, 2O, 3L, 4P, 5P, 6O, 7P, 8A, 9P, 10L

Lösungen der Fragen von Seite 137:
1. Überlebende werden nicht begraben ... 2. Es war Noah und nicht Moses. 3. Nicht echt, 46 vor Christus wusste noch niemand davon. 4. Nein, eine Witwe hat keinen Ehemann. 5. Die Mannschaften haben nicht alle Spiele gegeneinander ausgetragen. 6. Der Kunde ist ist König.

Schritt 4

Entwickeln Sie gemeinsam mit dem Kunden Problemlösungen

In der Fabrik machen wir Kosmetika, im Laden verkaufen wir Hoffnung.
Charles Revson, Gründer der Kosmetikfirma Revlon

Kunden fällen ihre Kaufentscheidungen nach ihren eigenen Gesichtspunkten, nicht nach Ihren. Deshalb müssen Sie in der Sprache des Kunden reden. Gegen diese Binsenweisheit wird im praktischen Verkaufsgespräch nur allzu oft verstoßen. Wir haben unter Schritt 3 bereits gesehen, wie man die Bedürfnisse des Kunden herausfindet. Sobald diese bekannt sind, besteht die Rolle des Verkäufers darin, gemeinsam mit dem Kunden geeignete Lösungen zur Erfüllung dieser Bedürfnisse zu finden.

Um auf die Bedürfnisse der Kunden gezielt eingehen zu können, ist es notwendig, dass Sie die Branche Ihrer Kunden, die Anwendung Ihrer Produkte oder Leistungen in der Praxis sowie die wichtigsten Probleme Ihrer Kunden studieren, und zwar spezifisch nach Zielgruppen. Sie müssen aber auch die Angebote Ihrer Wettbewerber kennen, um Ihre Argumentation wirksam steuern zu können. Erfolgreich verkaufen heißt in erster Linie, den Kunden von einem akzeptablen Nutzen/Kosten-Verhältnis zu überzeugen, das sich positiv von dem des Wettbewerbs unterscheidet.

Der Kaufprozess aus der Sicht des Kunden

Beim Kauf von Investitionsgütern können wir oft neun typische Stufen unterscheiden (Abbildung 38).

1. Identifizieren
2. Erkunden
3. Angebot und Informationsflut
4. Nebelwand
5. Wettbewerbsvergleich
6. Engere Wahl der Anbieter
7. Neue Forderungen und letztes Angebot
8. Hart verhandeln
9. Endgültige Entscheidung

Abbildung 38: Neun typische Stufen eines Verkaufszyklus im Technischen Vertrieb

Stufe 1: Identifizieren

Auf der ersten Stufe wird dem Kunden klar, dass er ein Problem hat, das er nicht allein lösen kann. Zum Beispiel hat sich sein Auftragsvolumen erhöht und sein Maschinenpark reicht trotz Überstunden nicht mehr aus.

Stufe 2: Erkunden

Nachdem er sein Problem erkannt hat, sucht er nach Lösungen. Wenn eine solche Lösung nicht seinem Erfahrungsbereich entspricht – zum Beispiel wenn er Textilien herstellt, die Lösung aber profunde Kenntnisse auf dem Automatisierungssektor verlangt – wird er zu Ihnen und anderen möglichen Anbietern Kontakt aufnehmen. Er lässt Sie wissen, dass er an Ihrem Produkt interessiert ist und lädt Sie ein, ihn zu besuchen, um Ihr Produkt vorzustellen. Sie sagen zu und versuchen, im Gespräch die Bedürfnisse des Kunden herauszufinden. Es kann auch sein, dass er nur um ein schriftliches Angebot bittet, Sie würden aber trotzdem versuchen, mit ihm persönlich zu sprechen. Diese Phase der Erkundung wird von den Verkäufern oft vernachlässigt (siehe Schritt 3 dieses Buches). Da der Kunde meint, dass er wisse, was er wolle, stellt der Verkäufer nur wenige Fragen und bereitet ein Angebot vor. Damit vergibt er die Chance, die wahren Bedürfnisse des Kunden zu erfahren oder im Bewusstsein des Kunden zu entwickeln, für die gerade sein Produkt geeignet ist, und mit denen er sich den Wettbewerb vom Leibe halten könnte.

Stufe 3: Angebot und Informationsflut

Nachdem der Kunde sein Bedürfnis identifiziert und die möglichen Lieferanten herausgefunden hat, fordert er diese zur Abgabe eines schriftlichen Angebots mit dem *besten Preis* auf. In aller Wahrscheinlichkeit werden Sie daraufhin dem Kunden alles an relevanten Informationen schicken, was Sie verfügbar haben. Da Sie davon ausgehen, dass der Kunde kurz vor einer Entscheidung steht, geben Sie Ihr günstigstes Preisangebot ab. Es stehen aber noch weitere sechs Stufen bevor. In der Realität geben Sie zwar Ihren besten Preis, aber nicht Ihren letzten ab.

Stufe 4: Nebelwand

Wenn das Angebot abgeschickt wurde, senkt sich der Nebel auf die ganze Sache. Wenn Sie anrufen, um Näheres über den Stand der Dinge zu erfahren, scheint niemand so recht Bescheid zu wissen, woran es hängt, und es ist auch nicht vorherzusagen, wie lange der Entscheidungsprozess noch dauern wird. Wohin Sie auch greifen, nichts als Nebel.

Stufe 5: Wettbewerbsvergleich

Der Nebel löst sich auf, wenn Sie endlich einen Anruf des Kunden erhalten. Man hat Ihr Angebot studiert, aber es gibt auch gute Angebote des Wettbewerbs. Ihr Preis sei etwas hoch oder der Wettbewerb liefere einige Extras ohne Berechnung, sagt man. Wenn Sie im Wettbewerb bleiben wollen, müssten Sie schon noch etwas tun. Sie reden noch mal mit Ihrer Geschäftsleitung und erhalten grünes Licht für einen letzten Preisabschlag, den Sie dem Kunden mitteilen. Auch dies ist in der Realität nicht der letzte Preis, denn es folgen ja noch immer vier weitere Stufen im Entscheidungsprozess.

Stufe 6: Engere Wahl der Anbieter

Auf Grund des Ergebnisses des Wettbewerbsvergleichs lässt der Kunde die besten zwei oder drei Anbieter in der Rangordnung wissen, dass sie nun in der engeren Wahl sind.

Stufe 7: Neue Forderungen und letztes Angebot

Auf Grund der Gespräche mit den Anbietern und des Studiums der Angebote, hat der Kunde eine Menge dazugelernt und weiß jetzt besser, was er wirklich braucht. Seine neuen Forderungen haben wenig damit zu tun, was ursprünglich verlangt war, und er bittet um ein überarbeitetes Angebot, in dem seine neuen Erkenntnisse berücksichtigt werden. Sie arbeiten ein neues Angebot aus mit einem neuen Preis, inzwischen Ihr dritter *bester Preis*.

Stufe 8: Hart verhandeln

In dieser Phase wird mit den Anbietern intensiv diskutiert, mit dem Ziel, die Preise zu drücken. Der Kunde spielt die Angebote der drei verbleibenden Firmen gegeneinander aus, denn er weiß jetzt, dass es egal ist, von wem er kauft, da alle drei die geforderten Spezifikationen erfüllen können. Er wird Sie drängen, Ihrem Herzen einen Stoß zu geben und, mit einem Preisnachlass, das Geschäft zu besiegeln. Sie geben nun Ihren vierten, fünften oder sechsten *besten Preis* ab.

Stufe 9: Endgültige Entscheidung

Der günstigste Anbieter erhält den Auftrag. Es war eine Entscheidung für den Anbieter mit dem niedrigsten Preis. Leider waren nicht Sie der glückliche Gewinner.

Was lief falsch? Warum ging der Auftrag an den billigsten Anbieter?

Weshalb gab nur der Preis den Ausschlag? Der Preis wird immer dann zum Zünglein an der Waage, wenn es den Anbietern nicht gelingt, sich in den Augen des Kunden von den anderen Wettbewerbern zu differenzieren. Da der Kunde seine Anforderungen vorgegeben hatte, waren die Ausgangspositionen für die letzten Anbieter aus der engeren Wahl gleich. Dies wird immer dann der Fall sein, wenn der Verkäufer nur auf die Anfragen der Kunden reagiert und es nicht versteht, das Gespräch aktiv in Richtung seiner speziellen Wettbewerbsvorteile zu führen und ihn davon zu überzeugen. Er gibt damit die Steuerung des Gesprächs aus der Hand.

> Verfolgen Sie vom Beginn eines Verkaufsgesprächs den Weg der Bedürfnisentwicklung für die spezifischen Vorteile Ihres Produkts, und argumentieren Sie aus der Sicht des Kunden. Nur so können Sie einen Preiskampf vermeiden.

Die ersten Stufen des Kaufprozesses geben dem Verkäufer viele Gelegenheiten, um Bedürfnisse besser zu definieren und vor allem in den Augen des Kunden zu verdeutlichen. Der Kunde soll dabei überzeugt werden, dass das Unternehmen des Verkäufers tatsächlich Dinge bietet, die er braucht, und die die anderen nicht oder nicht in dieser Qualität liefern können.

> Die meisten Probleme, die in der zweiten Hälfte des Prozesses auftreten, haben ihre Ursache in der zu schwachen Leistung im ersten Teil.

In den folgenden Abschnitten erfahren Sie, wie Sie eine größere Chance im Verkauf haben, die Entscheidung zu Ihren Gunsten zu beeinflussen, mit anderen Worten, es geht um aktives Überzeugen.

Als der amerikanische Astronaut John Glenn 1962 von seinem Flug im Weltraum zurückgekehrt war, wurde ihm von einem Mitglied des Senats die folgende Frage gestellt: „Woran dachten Sie, als Sie wieder in die Erdatmosphäre eintauchten?“ Glenn antwortete: „Ich dachte daran, dass diese Kapsel vom billigsten Anbieter hergestellt wurde.“

Was Kunden wirklich brauchen

Der amerikanische Management-Guru Peter Drucker[4] behauptet, dass die Annahmen des Managements, was der Kunde wirklich benötige, wahrscheinlich öfter falsch als richtig seien. Sobald ein Gespräch mit dem Kunden stattfindet, schießen diesem einige Fragen durch den Kopf, wie zum Beispiel: Was nützt es mir? Wie kann damit mein Problem gelöst werden? Lohnt sich der Aufwand? Was ist an dem Produkt dran, um mir mein Leben einfacher zu machen? Welche finanziellen Auswirkungen wird dieser Service für mich haben? Gibt es etwas Ähnliches vom Wettbewerb, und wenn ja, zu welchem Preis?

Diese Gedanken werden vom Kunden nicht immer offen und eindeutig ausgedrückt. Verkäufer, die nicht das Geschick oder die Courage haben, den Kunden nach seinen tatsächlichen Problemen zu fragen, oder solche Informationen auch bereits vor dem Gespräch einzuholen, ziehen sich oft auf eine reine Darstellung der Produktmerkmale zurück. Der Kunde kauft jedoch Produkte nicht nach Merkmalen, sondern nach dem Nutzen für sich. Er braucht primär keine Bohrmaschine, sondern er will seine Wand mit Löchern versehen. Er kauft eigentlich kein Kopiergerät, sondern eine Möglichkeit, um saubere Kopien mit einer entsprechenden Geschwindigkeit und der Möglichkeit des Vergrößerns zu erhalten.

Der Vertriebsingenieur muss in der Lage sein, die Merkmale seines Produkts in Serviceleistung für den Kunden zu übersetzen. Ein Beispiel schlechter Verkaufsgespräche ist die leider noch oft übliche Praxis des Computerverkaufs, wo der Kunde mit Fachchinesisch berieselt wird, ohne dass sich der Verkäufer im Geringsten um die eigentlichen Interessen des Kunden kümmert.

Verkaufen Sie Nutzen statt Merkmale

Wir können jedes Produkt und jede Leistung nach der Dreiteilung Merkmale – Vorteile – Nutzen betrachten. Das hilft uns, das wahre Interesse des Kunden anzusprechen. Mit dieser Darstellung demonstrieren wir unsere Fähigkeit, die Bedürfnislücke mit unserem Produkt-Nutzen zu schließen.

Abbildung 39 zeigt die Darstellung von Merkmal, Vorteil und Nutzen am Beispiel einer aufladbaren Batterie. Der Kunde ist vor allem am Nutzen interessiert, das heißt an den Kosteneinsparungen gegenüber den herkömmlichen Batterien und an einem guten Gefühl, etwas für die Schonung der Umwelt zu tun.

Verkaufen Sie Nutzen und nicht Merkmale

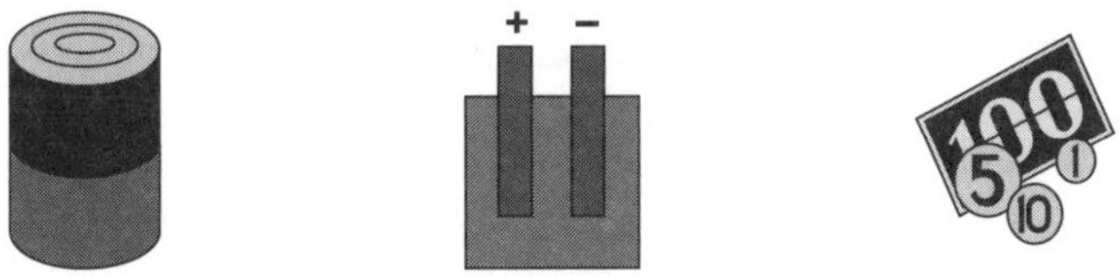

Merkmal	Vorteil	Nutzen
wiederaufladbare Batterie	mehrfache Speicherung von elektrischen Ladungen	Geldersparnis, Schonung der Umwelt

Abbildung 39: Darstellung des Merkmals, des Vorteils und des Nutzens einer aufladbaren Batterie

Natürlich müssen wir im Technologie- und Investitionsgüterbereich mit harten Fakten und Daten aufwarten. Andererseits machen auch die kompliziertesten Produkte und Systeme nur dann einen Sinn für den Kunden, wenn die einzelnen Merkmale, wie Steuerung, Kontrollmechanismen, Kraftübertragungen, mit einem Nutzen für ihn verbunden sind (Abbildung 40). Die Darstellung der Merkmale und Vorteile dient dazu, den Nutzen, den der Kunde erwartet, plausibel zu erläutern.

Die drei Stufen der Produktpräsentation

1. Nennen Sie das Merkmal: Was ist es?
2. Beschreiben Sie den Vorteil: Was kann es?
3. Fragen Sie den Kunden nach dem Nutzen für ihn: Was nützt es?

Beispiel: Dieser Drucker besitzt einen Infrarot-Sensor (Merkmal). *Das bedeutet*, dass Sie keine Kabelverbindung zwischen PC und Drucker benötigen (Vorteil). *Wäre das für Sie interessant* (Nutzen)? Benutzen Sie ruhig die Formulierungen „das bedeutet“ und „wäre das für Sie interessant?“.

Vor allem die Werbung zielt auf die Nutzenargumentation. Viele Anzeigen formulieren in ihrer Schlagzeile bereits den Nutzen und begründen diesen im Text durch Nennung der Merkmale und der Vorteile.

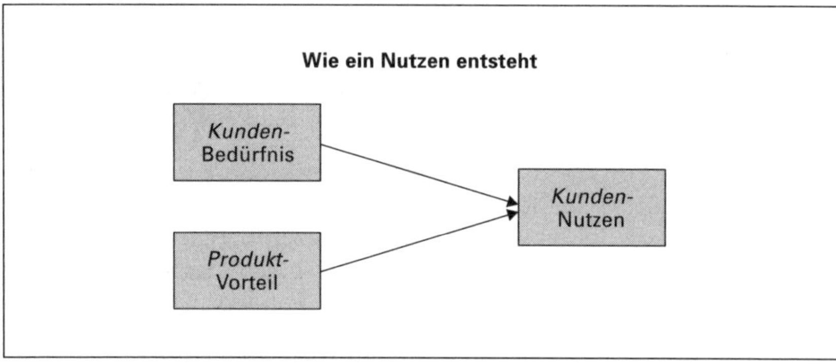

Abbildung 40: Ein Kundennutzen entsteht, wenn ein Kundenbedürfnis durch einen passenden Produktvorteil erfüllt wird

Nutzenargumentation in Werbeanzeigen

„Nach 400 Kilometern S-Klasse sind nicht Sie erledigt, sondern Ihre Arbeit.“
Werbeslogan von Mercedes-Benz für die Bequemlichkeit der Limousinen der S-Klasse für beschäftigte Mitfahrer.

„Wer die Späne vom Tisch hat, kann ungestört arbeiten.“
Werbeslogan der Firma Steinel (Werkzeugmaschinen) für Maschinen-Schwenktische zur Beseitigung der Späne durch die Schwerkraft.

„Ein HP-LaserJet sorgt garantiert für bleibende Eindrücke.“
Werbeslogan von Hewlett Packard für die Qualität der HP-Laserdrucker.

„Der Mensch verbringt bis zu 170 Tage seines Lebens im Stau. Oder auch nicht.“ Werbeslogan der Bahn.

Lassen Sie den Kunden den Nutzen für sich selbst einschätzen

Menschen lassen sich nicht gern sagen, was sie brauchen oder tun sollen. Sie wollen es lieber selbst bestimmen. Sie können dem Kunden den Nutzen deshalb in Frageform vermitteln. Das hat den Vorteil, dass er ihn selbst nennt und stärker dazu steht.

Beispiele:

- „Dieses Förderbandsystem wurde nach dem Baukastenprinzip entwickelt. Sie können es selbst vor Ort montieren und den wechselnden Einsatzbedingungen anpassen. Das schafft einen hohen Grad an Mobilität. Wäre dieser Vorteil für Sie von Nutzen?"
- „Mit diesem Softwaresystem können Ihre Mitarbeiter von verschiedenen Standorten und Ländern untereinander kommunizieren. Dabei können sie sowohl hinsichtlich der Benutzeroberfläche als auch der erstellten Prozesspläne in ihrer Landessprache arbeiten. Für die zeitweise Verbindung zwischen den PCs können neben konventionellen Netzwerken auch das Internet oder Funktelefon genutzt werden. Wie würden Sie den Nutzen dieser Kommunikationsmöglichkeiten für Ihr Unternehmen einschätzen?"

Ein Produktvorteil wird erst dann für den Kunden zu einem Nutzen, wenn dieser ein ausdrückliches Bedürfnis dafür äußert.

Merkmale bieten oft mehrere Vorteile und umgekehrt

Nehmen wir das Beispiel eines häuslichen Schwimmbeckens. Es kann Ihnen gleich mehrere Vorteile bieten, und zwar als Mittel zur Steigerung Ihrer körperlichen Fitness, als Ort des Familienspasses und zur medizinischen Behandlung. Das robuste Chassis einer Werkzeugmaschine bietet infolge seiner schwingungsdämpfenden Eigenschaften Vorteile wie höhere Genauigkeit, weniger Ausfälle, niedriger Geräuschpegel und längere Standzeiten der Werkzeuge. Falls der Kunde für diese Vorteile ein Bedürfnis hat, bewirken sie einen Nutzen.

Wie kann nun aber ein Vorteil aus unterschiedlichen Merkmalen entstehen? Im Falle des Schwimmbeckens als Fitnessquelle können Sie diese Fitness auch durch andere Mittel erreichen, zum Beispiel durch Radfahren oder durch Laufen. Der Vorteil – Fitness – entsteht hier durch das Produkt-Merkmal Fahrrad beziehungsweise Laufschuhe. Im technischen Bereich können Sie zum Beispiel den Vorteil einer hohen Oberflächengüte Ihres Werkstückes durch Schleifen oder Hochgeschwindigkeitsfräsen erzielen.

Die Erkenntnis, dass ein Merkmal mehrere Vorteile ergeben kann, und dass ein Vorteil oft durch unterschiedliche Merkmale erreicht wird, hilft Ihnen bei der Vorbereitung Ihrer Argumentation beim Kunden. Listen Sie in der Vorbereitungsphase so viele Vorteile Ihres Produkts wie möglich auf. Je mehr Sie kennen, um so flexibler können Sie auf die Bedürfnisse des Kunden im Gespräch reagieren. Wenn Sie wissen, dass der Kunde einen Vorteil, zum Beispiel eine hohe Oberflächengüte, durch mehrere Bearbeitungsverfahren erzielen kann, dann ist dies ein Grund, die Argumente für das eigene Produkt gegenüber anderen, vom Wettbewerb angebotenen Lösungen gut vorzubereiten.

Reden Sie in der Sprache des Kunden

Besonders im Investitionsgüterbereich ist es wichtig, dass Sie Ihre Produktpräsentation dem Kenntnisstand des jeweiligen Kunden angleichen. Wenn Sie mit einem nichttechnisch ausgebildeten Kunden sprechen, müssen Sie neben der Schilderung des jeweiligen Vorteils auch das Merkmal mit einfachen Worten erläutern. Sprechen Sie dagegen zu einem technischen Fachmann, dann wird dieser erwarten, dass Sie diese Erläuterung etwas anspruchsvoller durchführen, das heißt, dass Sie sich in seinem Sprachschatz und auf seinem Wissensniveau bewegen.

Beides setzt voraus, dass Sie mit Ihrem Produkt und dessen Anwendung gründlich vertraut sind. Ohne eine solide fachliche Basis wird Ihnen im Investitionsgüterverkauf auch die geschliffenste Rhetorik und Verkaufstechnik wenig nützen.

Der Arbeitsbogen 12 hilft Ihnen, Ihre Argumentation mit dem Kunden vorzubereiten.

ARBEITSBOGEN 12: Verkaufen Sie Kundennutzen

Produkt: Beispiel einer Drehmaschine		
Produktmerkmale	**Produktvorteile**	**Kundennutzen**
– robuste Bauweise	– Schwingungsdämpfung durch gusseisernes Chassis	– höhere Genauigkeit – weniger Ausfälle – Geräuschdämpfung und längere Standzeiten der Werkzeuge

Effektive Präsentation von Produkten

Jeder Autoverkäufer weiß, dass bei Kunden oft die Probefahrt über den Kauf entscheidet. Auf Messen ist die Demonstration der Produkte das geeignetste Mittel, um Besucher anzulocken und zu überzeugen. Die Demonstration ist der Beweis dessen, was Sie über Ihr Produkt sagen. Wie bei jedem Verkaufsgespräch entscheidet jedoch auch bei Demonstrationen die Art und Weise der Durchführung über den Erfolg. Deshalb gehört das Demonstrieren von Produkten zu den wichtigsten Fähigkeiten des Verkäufers. Die Leute sind viel eher geneigt zu glauben, was sie sehen, als wenn Sie es ihnen nur erzählen.

Vertriebsingenieure sind vor allem an technischen Besonderheiten und funktionellen Abläufen interessiert. Es ist ihre Sprache. Sobald sich ein Besucher ihrem Produkt auf dem Messestand nähert, sind sie gern bereit, ihn über alle technischen Einzelheiten – auf die sie zu Recht stolz sind – zu informieren. Der Erfolg bleibt jedoch oft aus. Der Besucher versteht entweder die Sprache des Technikers nicht oder kann die angesprochenen technischen Merkmale nicht in Vorteile für seinen Einsatzzweck übersetzen. Häufig ist er auch nur ein mäßig interessierter Passant oder gar ein Vertreter der Konkurrenz. Demonstrationen sind nicht einfach nur technische Erläuterungen, die mehr oder weniger zufällig stattfinden. Sie müssen vorbereitet und geplant werden. Sie sind die Beweisführung zu Ihren Behauptungen. Sie sind Shows, die die Teilnehmer fesseln und überzeugen sollen.

Jede Demo braucht ein Drehbuch

Im Investitionsgüterbereich ist eine Demo oft mit einigem Aufwand verbunden. Produkte müssen transportiert, installiert und eingefahren werden. Es sollte selbstverständlich sein, dass auch die Präsentation gründlich vorbereitet und geübt wird. Da jede gute Demo auch eine Aufführung ist, brauchen Sie ein Drehbuch. Dies sollte drei Kapitel umfassen: die Aussagen, den Ablauf und den Abschluss.

Die Aussagen

Informieren Sie sich vor der Präsentation über Ihr Publikum. Woran sind die Teilnehmer interessiert? Was ist ihr Kenntnisstand? Stehen sie vor einer Kaufentscheidung, oder wollen sie sich nur einmal informieren? Definieren Sie Zweck und Ziel Ihrer Demonstration. Bereiten Sie die Kernaussagen vor, die für die Teilnehmer von Interesse sind. Es sollten nicht mehr als zwei oder drei sein.

Zwei Kernaussagen bei der Demo einer Hochgeschwindigkeits-Fräsmaschine könnten zum Beispiel die hohe Oberflächengüte der bearbeiteten Fläche und der schnelle Werkzeugwechsel sein. Bei einem PC wären die Leistungsfähigkeit und die Bedienerfreundlichkeit Beispiele für Kernaussagen. Die Kernaussagen sollten das Produkt gegenüber den Erzeugnissen der Konkurrenz differenzieren (siehe auch unter Schritt 1, Seite 23).

Das Ziel der Demo ist, den Zuschauern nur so viel zu zeigen, dass sie beeindruckt sind und erkennen, welche Vorteile ihnen das Produkt bietet, aber nicht so viel, dass sie verwirrt werden.

> Eine Produktdemonstration ist wie ein Fernsehfilm. Die ersten Minuten entscheiden darüber, ob wir ihn uns bis zum Ende ansehen.

Der Ablauf

Eine gute Präsentation soll kurz sein. Planen Sie ungefähr 20 Minuten dafür ein, plus 20 Minuten für Fragen und Antworten, also insgesamt etwa 40 Minuten. Alles, was darüber hinaus geht, ermüdet das Publikum. Gestalten Sie Ihre Vorführung so interessant wie ein guter Zauberkünstler. Ein Autoverkäufer kann die Laufruhe des Motors durch ein Geldstück, das er bei geöffneter Haube auf den Motor legt, demonstrieren. Die Effektivität einer Wasseraufbereitungsanlage können Sie unterstreichen, indem Sie Fische in dem regenerierten Wasser schwimmen lassen.

Lernen Sie, wie Sie gleichzeitig Ihr Produkt demonstrieren und zum Betrachter sprechen. Unterteilen Sie die Präsentation in einzelne Schritte, die sich auf die geplanten Kernaussagen konzentrieren. Sagen Sie den Betrachtern bei jedem Schritt, was Sie tun, und weshalb Sie es tun. Stellen Sie dabei Fragen, um zu sehen, ob sie verstanden haben, was Sie demonstrieren, und ob sie einen Nutzen des Produkts für sich sehen (Abbildung 41). Stellen Sie Feedback-Fragen, zum Beispiel:

- „Finden Sie diese Oberfläche nicht wesentlich glatter als mit der bisherigen Fräsmaschine?“
- „Meinen Sie, dass Sie Ihre Buchhaltung mit diesem PC wesentlich schneller erledigen können?“
- „Sie suchen ein Kopiergerät, das die Farben originalgetreu wiedergibt. Nun, was sagen Sie zu dieser Kopie?“
- „Wie finden Sie den Bedienungskomfort?“

Beziehen Sie die Interessenten in die Präsentation mit ein, und lassen Sie sie selbst einige Funktionen des Geräts auslösen. Natürlich geht das nur, wenn Sie sicher sind, dass es auch richtig funktioniert. Die Hands-on-Demo überzeugt mehr als tausend Worte. Ihre potenziellen Kunden werden durch dieses kleine Erfolgserlebnis motivierter, das Produkt auch ihren Vorgesetzten und Kollegen intern zu verkaufen.

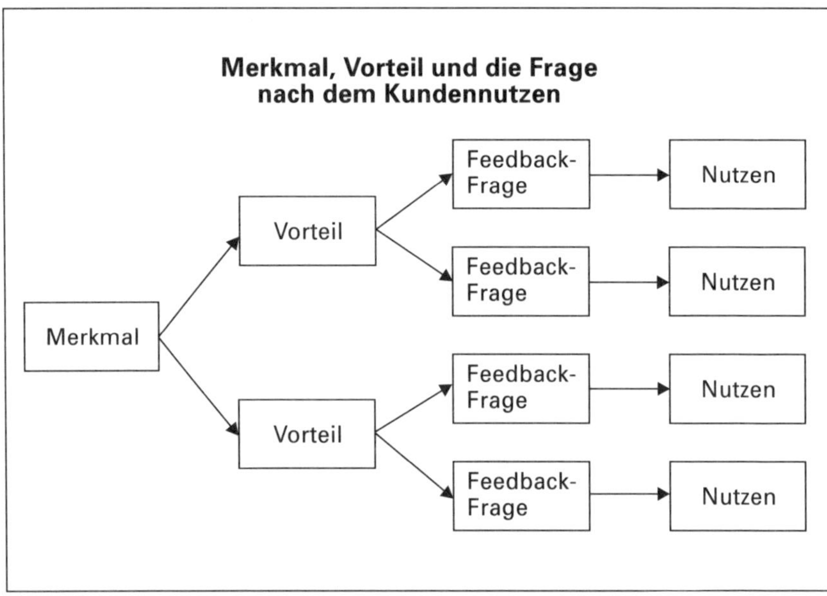

Abbildung 41: Erklären Sie Merkmale und Vorteile des Produkts, und fragen Sie mit Feedback-Fragen nach dem Nutzen für die Kunden

Achten Sie darauf, dass die Demo zügig vonstatten geht. Vermeiden Sie langatmige Erklärungen und längere Betriebszeiten der Maschine oder des Geräts. Es ist sicher eindrucksvoll, wenn eine Maschine 360 Pressteile herstellen oder ein Computer tausend Textseiten pro Minute formatieren kann. Trotzdem sollten Sie diese Vorgänge nicht eine Minute lang ablaufen lassen. Zeigen Sie stattdessen lieber sechs Teile oder 16 formatierte Seiten in einer Sekunde.

Um einen wesentlichen Punkt unterscheidet sich unsere Präsentation von der des Zauberkünstlers: Wir beeindrucken die Zuschauer nicht nur durch das Ergebnis unserer Vorführung; wir zeigen auch, wie wir dazu kommen. Die Kunden wollen ja später selbst mit Ihrem Produkt arbeiten und deshalb wissen, wie es funktioniert.

Der Abschluss

Vor Beginn haben Sie Ihre Absicht oder das Ziel definiert. Wenn Sie es jetzt versäumen, dieses Ziel durch eine Vereinbarung mit den Zuschauern zu realisieren, haben Sie den Effekt der Demo weitgehend verschenkt. Natürlich werden Sie in den meisten Fällen nicht gleich einen Kaufabschluss erzielen. Aber eine Erprobung des Geräts beim Kunden, ein weiterer persönlicher Kontakt, das gemeinsame Gespräch mit einem Referenzkunden – kurzum, was immer der geeignete nächste Schritt sein mag: Treffen Sie eine Vereinbarung mit den Kunden darüber.

Sollten Sie gleichzeitig vor mehreren Kunden demonstrieren, versuchen Sie wenigstens, mit einem Interessenten einen weiteren Schritt zu vereinbaren. Da die anderen oft nicht warten wollen, bis Sie mit diesem gesprochen haben, wie zum Beispiel bei Messen, versuchen Sie auf alle Fälle, Visitenkarten zu erhalten. Mit diesen Besuchern nehmen Sie nach der Messe Kontakt auf. Vielleicht ist der eine oder andere ernsthafte Interessent darunter.

Die Organisation und das Umfeld

Keinesfalls unterschätzt werden sollten die technischen und organisatorischen Vorbereitungen der Präsentation. Mitunter bleibt der geplante Effekt sonst aus. Das Gerät passt nicht in den Aufzug, das Papier für den Drucker wurde vergessen, das Produkt ist äußerlich in schlechtem Zustand, und der Verkäufer hat noch Probleme mit der Bedienung. Solche „Details“ können Ihnen den Effekt einer Demo zunichte machen. Wer einige Erfahrungen mit Demos, Messen und Symposien gesammelt hat, wird bestätigen, dass Murphy mit seinem Gesetz recht hatte:

> Wenn irgendetwas schiefgehen kann, dann wird es das auch.
>
> *Erstes Gesetz von Murphy*

Überzeugen Sie sich also vorher, dass Ihr Produkt richtig vorbereitet wurde und dass alle Hilfsmittel vorhanden sind. Die gleiche Sorgfalt gilt auch für die Vorbereitung des Raums. Ist er aufgeräumt, gut zugänglich, genügend groß, ausreichend belüftet und nicht zu dunkel? Sind die erforderlichen elektrischen und sonstigen Anschlüsse vorhanden? Widmen Sie sich auch der optischen Ausgestaltung des Raums. Poster mit Schnittzeichnungen Ihres Produkts, Übersichtstabellen mit Leistungskennziffern und dergleichen tragen zur positiven Wirkung Ihrer Präsentation bei.

Die Produktdemonstration ohne Produkt

Natürlich haben Sie nicht in jedem Fall ein Produkt zur Hand. Präsentieren Sie dann Ihre Produkte anhand von Bildern, Skizzen, Modellen oder Filmen. Sie aktivieren damit auch die rechte Hemisphäre des Gehirns der Teilnehmer, die für Bilder, Farben, Gefühle und Musik empfänglich ist. Gehirnpsychologen haben herausgefunden, dass sich der Lerneffekt dadurch mehr als verdoppelt.

> Menschen lernen und behalten: 10 Prozent dessen, was sie lesen, 20 Prozent dessen, was sie hören, 50 Prozent dessen, was sie sehen und hören.

CHECKLISTE

Arbeiten Sie mit Checklisten. Allzu leicht werden in der Vorbereitungsphase Dinge übersehen oder schlichtweg vergessen. Die Effekte sind meist sehr ärgerlich. Legen Sie sich am besten aus Ihren Erfahrungen eine eigene Checkliste an, und ergänzen Sie diese nach jeder Demo. Sie wird bald zum unentbehrlichen Hilfsmittel.

Im Folgenden einige Punkte als Starthilfe für Ihre eigene Checkliste.

1. Ist Ihr Produkt tipptopp vorbereitet?
2. Sind alle Hilfsmittel zum Betrieb und zur visuellen Demonstration vorhanden?
3. Wurde der Raum nach Ihren Wünschen vorbereitet und gestaltet? Sind die erforderlichen Anschlüsse vorhanden?
4. Ist der Demonstrator und sind weitere mitwirkende Personen in guter Form, das heißt gut ausgeruht, gepflegt und ordentlich gekleidet?
5. Sind die Ziele der Präsentation klar definiert?
6. Wurden die Kernaussagen festgelegt?
7. In welchen Schritten wollen Sie vorgehen, um Merkmale, Vorteile und Nutzen des Produkts attraktiv und einprägsam zu zeigen?
8. Haben Sie visuelle Hilfsmittel, zum Beispiel Datenblätter und Graphiken, vorbereitet, oder sind welche verfügbar?
9. Sind Sie fachlich fit, um das Produkt mit spielerischer Sicherheit vorzuführen?
10. Wie und an welchen Punkten wollen Sie die Interessenten in Ihre Vorführung einbeziehen?
11. Haben Sie Unterlagen – knapp, übersichtlich, aussagefähig – zum Verteilen vorbereitet?
12. Sind Sie auch über alle Daten und Abläufe zum Kauf, zur Lieferfähigkeit, zur Installation, zur Kundenschulung, zum technischen Kundendienst, zur Lieferung von Ersatzteilen und Verbrauchsmaterial informiert?
13. Haben Sie sich Ihre Strategie für eine Vereinbarung für das weitere Vorgehen zurechtgelegt?
14. Haben Sie einen vollständigen Probelauf gemacht?
15. Sind Ihnen die Namen und Titel der Teilnehmer geläufig, soweit bekannt?

Wenn Sie also das Originalprodukt nicht zeigen können, nutzen Sie die Wirkung visueller Hilfsmittel. Dazu einige Tipps:

- Achten Sie darauf, dass Sie alle Hilfsmittel dabei haben. Ihre Demonstration wird empfindlich gestört, wenn Sie erst unter Entschuldigungen nach Stift und Papier fahnden müssen.
- Ordnen Sie Ihre Unterlagen so, dass Sie diese auch sofort finden. Nutzen Sie farbige Markierungen.
- Holen Sie Ihre Charts, Graphiken oder Bilder nur hervor, wenn Sie diese zeigen wollen. Wenn Sie Ihre Materialien bereits zu Beginn des Gesprächs zeigen, so wird der Interessent abgelenkt. Möglicherweise reagiert er auch ablehnend, da er befürchtet, nun die Erläuterungen all Ihrer Blätter über sich ergehen lassen zu müssen.
- Präsentieren Sie Ihre Unterlagen so, dass sie dem Betrachter richtig herum vorliegen, das heißt, Sie sehen Ihre Unterlagen verkehrt herum. Lernen Sie, auf dem Kopf stehende Schriften zu lesen.
- Hören Sie auf zu reden, wenn der Kunde etwas liest.
- Wenn Sie mit der Demonstration eines Bilds fertig sind, legen Sie es beiseite. Sie signalisieren damit dem Kunden, dass Sie es nicht weiter benutzen, es sei denn, der Kunde hat noch zusätzliche Fragen dazu.

Unter Beachtung dieser Punkte können Sie mit Bildern, Graphiken, Charts, Videos oder Dias auch ohne das aktuelle Produkt interessante Präsentationen durchführen.

„Stand-alone"-Unterlagen und Verkaufshilfen

Broschüren und Prospekte sind so genannte „Stand-alone"-Unterlagen. Da sie neben den Bildern einen erläuternden Text haben, kann sich der Kunde weitgehend selbst mit dem Produkt vertraut machen. Als Hilfsmittel für die Präsentation des Vertriebsingenieurs eignen sie sich weniger, da sich der Kunde leicht durch den Text ablenken lässt. Besser sind dafür einzelne Bilder, Graphiken und Schlagzeilen, die man in einer geeigneten Präsentationsmappe mitführt. Mehr und mehr werden Präsentationen auch mit Laptop Computern durchgeführt. Die Möglichkeiten des Vorführens bewegter Bilder macht diese Darstellung besonders attraktiv.

30 Tipps, um in Präsentationen zu überzeugen

1. Gewinnen Sie Ihren wichtigsten Kunden für Ihr Produkt – sich selbst

Ein vornehmes New Yorker Schmuckgeschäft hatte einen sehr schönen Diamanten erworben, für den es einen Kunden suchte. Dem Besitzer des Geschäfts war ein holländischer Diamantenhändler bekannt, der an teureren Einzelstücken interessiert war. Er sprach deshalb telefonisch mit dem Händler, und dieser kam in der Folgewoche nach New York, um sich den Stein anzusehen. Der erste Verkäufer erklärte dem Kunden den Diamanten sehr fachmännisch und detailliert. Er sprach über die Herkunft, den Schliff und die Qualität des Diamanten. Der Interessent hörte sich alles geduldig an, meinte, er sei zwar sehr beeindruckt, aber er wolle es sich noch einmal überlegen.

Auf dem Weg aus dem Geschäft fragte ihn der Inhaber, der den Vorgang beobachtet hatte, ob er ihm den Stein noch einmal zeigen dürfe. Der Kunde willigte ein. Der Inhaber sprach zu ihm nicht über die Eigenschaften und die Qualität des Diamanten, sondern drückte überschwenglich seine Begeisterung über diesen Stein aus. Er sprach nicht über den Schliff, die Färbung und die Herkunft, sondern über das herrliche Funkeln und das angenehme Gefühl, einen solchen Diamanten in der Hand zu halten. Schließlich entschloss sich der Interessent zum Kauf des Steines.

Nachdem das Geschäft abgewickelt war, fragte er den Inhaber, wie es wohl käme, dass er sich jetzt zu diesem Kauf entschlossen habe, und weshalb der Verkäufer ihn trotz sehr fachmännischer Erklärung nicht dazu bewegen konnte. Der Geschäftsinhaber erwiderte, dass der Verkäufer mehr über Diamanten wisse als er selbst. Er würde ihm aber das doppelte Gehalt zahlen, wenn dieser eine Eigenschaft hätte, die er selbst besitzt. „Ich liebe Diamanten“, meinte der Inhaber. Und diese Liebe und Begeisterung für das Produkt überträgt sich auf den Kunden und bewirkt letztlich den Kauf.

> Kunden sind unbeeindruckt von dem, was Sie über Ihr Produkt wissen, bis sie wissen, wie beeindruckt Sie selbst davon sind.

2. Beziehen Sie sich auf Gemeinsamkeiten aus der Vergangenheit

Wenn Sie bereits früher gute Beziehungen zu dem Kunden hatten, so erinnern Sie ihn ab und zu in lockerem Gespräch an diese Zeit. Weisen Sie darauf hin, wie Sie in Servicefällen beeindruckende Leistungen erbracht haben, wie Sie gemeinsam eine halbe Nacht im Büro des Kunden gesessen haben, um eine optimale Lösung für ihn zu finden, und wie Sie sich bei einem Fußballspiel trafen. Das gleiche Prinzip dieser psychologischen Bindung bemühen Industrieunternehmen, wenn sie auf das gute alte „Made in Germany" hinweisen, wenn die CDU vor Wahlkämpfen wieder an das Image des Wirtschaftswundersymbols Ludwig Erhard erinnert oder wenn eine bekannte Waschmittelfirma seit Jahrzehnten den Slogan „Persil bleibt Persil" propagiert.

3. Muten Sie den Kunden nicht mehr zu, als diese bereit sind zu akzeptieren

Wir tendieren dazu, Dinge zu tun, weil wir sie immer schon so getan haben. Viele Wähler haben die politischen Ansichten ihrer Eltern übernommen und wählen die gleiche Partei. Sie lesen oft die gleichen Bücher immer wieder oder schauen sich zum wiederholten Mal einen lieb gewordenen Film im Fernsehen an. Es ist leichter, mit den Ansichten Ihrer Kunden mitzugehen, als zu widersprechen. Wenn Sie den Kunden von Ihrem neuen Produkt überzeugen wollen, dann präsentieren Sie lieber „eine Verbesserung des Produktionsablaufs und eine Durchsatzsteigerung um 15 Prozent" als eine „komplette Neuorganisation". Vermutlich ist dies auch ein Grund, weshalb die Bewegung des Reengineering, die von einer radikalen Neuorganisation ausgeht, so schwer in die Köpfe der Unternehmensführer eingeht. Auch Unternehmensberater und Werbeagenturen machen oft den Fehler, bei ihren Präsentationen den Kunden durch Radikalkonzepte zu verschrecken, was in den meisten Fällen Abwehrgefühle auslöst.

4. Bieten Sie dem Kunden Alternativen an

Kunden wollen selbst Entscheidungen treffen. Bieten Sie deshalb Alternativen an, zwischen denen sie wählen können. Informieren Sie die Kunden in sachlicher Form von den nach Ihrer Meinung mit jeder Option verbundenen Vor- und Nachteilen. Damit bereiten Sie Entscheidungshilfen für den Kunden vor.

5. Nutzen Sie zufriedene Referenzkunden

Ihre eigene Darstellung oder auch ein Referenzschreiben ist bei weitem nicht so effektiv wie das direkte Wort aus dem Mund eines zufriedenen Kunden. Er gehört bereits zu den Überzeugten und erfüllt in hohem Maße das Sicherheitsbedürfnis der Kunden. Versuchen Sie, zufriedene Kunden zu Verkaufsgesprächen, Vorführungen oder Vorträgen hinzuzuziehen, und lassen Sie sie über die Effektivität Ihrer Lösung berichten.

6. Spielen Sie die Wirkung Ihres Fachwissens aus

Wir stellen normalerweise die Empfehlung unseres Arztes, unseres Steuerberaters oder unseres Heizungsinstallateurs nicht in Frage, wenn sie uns auf die Ursachen unserer Probleme hinweisen und Abhilfemöglichkeiten empfehlen. Sie besitzen auf Grund ihrer Spezialisierung die Reputation von Experten, und wir würden uns wahrscheinlich blamieren, wenn wir ihren Rat anzweifelten. Wenn Sie sich in Ihrem speziellen Feld als Vertriebsingenieur durch Erfahrung und persönliche Weiterbildung den Ruf eines Experten erwerben, so wird man Ihnen eher vertrauen, als wenn Sie nur von dem Wissen leben, das in Ihren Prospekten und offiziellen Firmenunterlagen enthalten ist.

7. Sprechen Sie aktuelle Probleme Ihrer Kunden an

Die beste Zeit, Dachziegel zu verkaufen, ist nach einem Tornado. Die beste Zeit, eine Organisationsänderung in Ihrem Unternehmen zu empfehlen, ist nach einer Häufung von Reklamationen Ihrer Kunden. Suchen Sie in Ihrem Umfeld nach Anlässen, die Ihre Kunden besonders empfänglich für Ihre Präsentation machen. Firmen verkaufen Software zur Qualitätssicherung, wenn sich viele Firmen nach ISO 9 000 zertifizieren lassen wollen. Sie informieren Kunden über ihren Service zur umweltgerechten Entsorgung, wenn neue gesetzliche Auflagen anstehen, und bieten Trainingsseminare zum Kosten-Controlling in Krankenhäusern an, wenn das Gesetz zur Kostendämpfung im Gesundheitswesen eine Kostenstellenrechnung im Krankenhaus verlangt.

8. Wahren Sie bei Präsentationen einen professionellen Auftritt

Sehr oft suggerieren Ihnen Ihre Kunden durch einen lockeren Umgangston auch eine informelle Präsentation. Wahren Sie trotzdem eine angemessene Form. Der Nachteil für Sie wäre anderenfalls, dass Sie sich von Ihren Wettbewerbern nicht positiv unterscheiden. Bieten Sie in jedem Fall etwas Besonderes, und nutzen Sie Visualisierungsmöglichkeiten wie Flipcharts, Overhead-Projektor oder den an Laptop oder PC angeschlossenen Beamer. Machen Sie das Ganze offiziell. Sie strahlen dadurch Autorität und Professionalität aus. Ihre Vorschläge werden ernster genommen und gewinnen an Überzeugungskraft.

9. Präsentieren Sie Ihre Vorschläge lieber mehreren kleinen Gruppen als einem großen Auditorium

Jede Gruppe hat eine eigene Persönlichkeit. Sie können leichter auf die Wünsche und Bedürfnisse der Gruppe eingehen und die einzelnen Temperamente der Mitglieder berücksichtigen, wenn es sich um eine kleinere Gruppe handelt. Bei einer großen Gruppe wissen Sie weniger über die unterschiedlichen Interessen der Zuhörer, und Sie erhalten weniger Feedback. Bei mehreren kleinen Gruppen oder gar Einzelpersonen benötigen Sie zwar mehr Zeit für die Gespräche, aber die Wahrscheinlichkeit, Ihre Ziele zu erreichen, wird dadurch größer.

10. Bilden Sie bei einer Parade den Schluss

Wenn Sie einer von mehreren Anbietern sind und jeder eine Chance hat, sein Produkt oder seinen Vorschlag zu präsentieren, dann bitten Sie darum, der Letzte sein zu dürfen. Wenn die anderen bereits ihre Vorschläge, Daten und Fakten vorgetragen haben, werden sich die Kunden am besten an die letzte Präsentation erinnern. Das Gleiche gilt auch für die Erprobung von Geräten. Wenn der Kunde bereits mehrere Produkte erprobt hat, wird er bei Zufriedenheit eine starke Tendenz haben, die letzte Lösung zu bevorzugen.

11. Präsentieren Sie erst die schlechte und dann die gute Nachricht

Sie gewinnen die Sympathie der Zuhörer, wenn Sie erst die schlechte Nachricht präsentieren. Die Kunden werden zunächst enttäuscht sein. Danach präsentieren Sie die gute Nachricht, das heißt den Vorteil Ihrer Lösung, und die Zuhörer werden die Dinge dann wieder erfolgversprechender sehen. Wenn Sie am Ende Ihrer Präsentation angelangt sind, werden sie den Eindruck haben, dass die schlechte Nachricht gar nicht so negativ war. So zeigen Sie eine Tendenz vom Negativen zum Positiven und nicht in umgekehrter Richtung.

12. Entscheiden Sie, ob Sie alles oder weniger präsentieren wollen

Wenn Sie Zuhörer vor sich haben, die von vornherein negativ gegenüber Ihrem Angebot eingestellt sind, dann empfiehlt es sich, alle Aspekte zu berücksichtigen, das heißt alle Optionen und alle positiven und nachteiligen Punkte. Möglicherweise haben Sie dann gegenüber den Präsentationen des Wettbewerbs den Vorteil, dass Sie durch Ihre Offenheit, Vollständigkeit und Objektivität an Glaubwürdigkeit gewinnen. Sollten die Zuhörer eher positiv oder neutral sein, empfiehlt es sich, nur die für die Kunden wichtigen Fakten vorzutragen und dann die Frage zu stellen, ob die Informationen für eine Entscheidung ausreichend sind oder ob Sie noch weitere Details und Alternativen vortragen sollen. Sie vermeiden dadurch, dass Sie sowohl Ihre als auch die Zeit der Zuhörer unnötig strapazieren. Ein Zuviel an Information kann auch eine negative Wirkung haben.

13. Trennen Sie Fakten und Meinungen

Vermischen Sie niemals Fakten mit Ihren persönlichen Ansichten. Wir werden täglich mit so vielen Informationen bombardiert, dass es manchmal schwierig ist, die tatsächlichen Fakten und unsere Interpretationen auseinander zu halten. Wenn die Kunden den Eindruck bekommen, dass die Fakten durch Ihre Interpretationen gefärbt sind, verlieren Sie an Glaubwürdigkeit. Vermeiden Sie solche Eindrücke, indem Sie stets darauf hinweisen, was gesicherte Fakten und Informationen sind und welche Schlussfolgerungen Sie persönlich daraus ziehen.

14. Stellen Sie keine zu allgemeinen Fragen

Offene Fragen (die nicht mit „ja“ oder „nein“ zu beantworten sind) machen sicher Sinn, um viel Informationen zu erhalten. Gestalten Sie aber Ihre Fragen nicht zu offen, wie zum Beispiel: „Erzählen Sie mir doch bitte etwas über die Organisation Ihrer Produktion und den Stand der Automatisierung.“ Der Kunde wird mit der Antwort zögern, da er nicht weiß, was die Frage bezwecken und wo er anfangen soll. Vieles von der Antwort wird auch für das Verkaufsgespräch nicht relevant sein. Wenn Sie also mit einer Frage starten, dann sollten Sie diese auf einen bestimmten Punkt richten und gleichzeitig darauf hinweisen, weshalb die Antwort für Ihre Empfehlung wichtig ist.

15. Vermeiden Sie Klischees

„Qualität hat eben ihren Preis", „Sie wissen ja selbst, wie die Lohnkosten gestiegen sind", „das Billige ist oft das Teuerste" oder „wer zu spät kommt, den bestraft das Leben". Wenn Sie solche Allgemeinplätze verbreiten, verspielen Sie Ihre wichtigste Überzeugungswaffe: Ihre Glaubwürdigkeit. Die Zuhörer gewinnen den Eindruck, dass Sie die komplexen Probleme, mit denen sie sich beschäftigen, durch Plattheiten verdecken wollen.

16. Sagen Sie nur, was Ihre Zuhörer bereit sind zu glauben

Wenn Sie die Eigenschaften Ihres Produkts oder Ihres Vorschlags zu stark herausstreichen, werden die Zuhörer wachsam. Sie werden auch alle anderen Behauptungen Ihrerseits jetzt kritischer bewerten und fühlen sich herausgefordert, Ihre Argumente in Frage zu stellen. Wenn Sie weniger behaupten, wirken Sie glaubwürdiger und erleben es nicht selten, dass die Zuhörer selbst Ihr Argument anhand von eigenen Erfahrungen unterstützen. Ihre vorsichtige Behauptung, dass die Produktionskosten mit dieser neuen Maschine um 15 Prozent gesenkt werden können, mag einen zufriedenen Kunden zu der Bemerkung veranlassen: „Wir haben sogar über 20 Prozent eingespart." Die Tendenz Ihrer Glaubwürdigkeit zeigt dadurch nach oben.

17. Wiederholen Sie

Wenn es schwierig ist, den Zuhörern Ihren Punkt zu vermitteln, dann wenden Sie das Prinzip Schallplatte mit Sprung an. Wiederholen Sie Ihre Aussage immer und immer wieder. Wenn man etwas oft genug gehört hat, dann wird es ein Teil der Atmosphäre im Raum. Die Werbung in Zeitungen und Fernsehendungen hat es viele tausendmal bewiesen.

18. Nutzen Sie visuelle Hilfsmittel, aber lassen Sie diese nicht dominieren

Untersuchungen haben gezeigt, dass ein Auditorium mithilfe von visuellen Mitteln mit 43 Prozent höherer Wahrscheinlichkeit zu überzeugen ist als ohne. Nutzen Sie Handouts, Grafiken, Overhead-Folien, Dias oder Videofilme. Beachten Sie aber, dass diese Medien Hilfsmittel bleiben müssen und nicht dominieren dürfen. Wenn Sie alles visualisieren, wird nichts mehr einen besonderen Eindruck machen. Nutzen Sie

Visualisierungsmittel dort, wo Sie einen Punkt besonders unterstreichen möchten.

19. Liefern Sie Gedächtnishilfen

Der durchschnittliche Zuhörer hat bereits zehn Minuten nach einer Präsentation 50 Prozent des Gehörten wieder vergessen. Nach zwei Tagen kann er sich nur noch an 25 Prozent des Gesagten erinnern. Nach einer Woche ist der verbliebene Anteil auf zehn Prozent gesunken. Die Teilnehmer brauchen deshalb Hilfsmittel, um den Erinnerungsfaktor zu erhöhen. Dazu bieten sich Metaphern an, beispielsweise eine Kette als Sinnbild dafür, dass die Kommunikation in einem Unternehmen immer nur so gut ist wie ihr schwächstes Glied, oder die vier Ps für das Marketing eines Produkts: Produkt, Placement, Promotion und Preis. Seien Sie kreativ, und lassen Sie sich etwas einfallen, was die Kunden garantiert nicht vergessen werden.

20. Lesen Sie nicht ab

Wenn Sie einen Vortrag mithilfe von Folien und anderen Unterlagen halten, lesen Sie nicht vom Pult ab, und sprechen Sie nicht mit dem Gesicht zur Wand, sondern zu den Teilnehmern. Die Zuhörer erwarten, dass Sie Ihre Aussagen kennen, und sind irritiert, wenn Sie mit Ihnen keinen Augenkontakt aufnehmen können. Dies hinterlässt den Eindruck, als beherrschen Sie die Materie selbst nicht oder zweifeln an Ihren eigenen Aussagen.

21. Nutzen Sie sowohl gerundete als auch exakte Zahlen

Exakte Zahlen sind glaubwürdiger als gerundete. Es klingt zum Beispiel besser, wenn Sie sagen: „Unsere durchschnittliche Service-Responsezeit liegt bei vier Stunden und 32 Minuten“ oder: „Dieses Analysengerät benötigt ein Probevolumen von 33 Mikroliter pro Bestimmung.“ Solche exakten Zahlen vermitteln den Eindruck von Glaubwürdigkeit. Gerundete Zahlen sollten Sie dagegen immer dann verwenden, wenn Sie Trends oder Zusammenhänge verdeutlichen wollen, die den Zuhörern im Gedächtnis haften bleiben, zum Beispiel: „Die Drehzahl dieser Spindel ist doppelt so hoch wie die des Vorgängermodells.“ Stellen Sie immer die exakten Zahlen zuerst und danach die gerundeten zur Verdeutlichung der Größenordnungen dar.

22. Lassen Sie niemals Fakten für sich allein sprechen

Einzelne Fakten oder Statistiken müssen interpretiert werden. Wie schon Mark Twain sagte: „Es gibt drei Arten der Lüge: kleine Lügen, große Lügen und Statistiken." Wenn Sie Ihre Fakten nicht interpretieren, müssen Sie davon ausgehen, dass die Zuhörer ihre eigenen Schlüsse ziehen, die möglicherweise nicht Ihren Absichten entsprechen.

23. Nutzen Sie die Stärke des geschriebenen Wortes

„Was du schwarz auf weiß besitzt, kannst du getrost nach Hause tragen", sagte bereits Goethe. Aus dem gleichen Grund drucken auch kleine Unternehmen ihre Preise, Liefertermine und sonstigen Konditionen auf offizielle Briefbögen. Wenn Sie Dinge nur verbal von sich geben, geht der Kunde meist davon aus, dass sie verhandelbar sind. Das geschriebene Wort hat die Wirkung des Amtlichen.

24. Unterstützen Sie Zahlen und Statistiken durch Bilder und Erlebnisse

Ein Politiker, der sich im Bundestag darüber ereifert, dass das Budget für die Kultur der Stadt um die Hälfte gekürzt worden ist, wird möglicherweise bei seinen Zuhörern Verständnis ernten. Es ist jedoch fraglich, ob sie sich an seine Rede lange erinnern werden. Wenn er diese Kürzung des Budgets jedoch demonstrativ dadurch unterstreicht, dass er vor den Augen der Zuhörer einen Zehnmarkschein in zwei Teile reißt, wird diese Dramatisierung des Gesagten kaum wieder vergessen werden.

Zur Unterstützung Ihrer Zahlen sollten Sie Kreis- und Säulendiagramme verwenden. Veranschaulichen Sie Ihre Darstellungen durch bildliche Vergleiche, wie es beispielsweise die SPD-Bundestagsabgeordnete Ingrid Matthäus-Maier im Zusammenhang mit der Überschuldung des Regierungshaushaltes einmal tat: „Eine Milliarde ist so viel, wie wenn Sie 18 Jahre lang jede Woche eine Million im Lotto gewinnen."

25. Drücken Sie sich klar und eindeutig aus

Vermeiden Sie Redewendungen wie: „Ich neige zu der Annahme" oder „ich würde meinen". Solche Formulierungen drücken Unsicherheit und mangelndes Vertrauen in die eigene Aussage aus. Nutzen Sie dagegen solche Formulierungen wie: „Ich bin der Meinung" oder „ich schlage vor". Martin Luther gab Rednern bereits die folgende Empfehlung: „Mach's Maul auf, steh' fest drauf, hör' bald auf."

26. Verwenden Sie positive Worte

Worte wie „neu", „verbessert", „modern", „im Trend", „kosteneffektiv", „risikolos", „praxisgerecht", „leicht bedienbar", „erfolgreich", „Verbesserung" oder „Weiterentwicklung" sind geeignet, die Aufmerksamkeit der Zuhörer zu erhalten.

27. Setzen Sie Humor ein

Eine nette Begebenheit, ein kleiner Scherz oder auch ein Witz über sich selbst heitert die Zuhörer auf und sorgt für eine entspannte Atmosphäre. Bemühen Sie aber keine Kalauer, und vermeiden Sie sensible Themen. Beachten Sie auch, dass nicht jedes Auditorium für die gleiche Art von Humor empfänglich ist. Einen Vortrag vor Ingenieuren zum Thema Controlling begann ich einmal mit der Einleitung, dass man ein Unternehmung auf drei Arten ruinieren könne: „am schnellsten durch Spielen, am schönsten durch Frauen und am gründlichsten durch Controlling". Bei den ausnahmslos männlichen Zuhörern löste diese Gegenüberstellung einen Lacherfolg aus. Die gleiche Einleitung zum gleichen Thema vier Wochen später bei einer Gruppe von Pharma-Referentinnen brachte mir Proteste ein.

28. Unterstreichen Sie Ihre Botschaft durch Beispiele und Erzählungen

Sie können dem Kunden erzählen, dass Ihr Produkt eine im Durchschnitt um 70 Prozent gesteigerte Produktivität ermöglicht. Sie können aber auch über die Erfahrungen des Kunden Dr. Schmidt der Maschinenfabrik Schmidt & Co. berichten, der bereits eine Woche nach Installation der Maschine statt wie bisher 70 Teile pro Stunde jetzt 120 Teile fertigt. Die zweite Art ist glaubwürdiger und eindrucksvoller.

29. Nutzen Sie Triaden in Ihren Formulierungen

„Er kam, sah und siegte", „mit Schirm, Charme und Melone", „Götter, Gräber und Gelehrte" sind bekannte Wortkombinationen, die wir nicht so leicht vergessen. Solche Dreiergruppen von Worten werden von den Zuhörern leicht aufgenommen. Wenn Sie eines von den Worten in den einzelnen Gruppen entfernen, wird der Eindruck der Geschlossenheit verloren gehen. Versuchen Sie deshalb, in Ihren Präsentationen ebenfalls solche Dreiergruppen zu bilden, wie zum Beispiel: Das Produkt ist leicht, stabil und preiswert.

30. Verkaufen Sie komplette Lösungen

Verkaufen Sie Ideen statt Produkte, und schnüren Sie diese als Paket. Verkaufen Sie nicht die Maschine, den Einweisungskurs, die Ersatzteile und die Wartung als separate Einheiten, sondern bieten Sie die komplette Lösung zur Erhöhung der Produktivität einer Fertigungsstraße an. Die meisten Menschen sind etwas denkfaul und ziehen solche Fix-und-fertig-Angebote dem mühsamen Kombinieren verschiedener Bestandteile zur Lösung ihrer Probleme vor. Politiker haben dies schon längst erkannt. Die Regierung spricht lieber von einem Kostendämpfungsgesetz im Gesundheitswesen als über eine Reihe von Einzelmaßnahmen zur Reduzierung der Kosten.

Zusammenfassung

- Der Kunde interessiert sich nicht für das Produkt an sich, sondern für den Nutzen, den er davon hat. Er kauft mit jedem Produkt die Möglichkeit einer Problemlösung.
- Verlieren Sie nicht die Gesprächsführung, und zielen Sie immer auf Ihre spezifischen Wettbewerbsvorteile. Nur so können Sie einen Preiskampf vermeiden.
- Reden Sie in der Sprache des Kunden und nicht in Ihrer eigenen. Ihre Sprache ist die der technischen Merkmale und der Vorteile. Der Kunde denkt in den Kategorien des Nutzens, den er davon hat. Sie haben im vorhergehenden Schritt seine Bedürfnisse erkundet. Helfen Sie ihm jetzt, mit den Vorteilen Ihres Produkts oder Ihrer Dienstleistung eine geeignete Lösung zu finden, um diese Bedürfnisse zu erfüllen.
- Sprechen Sie mit dem Kunden über die Merkmale, die Vorteile und den Nutzen des Produkts:
  - Merkmal: was es ist
  - Vorteil: was es kann
  - Nutzen: was es nützt
- Fragen Sie den Kunden nach dem Nutzen für ihn, nachdem Sie ihm ein Merkmal und die Vorteile Ihres Produkts erklärt haben (Feedback-Fragen). Der Nutzen wiegt für ihn schwerer, wenn er ihn selbst erkennt.
- Verkaufen Sie vollständige Produkte. Dazu gehören neben dem Kernprodukt, zum Beispiel der Hardware, auch alle Service- und Softwareleistungen Ihres Unternehmens, soweit sie den Gebrauch des Produkts unterstützen.
- Wenn Sie vor mehreren Personen sprechen, gestalten Sie Ihre Präsentation interessant, überzeugend und zielbewusst. Überlegen Sie sich vorher, was Ihr Publikum erwartet, welche Sprache es gewöhnt ist und was Sie erreichen wollen.
- Beweisen und erläutern Sie Ihre Ausführungen durch Demonstrationen, harte Daten, Erprobungsberichte und Referenzangaben. Bleiben Sie immer glaubwürdig, bluffen Sie nie!

- Machen Sie bei Demonstrationen nach jeder Erläuterung eines Merkmals und der Vorteile eine Pause. Stellen Sie Feedback-Fragen, um zu prüfen, ob die Kunden es verstanden haben und akzeptieren. Gehen Sie erst dann zum nächsten Punkt über.
- Erstellen Sie für Produktdemonstrationen ein Drehbuch, bestehend aus den drei „A“: Aussagen, Ablauf und Abschluss.
- Bereiten Sie überzeugende Präsentationen vor. Informieren Sie sich über die Erwartung der Teilnehmer, und setzen Sie sich Ziele. Präsentieren Sie informativ, glaubwürdig und interessant.

Schritt 5

Verhandeln Sie Seite an Seite mit dem Kunden

„Ich hatte einen hervorragenden Tag", berichtet der Verkäufer am Abend seinem Kollegen, „habe mit mehreren Interessenten aufschlussreiche Gespräche geführt!" „Bei mir war es ähnlich", erwidert verständnisvoll sein Kollege, „auch ich habe nichts verkauft."

Auch wenn Sie noch so positive Gespräche mit dem Kunden geführt haben, es führt zu nichts, wenn Sie ohne eine Vereinbarung zurückkommen. Im günstigsten Fall ist die Vereinbarung ein profitabler Auftrag. Er ist das Ziel des Verkaufens, nicht zu verwechseln mit dem Zweck. Der Zweck ist die Gewinnung und langfristige Bindung des Kunden.

Nehmen wir einmal an, Sie haben mit dem Kunden über seine Bedürfnisse gesprochen, die Vorteile Ihres Produkts erläutert und ihm Alternativen zur Entscheidung angeboten. Der Kunde ist überzeugt, dass Ihre Lösung B das ideale Angebot für ihn als Leiter eines Fertigungsbereichs ist. Sie haben bereits vor Freude einen inneren Purzelbaum gemacht und sehen sich schon, wie Sie stolz das Büro Ihres Verkaufsleiters mit dem Auftrag in der Hand betreten. Aber dann sagt der Kunde plötzlich: „Wir müssen noch mit dem Einkaufsleiter sprechen." Und nun sitzen Sie dem Leiter der Abteilung Einkauf gegenüber und müssen sich Argumente anhören wie: „Ihr Produkt ist viel zu teuer", „Vom Wettbewerb können wir das viel preiswerter bekommen", „Dieser Betrag ist überhaupt nicht drin." Nach Ihrem ersten Preiszugeständnis wird der Einkaufsleiter nur noch rabiater: „Was, mit diesen paar Mark Nachlass wollen Sie uns abspeisen?" Sie fühlen sich nun massiv unter Druck. Alle Vorfreude auf den Auftrag ist vergessen. Sie sind froh, wenn Sie hier heil wieder rauskommen. Der Einkaufsleiter ist deshalb kein böser

Mensch. Er macht nur seinen Job, der vor allem darin besteht, die Preise der Anbieter zu drücken. Denn jede Mark, die er dadurch spart, ist barer Gewinn für seine Firma. „Der Einkäufer sitzt am Tresor des Unternehmens“, heißt es nicht umsonst.

Die meisten Verkäufer haben schon irgendein Verkaufsseminar mitgemacht. Wie sie sich einem routinierten Verhandlungsprofi gegenüber verhalten, haben sie jedoch oft nicht gelernt. Preise und Konditionen zu verhandeln ist aber in der heutigen Zeit ein wesentlicher Teil ihrer Aufgaben. In diesem Buch wird dem Thema „Verhandeln“ ein angemessener Platz eingeräumt. Sie erfahren in diesem Kapitel unter anderem:

- wie Sie zum Kaufabschluss kommen,
- wie Sie mit Einwänden umgehen,
- wie Sie Preise und Konditionen verhandeln und
- wie Sie Verhandlungstaktiken der Profis erfolgreich anwenden oder sich davor schützen.

Der Weg zum Kaufabschluss

In traditionellen Verkaufsseminaren werden oft die Abschlussfragen nach dem Auftrag in den Mittelpunkt gestellt. Umfangreiche Untersuchungen von N. Rackham[5] und T. Alessandra[6] haben ergeben, dass die wiederholt und zum falschen Zeitpunkt gestellte Frage nach dem Auftrag bei den Kunden Widerstände auslöst. Der Kunde spürt, dass der Verkäufer mehr an seinem Auftrag als an der Lösung seines Problems interessiert ist. Er wird zurückweichen und eine Entscheidung unter Druck ablehnen. Gleichzeitig wird die Kundenbeziehung gefährdet.

Wenn Sie die bisher behandelten Schritte richtig durchgeführt haben, wird der Kunde in den meisten Fällen selbst den Kauf abschließen. Sie haben nämlich in diesem Fall bereits viele kleine „Abschlussschritte“ durchgeführt. Da Sie dies unter ständiger Mitarbeit des Kunden getan haben, ist der letzte, große Abschluss eigentlich nur noch eine logische Folge für den Kunden.

Eine Studie der amerikanischen Forum Corporation hat ergeben, dass wirkliche Topverkäufer wenig Abschlussfragen stellen, weil sie bereits während des gesamten Verkaufsvorgangs Bestätigungen des Kunden für jeden Schritt einholen, bevor sie zum nächsten übergehen. Wenn kundenorientierte Verkäufer nach dem Kaufabschluss fragen, sind sie sich ihrer Sache schon ziemlich sicher. Sie sind den ganzen Weg bis hierher gemeinsam mit dem Kunden gegangen, und die Auftragsbestätigung ist nur noch eine Formalität. Das heißt nicht, dass die Aufträge fast von selbst kommen. Verkaufen ist harte Arbeit. Diese harte Arbeit haben Sie aber bereits in den vorhergehenden Schritten des Verkaufsprozesses geleistet.

Bevor Sie die abschließende Vereinbarung mit dem Kunden treffen, sollten Sie sicherstellen, dass er Kunde keine Bedenken mehr hat, dass er über alle Informationen verfügt, und dass er genau über die Vorteile, die ihm das Produkt bringt, Bescheid weiß. Fassen Sie zum Schluss nochmals alle für ihn wichtigen Punkte zusammen, und lassen Sie sich bestätigen, dass das Angebot seinen Bedürfnissen entspricht und er die Priorität hoch genug einschätzt. Der Abschluss wird dann leicht sein. Stellen Sie einfach eine offene Frage, zum Beispiel: *„Wie wollen wir nun verbleiben?“* oder *„Was sollten wir als nächsten Schritt vereinbaren?“* Der Kunde wird es schätzen, dass er derjenige ist, der über das weitere Vorgehen entscheidet, und nicht durch einen „Drücker“ unter Zwang gesetzt wird.

> Erfahrene Einkäufer werden sogar mit noch größerer Wahrscheinlichkeit indirekte Abschlusstechniken erkennen, sie als manipulativ betrachten und deshalb negativ reagieren.
> *Hawes, Strong u. a.[7] (Aus einer Studie zum Thema Abschlusstechniken bei 238 industriellen Verkaufsgesprächen.)*

Achten Sie auf Abschluss-Signale

Wenn der Kunde nicht von sich aus eine Vereinbarung vorschlägt, sollten Sie einen Vorschlag machen. Dazu müssen Sie auf Abschluss-Signale achten. Sie können mit einiger Beobachtungsgabe wie bei einer Ampel drei Arten von Signalen unterscheiden:

Rot

Der Kunde verhält sich reserviert oder gar ablehnend. Stirnrunzeln, zusammengepresste Lippen, verschränkte Arme, Beschäftigung mit anderen Dingen oder andere Zeichen des Widerstandes drücken aus, dass er nicht bereit ist, über einen Auftrag zu reden.

In diesem Fall dürfen Sie nicht nach dem Auftrag fragen! Erst müssen Sie ein ausdrückliches Bedürfnis für Ihr Produkt schaffen. Wenden Sie die OPAL-Fragetechnik an, und vergrößern Sie die Bedürfnislücke. Erläutern Sie Ihm dann die Vorteile des Produkts, und fragen Sie jeweils nach dem Nutzen für ihn.

Gelb

Der Kunde ist zwar interessiert, signalisiert aber noch Unsicherheit und Unschlüssigkeit. Nervöses Zupfen am Ohr oder an der Nase, häufiges Wechseln des Standbeins sowie eine Reihe von Fragen lassen darauf schließen, dass er noch mehr Informationen und Bestätigung braucht.

Auch hier dürfen Sie noch nicht nach dem Auftrag fragen. Gehen Sie nochmals alle Punkte mit ihm durch, und stellen Sie Fragen, um Bedenken und Unklarheiten zu erfahren. Stellen Sie offene Fragen, zum Beispiel: „Ich habe den Eindruck, dass Sie noch nicht völlig überzeugt sind. Darf ich fragen, welche Bedenken Sie noch haben?“

Grün

Der Kunde ist überzeugt. Strahlende Augen, häufiges Berühren des Produkts, Nicken, vorgebeugte Körperhaltung und eigene, positive Kommentare sind Zeichen dafür, dass er zu einer Entscheidung bereit ist.

Fragen Sie ihn jetzt, wie Sie verbleiben wollen oder ob Sie eine Bestellung ausschreiben dürfen.

Und wenn der Kunde Einwände hat?

Einwände reichen von völlig konträren Auffassungen bis zu milden Bedenken. „Keine zehn Pferde brächten mich dazu, diesen Vertrag zu unterzeichnen“, ist ein sehr starker Einwand. Sie müssten wahrscheinlich erhebliche Mühe aufwenden, um den Kunden von seiner Meinung abzubringen. Andererseits ist eine Äußerung wie: „Ich kann noch nicht erkennen, was mir dieses neue System bringt“, ein eher milder Einwand, den man sicher leichter entkräften kann.

Einwände haben verschiedene Gründe, wie zum Beispiel die folgenden:

- Der Kunde fühlt sich nicht ausreichend informiert. Er möchte mehr über das Produkt wissen, vor allem über dessen Nutzen für ihn. Eine Bemerkung wie: „Ich bin nicht überzeugt, dass diese Maschine mein Kostenproblem löst“, mag in Wirklichkeit heißen: „Sie haben mir nicht richtig erklärt, wie ich durch Einsatz dieser Maschine meine Kosten in der Fertigung senken kann.“
- Viele Einwände sind aus der Angst geboren, eine Fehlentscheidung zu treffen. Vor allem in der Investitionsgüterindustrie geht es bei Kaufentscheidungen oft um viel Geld. Die Anschaffung muss den Erwartungen des Managements und der Mitarbeiter im Unternehmen entsprechen. Fehlentscheidungen bei Investitionen können nicht nur zu Kritik gegen den Entscheider, sondern auch zu personellen Konsequenzen führen.
- Manche Kunden lieben es, den Verkäufer in Verlegenheit zu bringen. Sie versuchen, sich ein Überlegenheitsgefühl zu verschaffen, indem sie einen aggressiven Verhandlungsstil pflegen. Sie hoffen, den anderen in eine gewisse Bedrängnis zu bringen und damit ein für sie günstigeres Ergebnis zu erreichen.

Wie Sie auf Einwände antworten

Einwände sind legitim und müssen stets beantwortet werden. Sie sollten nicht als Ablehnung verstanden werden. Auch wenn manche Einwände den Eindruck vermitteln, dass damit der ganze Auftrag in Frage steht, erweist es sich oft nach näherem Nachfragen, dass dem nicht so ist. Wenn der Kunde zum Beispiel meint, dass die nächste Servicestation zu weit entfernt sei, kann man möglicherweise einen Techniker des Kunden für bestimmte Servicefälle ausbilden und eine bestimmte Zahl von Ersatzteilen auf eigene Kosten beim Kunden lagern. Manche Einwände können jedoch den Auftrag sofort stoppen. Wenn der Kunde auf eine Lieferfrist von 90 Tagen besteht, Sie aber nur innerhalb von 180 Tagen liefern können, so gibt es keinen Ausweg aus dieser Situation.

Die meisten Einwände entstehen aus einem Bedürfnis nach mehr Information. Ein kritischer Einwand, wie zum Beispiel: „Die Maschine scheint aber nicht sehr schnell zu sein“, kann bedeuten, dass er von

Ihnen eine Bestätigung sucht, dass sie doch sein Produktionsaufkommen bewältigen kann. Der Einwand: „Ich plane zur Zeit keine Anschaffung", kann heißen: „Ich bin noch nicht dazu gekommen, darüber nachzudenken" oder „Zeigen Sie mir, ob Sie wirklich etwas Neues zu bieten haben." „Unser Geschäftsführer steht einer Anschaffung sehr skeptisch gegenüber", kann bedeuten „Liefern Sie mir Argumente, damit ich ihn überzeugen kann." Bei solchen Einwänden sollten Sie versuchen, ihm durch mehr Information die Entscheidung zu erleichtern oder bei einem Gespräch mit seinem Vorgesetzten dabei zu sein.

Vier Schritte beim Umgang mit Einwänden

Jede Situation und jeder Kunde ist anders; es gibt jedoch bestimmte Regeln, nach denen Sie mit jedem Einwand effektiv umgehen können. Dazu helfen Ihnen die folgenden vier Schritte:

1. *Hören Sie aktiv zu.* Unterbrechen Sie Ihren Kunden niemals. Auch wenn Sie die gleichen Einwände schon zigmal gehört haben, Ihr Kunde hat ein Recht darauf, sie auszusprechen und eine plausible Antwort darauf zu erhalten. Achten Sie auf die Körpersprache, die stimmliche Betonung und andere Kauf- oder Abwehrsignale. Bleiben Sie cool, und reagieren Sie niemals emotional. Denken Sie stets daran, dass der Einwand nicht gegen Sie als Person gerichtet ist, denn sonst hätte der Kunde das Verkaufsgespräch wahrscheinlich schon vorher abgebrochen.

2. *Prüfen Sie durch Feedback, ob Sie den Einwand richtig verstanden haben.* Feedback können Sie durch Fragen oder durch eine Formulierung des Einwands mit Ihren eigenen Worten erhalten. Feedback-Fragen sind zum Beispiel: *„Wieso meinen Sie, dass die Antriebsleistung nicht ausreicht?"* oder *„Welchen Durchsatz hatten Sie sich denn vorgestellt?"* Sie können auch zusätzliches Feedback durch Echofragen erhalten. Wenn der Kunde meint, die Software sei nicht ausreichend, so können Sie erwidern: *„Nicht ausreichend?"* und die weiteren Erläuterungen des Kunden abwarten.

   Streiten Sie niemals mit einem Kunden, und widersprechen Sie nicht direkt. Versuchen Sie nicht, um Ihrer unbestechlichen Logik willen eine Auseinandersetzung zu gewinnen. Formulieren Sie Ihre Fragen und Argumente stets so, dass der Kunde nicht sein Gesicht verliert.

3. *Beantworten Sie den Einwand überzeugend.* Antworten Sie logisch, sachlich und vor allem wahrheitsgemäß. Reden Sie nicht um den heißen Brei herum, und geben Sie direkte Antworten. Geben Sie zu, wenn Ihr Produkt bestimmte Voraussetzungen nicht erfüllt. Nennen Sie ausgleichende Vorteile, oder relativieren Sie den Einwand, indem Sie ihn zum Gesamtvorteil ins Verhältnis setzen.

4. *Lassen Sie sich die Akzeptanz vom Kunden bestätigen.* Wenn Sie den Einwand richtig beantwortet haben, so sollte er dem weiteren Gespräch nicht mehr im Wege stehen. Wie wissen Sie aber, ob die Bedenken des Kunden tatsächlich nicht mehr vorhanden sind? Fragen Sie ihn einfach, zum Beispiel: *„Sind damit Ihre Bedenken ausgeräumt?"* oder *„Ist diese Antwort für Sie zufrieden stellend?"* Achten Sie auf das Verhalten des Kunden, wenn Sie diese Fragen stellen. Wenn Sie den Eindruck haben, dass der Kunde nicht überzeugt ist, auch wenn er dies nicht sagt, dann fragen Sie nach, zum Beispiel: *„Ich habe den Eindruck, Sie sind nicht ganz überzeugt. Darf ich wissen, welche Informationen Sie noch gern hätten?"* Sprechen Sie dabei in der Ich-Form und über Ihren persönlichen Eindruck. Damit wirkt Ihre Frage weniger unangenehm für den Kunden, als wenn Sie sagen: „Sie sind wohl noch nicht ganz überzeugt."

Wenn Sie alle Bedenken ausgeräumt haben und der Kunde Kaufbereitschaft signalisiert, können Sie nach dem Auftrag fragen oder wenigstens prüfen, welche konkreten Vereinbarungen Sie treffen können.

Sie haben drei Möglichkeiten, wann Sie auf einen Einwand antworten können:

1. *Bevor der Einwand kommt.* Jedes Produkt hat seine Stärken und Schwächen. Wenn Sie eine Schwäche kennen, empfiehlt es sich, die Antwort bereits in Ihre Präsentation einzubauen. Damit vermeiden Sie Bedenken des Kunden bereits bevor sie aufkommen. Sie können die Schwäche gleich in die richtige Perspektive zum Gesamtnutzen des Produkts setzen oder ihre Bedeutung relativieren und damit den Anschein ihrer Ernsthaftigkeit verringern. Außerdem erhöhen Sie damit in den Augen der Kunden Ihre Glaubwürdigkeit, da Sie ohne Not auf Schwächen des Produkts hinweisen.

2. *Sofort, wenn der Einwand kommt.* Kunden reagieren unwillig, wenn ihr Einwand ignoriert wird. Es ist also ratsam, Einwände sofort zu

beantworten, wenn der Kunde sie ausspricht, es sei denn, Sie können einen plausiblen Grund nennen, weshalb Sie den Einwand auf später verschieben möchten. Als professioneller Vertriebsingenieur sollten Sie stets ein Gespür dafür haben, was Ihre Kunden denken und fühlen und darauf angemessen reagieren. Eine sofortige, kompetente Antwort signalisiert Fachkompetenz, Glaubwürdigkeit und gute Kommunikationsfähigkeit.

3. *Später, nach Aufschiebung.* Manche Dinge sollten doch besser aufgeschoben werden, zum Beispiel wenn Sie einen Punkt erst am Ende Ihrer Präsentation ansprechen wollen, und ein Kunde stellt die Frage dazu bereits im ersten Teil Ihrer Ausführungen. Dabei handelt es sich meist um die Frage nach dem Preis. Noch bevor Sie eine Chance hatten, überhaupt die Vorteile Ihres Produkts zu schildern, kommt oft die Frage auf: „Was soll das denn kosten?" Es würde wenig Sinn machen, über Preise zu sprechen, bevor man überhaupt einschätzen kann, was man dafür bekommt. Sie müssen aber auf solche Fragen vorbereitet sein. Reagieren Sie darauf wie folgt:

   „Das ist sicher ein wichtiger Punkt. Wären Sie einverstanden, dass ich auf diese Frage in ein paar Minuten eingehe? Vorher würde ich Ihnen gern die wichtigsten Informationen über das Produkt geben, damit Sie den Preis besser beurteilen können."

   Mit dieser Antwort bestätigen Sie die Bedeutung der Frage und geben eine plausible Begründung für die Verschiebung der Antwort. Auf keinen Fall dürfen Sie Einwände verschieben, um sie dann zu vergessen! Das würde beim Kunden den Argwohn der mangelnden Aufrichtigkeit wecken.

Die sieben Methoden der Einwandbehandlung

Nachdem Sie entsprechend den genannten ersten beiden Schritten der Einwandbehandlung aktiv zugehört und Feedback erhalten haben, kommt die überzeugende Beantwortung des Einwands. Im Folgenden werden Sie die sieben effektivsten Methoden der Einwandbeantwortung kennen lernen. Welche dieser Methoden die jeweils geeignetste ist, hängt von der Art und des Einwands ab. Sie verfügen damit über die notwendigen Werkzeuge der Argumentation und können in Ruhe und Sicherheit auf alle Einwände des Kunden antworten.

1. Meinen, meinten, merkten

Diese Methode trägt der Tatsache Rechnung, dass jeder als Person und in seiner Argumentation bestätigt werden möchte. Darüber hinaus hat natürlich jeder Kunde ein Recht auf eine eigene Meinung, auch wenn sie noch so weit von Ihrer entfernt ist.

Angenommen, der Kunde sagt, die Bedienung des Geräts sei zu schwierig, dann können Sie antworten: „Ich verstehe, was Sie *meinen* ..., ich hatte schon Kunden, die das Gleiche *meinten*, bis sie *merkten*, dass sie bei Nutzung der automatischen Bedienungsführung das Gerät nach kürzester Zeit problemlos steuern können." Bei dieser Methode widersprechen Sie dem Kunden nicht direkt, sondern geben ihm erst einmal Recht und stellen danach Ihre Ansicht dar. Der Kunde fühlt sich mit seiner Meinung nicht isoliert und wird Ihr Verständnis für seine Bedenken schätzen. Der Hinweis, dass auch andere Kunden diese Bedenken hatten, wertet ihn auf.

Von Winston Churchill, der bekanntlich eine große Vorliebe für guten Whisky hatte, erzählt man sich folgende Begebenheit: Als Churchill wieder einmal zu tief ins Glas geschaut hatte, empörte sich die Vorsitzende des Antialkoholikervereins, Lady Astor: „Winston, es ist abscheulich, Sie sind betrunken", worauf Churchill erwiderte: „Jawohl, Sie haben Recht. Aber Sie sind hässlich, und ich werde morgen früh wieder nüchtern sein." Churchill hat nicht direkt widersprochen.

2. Ausgleichende Vorteile nennen

Produkte sind nicht in allen Punkten perfekt. Wenn der Kunde eine Schwäche des Produkts anspricht, so sollten Sie diese ehrlich zugeben. Dadurch erhöhen Sie Ihre Glaubwürdigkeit und vermeiden späteren Ärger, wenn das Produkt nicht hält, was Sie versprochen haben. Wenn das Produkt trotz dieser Schwäche eine gute Anschaffung für den Kunden wäre, dann nennen Sie ausgleichende Vorteile. Wenn der Kunde zum Beispiel sagt, dass der Kopierer zu langsam sei, so können Sie erwidern: „Als Grafiker ist für Sie doch sicher die Qualität der Kopien wichtig. Hohe Geschwindigkeiten gehen aber immer zu Lasten der Qualität. Wir haben mehr Wert auf hohe Qualität als auf Geschwindigkeit gelegt, da dieses Modell vor allem für Grafiker, Konstrukteure und Architekten mit hohen Ansprüchen an die Kopien gedacht ist."

Wenn immer möglich, nutzen Sie Referenzen, Erprobungsberichte, Fallstudien, Demonstrationen und Statistiken zum Beweis Ihrer Argumente.

3. Spezifizieren lassen

Einwände sind manchmal vage und mehrdeutig. Ein Argument wie das folgende kann nur richtig beantwortet werden, wenn Sie erfahren, was der Kunde damit meint. Stellen Sie offene Fragen, um zu hören, was sich hinter dem Einwand verbirgt, wie in folgendem Beispiel:

Kunde: *„Ihr Service entspricht nicht unseren Erwartungen."*

Verkäufer: *„Was meinen Sie damit?"*

Kunde: *„Ihre Reaktionszeit ist zu lang."*

Verkäufer: *„Was für eine Reaktionszeit stellen Sie sich denn vor?"*

Kunde: *„Innerhalb von vier Stunden sollte etwas unternommen werden."*

Verkäufer: *„Wir richten in vier Wochen einen Servicestützpunkt nur 30 Kilometer von hier entfernt ein. Damit können wir im Regelfall diese Reaktionszeit einhalten."*

Kunde: *„Das klingt gut."*

Oft ergeben sich aus Einwänden zusätzliche Verkaufschancen. In unserem Beispiel könnte das wie folgt aussehen:

Verkäufer: *„Um noch sicherer gegen Betriebsstörungen gewappnet zu sein, bieten wir auch einen Vollservicevertrag mit präventiver Wartung an. Die Ausfallsicherheit wird dadurch erhöht."*

Kunde: *„Dann machen Sie mir dafür mal ein Angebot."*

4. Vor- und Nachteile auflisten

Teilen Sie ein Blatt Papier in der vertikalen Richtung in zwei Spalten auf. Listen Sie gemeinsam mit dem Kunden in der linken Spalte alle Gründe auf, die für einen Kauf, und in der rechten, die gegen einen Kauf sprechen. Seien Sie dabei fair gegenüber dem Kunden. Versuchen Sie nicht, nur die Kaufgründe aufzulisten, sondern sagen Sie dem Kunden auch die Gründe, die einem Kauf entgegenstehen. Dadurch erhalten Sie sich Ihre Glaubwürdigkeit.

Da nicht alle Gründe gleich wichtig sind, bitten Sie den Kunden, jeden Grund mit einer Wertung von eins bis sieben zu gewichten. Addieren Sie dann die Punkte jeder Spalte, und teilen Sie jede Summe durch die jeweilige Anzahl der Gründe in der zugehörigen Spalte. Sie erhalten je Spalte einen gewichteten Durchschnitt, wobei wenige, wichtige Gründe stärker gewertet werden als viele weniger bedeutende.

Prüfen Sie die Liste auf so genannte K.-o.-Punkte, die unabhängig von der oben genannten Bewertung unbedingt erfüllt sein müssen.

5. Richtigstellung

Mitunter hat der Kunde einen falschen Eindruck von dem Produkt, oder er hat eine nicht zutreffende Information erhalten. Widersprechen Sie nicht direkt, denn dadurch könnte er sein Gesicht verlieren. Nehmen Sie vielmehr das Missverständnis auf sich, und sagen Sie zum Beispiel: *„Ich habe mich hier sicher falsch ausgedrückt. Die Produktivität erhöht sich sogar noch durch die geringere Rüstzeit."* Sie können natürlich auch andere Worte benutzen. Was immer Sie sagen, es muss logisch und glaubwürdig klingen.

6. Die Bumerang-Methode

Manchmal ist der Grund des Kunden, nicht zu kaufen, genau der Grund, weshalb er kaufen sollte. Dazu folgendes Beispiel:

Kunde: *„Ich kann es mir nicht leisten, jeden Techniker mit einem Handy auszustatten."*

Verkäufer: *„Können Sie es sich denn leisten, den Servicetechnikern kein Handy zu geben? Ist Schnelligkeit im Service nicht ein entscheidender Wettbewerbsvorteil für Sie? Und könnten Sie dadurch nicht auch die Auslastung der Techniker besser steuern?"*

Wie bei einem Bumerang kommt das Argument als Frage zum Kunden zurück.

Verwenden Sie Statistiken, Rechenbeispiele und Referenzen, um Ihre Argumente zu beweisen. Auch hier gilt: Glaubwürdige Argumentation, unterstützt durch Dokumentation, ist die Voraussetzung für die Überzeugung Ihrer Kunden.

7. Äpfel mit Äpfeln vergleichen

Achten Sie auf die Logik der Argumentation des Kunden. Wenn der Kunde zum Beispiel die Preise zweier Maschinen vergleicht, machen Sie Ihn darauf aufmerksam, dass Preisvergleiche nichts über die Gesamtkosten für den Kunden aussagen, wie folgendes Beispiel zeigt:

Kunde: *„Ihr Gerät ist zehn Prozent teurer als das Ihres Wettbewerbers."*

Verkäufer: *„Sie sagten, es komme Ihnen besonders auf niedrige Kosten an. Infolge der niedrigeren Mengen an Verbrauchsmaterialien sparen Sie 16 Prozent im Betrieb ein. Trotz des höheren Gerätepreises sparen Sie also insgesamt Kosten in Höhe von 6 000 Mark im Monat. Wäre das nicht ein interessanter Gesichtspunkt für Sie?"*

Auch hier gilt: Versuchen Sie, bei der Einwandbehandlung die Frageform zu wählen. Sagen Sie nicht „Schnelligkeit ist wichtig für Ihren Service", sondern „Wie wichtig ist Schnelligkeit für Ihren Service?" Kunden lassen sich als Fachleute auf ihrem eigenen Gebiet nicht gern belehren.

Preise und Konditionen verhandeln

Spätestens in der Preisverhandlung bekommen viele Verkäufer kalte Füße. Wie gewinnt man Sicherheit in Verhandlungen, wie schützt man sich vor unfairen Verhandlungstaktiken? Die Fähigkeit der sicheren Preisverhandlung ist heutzutage lebenswichtig. Leider wissen die meisten kaum etwas darüber und machen immer wieder die gleichen Fehler. Der clevere Einkäufer wird für sie zum Angstgegner. Er scheint alle Macht der Welt zu haben und die Konditionen zu diktieren.

Wenn es wirklich so wäre, wieso kann er Ihr Produkt dann nicht umsonst bekommen? Offensichtlich gibt es doch Grenzen und Widerstände, die auch für ihn nicht unüberwindbar sind. Er legt Wert auf Ihr Produkt, denn sonst würde er ja gar nicht mit Ihnen verhandeln. Auch Einkäufer unterliegen Zwängen. Sie sind den Anwenderabteilungen gegenüber verantwortlich, sie müssen technische Spezifikationen einhalten, Anwendungsrisiken minimieren und die Kooperationsbereitschaft und -fähigkeit des Lieferanten für die Zukunft erhalten. Verhandlungen sind strategische und taktische Spiele. Wer die Spielregeln nicht beherrscht und eine gewisse Cleverness vermissen lässt, wird meist auf der Verliererstraße enden.

Die fünf Basisfaktoren des Verhandelns

1. Sie verhandeln jeden Tag

Ob Sie mit dem Kunden über den Preis diskutieren, mit Ihrem Chef über Ihre künftigen Aufgaben sprechen oder im Kreise der Familie darum streiten, welches Fernsehprogramm gewählt werden soll – in all diesen Fällen verhandeln Sie und versuchen, zu einer Einigung zu gelangen.

2. Alles, was Sie erreichen wollen, wird von jemand anderem beeinflusst

Wenn Sie nicht wie Robinson Crusoe auf einer einsamen Insel leben wollen – oder können –, dann hängt alles, was Sie erreichen wollen, von anderen Menschen ab. Ihre Familie, Ihre Firma, Ihre Kunden und Ihre Bekannten und Nachbarn beeinflussen in irgendeiner Weise Ihr Leben. Um Ihre Ziele zu erreichen, kommen Sie nicht umhin, laufend dafür zu verhandeln. Da das ganze Leben von Verhandlungen bestimmt wird, lohnt es sich, die Spielregeln zu lernen.

3. Es gibt voraussehbare Reaktionen, mit denen Sie im Verhandlungsprozess rechnen können

Nehmen Sie einmal an, es wird Ihnen ein Gebrauchtwagen angeboten. Der Verkäufer verlangt dafür einen Kaufpreis von 14 000 Mark. Sie haben inzwischen gelernt, dass man in jedem Falle verhandeln muss und bieten zunächst nur 8 000 Mark dafür. Der Verkäufer überlegt kurz und sagt dann: „Einverstanden."

Was ist Ihre Reaktion darauf? Höchstwahrscheinlich kommen Ihnen zwei Gedanken: Zum einen sind Sie der Überzeugung, dass Sie noch wesentlich größere Zugeständnisse hätten erreichen können, und zum zweiten haben Sie den Verdacht, dass mit dem angebotenen Wagen irgendetwas nicht in Ordnung ist.

Wenn man die grundlegenden psychologischen Reaktionen der Menschen kennt, ist es möglich, ihr Verhalten in Verhandlungen weitgehend vorauszuahnen und das Verhandlungsgespräch geschickt zu steuern.

4. In jeder Verhandlung gibt es drei kritische Faktoren: Macht, Information und Zeit

Den Faktor Macht haben Sie sicher schon auf Behörden kennen gelernt, wenn Sie für irgendetwas einen Antrag gestellt haben und vom Wohlwollen des Beamten abhängig waren. Ebenso ist Information ein kritischer Faktor: Wenn ich die Situation des anderen kenne, fällt es mir leichter, entsprechende Zugeständnisse zu erhalten. Den dritten kritischen Faktor, die Zeit, spielen geschickte Verhandlungspartner häufig aus. Zum Beispiel müssen Sie damit rechnen, dass Sie bei internationalen Verhandlungen zunächst mit allen möglichen Details aufgehalten werden. Erst wenn Ihr Abreisetermin herangerückt ist, wird Ihnen ein Dokument zur Unterschrift vorgelegt. Sie können dann nur noch zwischen einem für Sie nachteiligen oder gar keinem Ergebnis wählen.

5. Die Vorbereitung einer Verhandlung ist so wichtig wie die Verhandlung selbst

Wenn man nicht vorher seine Ziele und Möglichkeiten realistisch einschätzt, wird man zu unkontrollierten Entscheidungen neigen, und Fehler machen, die teuer werden können. Bereiten Sie deshalb Ihre Verhandlung vor, sammeln sie Informationen über die andere Seite, und spielen Sie unterschiedliche Möglichkeiten eines Interessenausgleichs durch.

Verhandeln Sie Win/Win

Die Win/Win-Strategie ist in den meisten Verhandlungen mit Kunden die richtige, das heißt die auf lange Sicht effektivste. Sie strebt einen fairen Ausgleich der Interessenlagen an und schont die Kundenbeziehung. Wie aber soll eine Verhandlung nach der Win/Win-Strategie funktionieren, wenn beide Seiten nur das eine, nämlich einen für sie günstigen Preis, erzielen wollen?

Das Ergebnis einer Win/Win-Strategie kann auch sein, dass Sie während der Verhandlung erkennen, dass Sie zu keinem für beide Seiten befriedigenden Ergebnis kommen können und auf eine Weiterführung verzichten. Dies ist immer noch die bessere Lösung als ein für eine Seite nachteiliges Ergebnis.

Der Mythos des begrenzten Kuchens

Die meisten Verhandlungspartner gehen davon aus, dass es nur um den Preis geht und dass der Gewinn des einen zu Lasten des anderen gehen muss. Der Kuchen, das heißt der Preis, steht im Raum, und jeder versucht, daran zu ziehen, der Einkäufer nach unten und der Vertriebsingenieur nach oben. Es geht nur darum, den maximalen Spielraum des Preises zwischen beiden Verhandlungspartnern zu verteilen oder auch ohne Ergebnis auseinander zu gehen.

Wir können diese Art des Verhandelns an folgendem Beispiel verdeutlichen: Zwei Jungen, Peter und Paul, streiten sich um eine Kokosnuss. Das Fairste, was sie tun können, ist, die Kokosnuss in der Mitte zu teilen. Wir nennen diese Art der Einigung *distributives Verhandeln* (Abbildung 42).

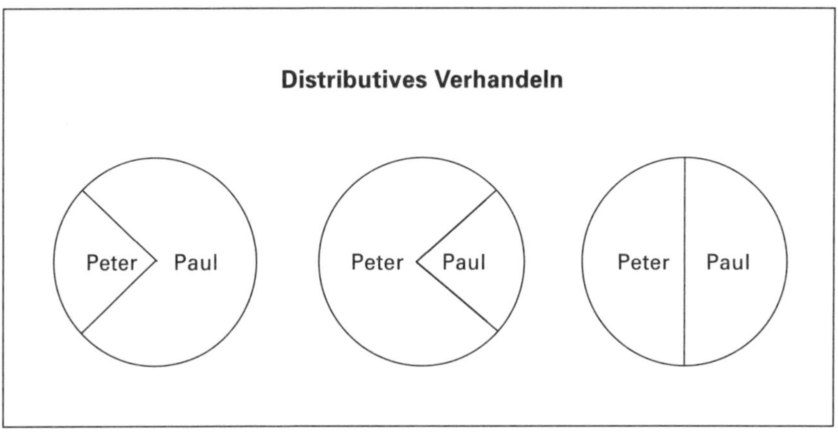

Abbildung 42: Verteilungsmöglichkeiten beim distributiven Verhandeln

Im Wirtschaftsleben ist ein solches distributives Verhandeln, sprich Teilen, schon schwieriger. Keiner wird seine Kalkulationen offenlegen, um dann den Gesamtgewinn gerecht aufteilen zu können. Jeder wird versuchen, so viel wie möglich herauszuholen, wobei die obere Grenze durch die Gefährdung der Kundenbeziehung gesetzt ist. Wenn einer der Partner auf Grund seiner Machtposition, seiner besseren Informationen oder seiner Zähigkeit ein besseres Geschäft macht, das heißt, den größeren Teil der Kokosnuss erhält, so fühlt sich der andere benachteiligt.

Mit welcher Einstellung gehen zwei Partner in eine solche Verhandlung? Das Interesse beider Seiten, so viel Gewinn wie möglich zu machen, bestimmt auch das Verhandlungsziel. Jeder nimmt seine Position ein und versucht, davon so wenig wie möglich abzuweichen.

In den meisten Fällen muss jedoch eine Verhandlung nicht auf einen Positionskampf hinauslaufen, bei dem es gewöhnlich Sieger und Verlierer gibt. Man geht davon aus, dass der Kuchen nicht begrenzt sein muss. Man kann ihn vergrößern, da beide Partner oft unterschiedliche Interessen haben. Wenn die beiden Jungen entdecken, dass Peter gern das Fruchtfleisch essen, Paul aber Vogelnester aus der Schale der Kokosnuss bauen möchte, so haben beide mehr davon und gehen zufrieden auseinander. Diese Art der Einigung mit mehreren Optionen nennen wir *integratives Verhandeln* (Abbildung 43).

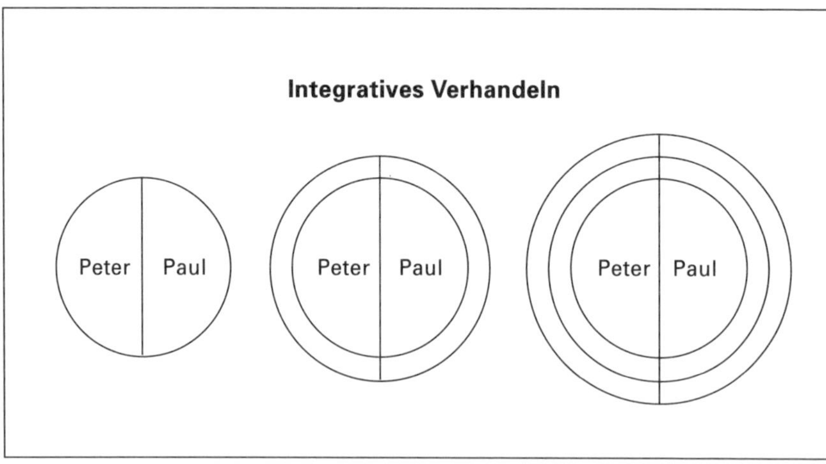

Abbildung 43: Verteilungsmöglichkeiten beim integrativen Verhandeln – der zu verhandelnde Kuchen wird durch Zusatzoptionen größer

Wie kann man aber in der betrieblichen Verhandlungspraxis solche intergrativen Verhandlungen erreichen? Indem Sie nicht nur eine einzige Größe, zum Beispiel den Preis, zum Verhandlungsgegenstand machen. Machen Sie den Kuchen möglichst groß, das heißt, beziehen Sie weitere Dinge, wie verschiedene Serviceverträge, Zahlungsziele, Bedienerschulungen, Verbrauchsmateriallieferungen oder Leihgeräteservice, mit ein. Arbeiten Sie vor jeder Verhandlung so viele Optionen wie möglich aus. Je mehr es sind, desto mehr gewinnen Sie an Verhandlungsmasse und Attraktivität für den Kunden.

Die Chance einer Einigung besteht darin, dass beide Seiten die angebotenen Dinge unterschiedlich bewerten. Die Verbrauchsmaterialien sind für den Kunden eine interessante Aufwertung des Geschäfts. Ihnen hingegen tun sie weniger weh als ein Preisnachlass, wenn Sie dafür nur Herstellungskosten von 50 Prozent des Verkaufspreises bezahlen müssen. Oder bitten Sie den Kunden, im Gegenzug für einen Preisnachlass einen Servicevertrag abzuschließen, der Ihnen Zusatzeinnahmen verschafft. Serviceverträge sind für den Kunden eine wichtige Ausfallversicherung, zu deren Abschluss er sich vielleicht nicht sehr überwinden muss. Ihre Firma hat ohnehin eine Servicemannschaft zu unterhalten, die dadurch gleichmäßiger ausgelastet werden kann, und der Vertrag bringt Ihnen zusätzliche Einnahmen.

Besonders wenn Sie in einer Verhandlung die schwächere Partei sind, wie zum Beispiel gegenüber dem Einkäufer eines Großkunden, ist eine Vorbereitung möglichst vieler Verhandlungsoptionen wichtig. Der Großkunde wird versuchen, seine Ziele durchzusetzen. Sie können dafür im Gegenzug einige für Sie wichtige Zugeständnisse erbitten, die dem Kunden nicht sehr weh tun.

Nehmen wir ein Beispiel aus der Automobilindustrie zur Verdeutlichung des integrativen Verhandelns (Abbildung 44).

Ein Autozulieferunternehmen fertigt Spurstangen und hat seinem Kunden, einem großen Autokonzern, eine Gewichtsverringerung der Spurstangen infolge einer Neuentwicklung in Höhe von 20 Prozent vorgeschlagen. Der Abnehmer ist zwar an einer solchen Gewichtsverringerung interessiert, aber zur Zahlung eines höheren Preises nicht bereit. Er bietet als Ausgleich eine kürzere Zahlungsfrist an. Sie kostet den Autokonzern wenig, ist aber für den kleinen Zulieferbetrieb wichtig. Umgekehrt war die Neuentwicklung der Spurstangen mit einem neuen Werkstoff mit wenig Aufwand verbunden, für den Autohersteller ist sie aber recht interessant.

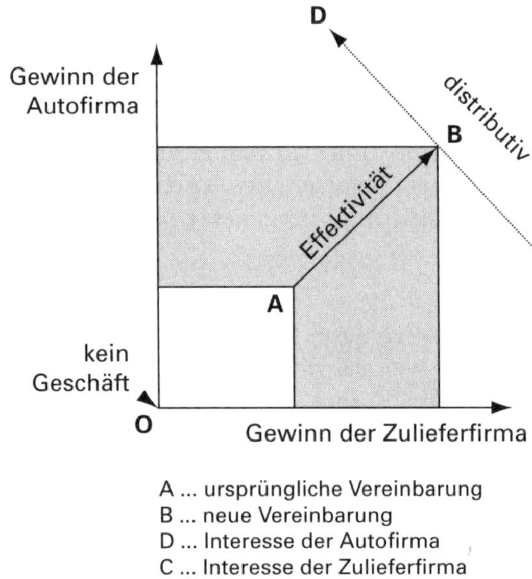

Abbildung 44: Integratives und distributives Verhandeln (nach Dierickx[8])

Wenn jeder aus seiner Sicht einen höheren Nutzen erhält, als er an Aufwand für seine Gegenleistung hat, spricht man von integrativem Verhandeln.

	Autohersteller	**Zulieferunternehmen**
Höhere Qualität	Nutzen hoch	Kosten niedrig
Kürzere Zahlungsfrist	Kosten niedrig	Nutzen hoch

Haben aber wirklich beide den gleichen Wert erhalten, wenn wir den *Wert = Nutzen minus Kosten* definieren? Wenn der eine letztlich davon mehr profitiert als der andere, haben wir auch bei dieser Form des Verhandelns eine distributive Komponente. Der Pfeil von A nach B in der Abbildung zeigt die resultierende Effektivität aus den Gewinnen beider Firmen. Wenn der Gewinn eines der beiden Partner aus der neuen Vereinbarung geringer wäre als der des anderen, würde der Pfeil entweder stärker nach D oder C zeigen. Das heißt, das trotz des integrativen Interessenausgleichs die Größe der jeweiligen Anteile daraus immer noch eine distributive Sache bleibt.

Im Folgenden wollen wir uns mit den reinen Preisverhandlungen, also distributiven Verhandlungen, befassen, bei denen der Gewinn der einen Seite den Verlust der anderen und umgekehrt bedeutet.

Wie Sie Ihre Interessen schützen

Nehmen Sie Ihren Listenpreis ernst

Verkäufer vertreten oft die Meinung, dass der Preis ihres Produkts ohnehin zu hoch sei und dass man lieber gleich einen niedrigeren Preis festlegen solle, um dann in der Verhandlung nicht so hohe Zugeständnisse machen zu müssen. Es wäre jedoch ein Trugschluss anzunehmen, dass dann die von den Kunden erwarteten Preisnachlässe weniger hoch wären. Der Ausgangspreis ist wie ein Anker, der sich in den Köpfen festsetzt und zu dem alle in der Verhandlung genannten Zahlen verglichen werden. Alle Erwartungen für eine Preisreduzierung werden zum Ausgangspreis in Verhältnis gesetzt. Voraussetzung ist, dass er sich in plausiblen Grenzen hält. Das folgende Experiment von Professor Tversky verdeutlicht das.

Professor Tverskys Roulette

Professor Amos Tversky von der amerikanischen Stanford Universität machte mit zwei Gruppen von Studenten folgenden Versuch: Er bat einen Studenten der ersten Gruppe, das Rad eines Roulettes zu drehen. Es zeigte die Nummer 10 an. Danach bat er die Studenten einzuschätzen, ob der Prozentsatz an afrikanischen Nationen in der UNO höher oder niedriger als die vom Roulette angezeigten Zahl sei. Die meisten Studenten schätzten, dass die Zahl höher sei.

In der zweiten Gruppe landete das Rad bei der Zahl 65. Die meisten Studenten waren der Meinung, dass der Prozentsatz niedriger sei.

In der zweiten Hälfte des Experiments wurde jeder Student nach dem angenommenen Prozentsatz gefragt.

Der Durchschnittswert der Schätzungen der ersten Gruppe betrug 24 Prozent. Der Wert der zweiten Gruppe war 45 Prozent.

Die Studenten orientierten sich an der jeweiligen Zahl des Roulettes, obwohl sie wussten, dass diese völlig zufällig war und überhaupt nichts mit den Daten der Vereinten Nationen zu tun hat.

Menschen vergleichen bekannte Zahlen miteinander und klassifizieren sie danach. Davon lebt der Räumungsverkauf in Teppichläden und der Winterschlussverkauf im Warenhaus. Man vergleicht die Preise von vorher und jetzt und freut sich, wenn man ein Schnäppchen gemacht hat.

Der Einkäufer wird immer seinen ausgehandelten Rabatt mit dem Listenpreis vergleichen und sein Verhandlungsziel danach bemessen. Der Listenpreis dient wie in dem Experiment von Professor Tversky als Anker. Wenn Sie ihn zu niedrig ansetzen, wird auch der verhandelte Endpreis entsprechend niedriger sein.

Behandeln Sie den Preis als selbstverständliche Eigenschaft des Produkts

Fragen Sie einen Mercedes-Verkäufer nach dem Preis Ihres Traumwagens, und er wird 86 000 Mark sagen, ohne eine Miene zu verziehen. Oder gehen Sie in ein teures Einrichtungshaus, und der Berater nennt Ihnen mit größter Selbstverständlichkeit den Preis von 12 000 Mark für einen Tisch und sechs Stühle.

Machen Sie es genauso mit Ihrem Produkt. Reden Sie über den Preis, als wäre es die selbstverständlichste Sache der Welt. Je selbstverständlicher Sie über den Preis reden, desto glaubwürdiger wirken Sie. Winden Sie sich nicht, entschuldigen Sie sich nicht, verteidigen Sie sich nicht. Preis ist Preis, und damit basta! Das Einzige, was Sie mit dem Preis anstellen, ist, ihn zu erklären. Wenn Sie aufgefordert werden, den Preis zu begründen, dann sprechen Sie über die Wettbewerbsvorteile gegenüber dem Konkurrenzprodukt, das gute Gefühl, etwas Hochwertiges zu besitzen, Ihr hervorragendes Servicenetz und die Sicherheit infolge der Reputation Ihres Unternehmens.

Wie hoch sollten Sie den Angebotspreis ansetzen?

Ein Mann kommt in eine Apotheke und verlangt ein Medikament. „Acht Mark und fünfzig", sagt der Apotheker, indem er ihm das Gewünschte gibt. Der Mann legt 50 Pfennig auf den Ladentisch und verschwindet mit der Ware, noch ehe der Apotheker protestieren kann. Dieser schaut auf das Fünfzig-Pfennig-Stück, überlegt kurz und murmelt schließlich: „Nun gut, 40 Prozent Gewinn sind besser als gar nichts."

Hat der Apotheker den richtigen Angebotspreis gewählt oder war er doch etwas zu unverschämt? Generell gibt es drei Möglichkeiten, um einen Ziel- oder Angebotspreis festzulegen:

1. *Der Preis ist „fair" kalkuliert.* Sie wollen nicht mehr, als einen in Ihren Augen fairen Gewinn erzielen, und sind auch bereit, notfalls Ihre Kalkulationen offen zu legen, um die Fairness Ihres Angebots zu belegen. Von diesem Angebotspreis können Sie dann praktisch keine Zugeständnisse mehr machen, denn Sie sind ja bis an die Grenze des Akzeptablen gegangen.
2. *Der Preis ist stark überhöht.* Sie gehen davon aus, dass, je mehr Verhandlungsspielraum Sie haben, desto höher der Endpreis sein wird.
3. *Der Preis ist nicht akzeptabel, aber diskutierbar.* In diesem Fall liegt Ihr Angebotspreis über dem Preis, mit dem Sie letztlich rechnen. Die andere Seite wird ihn wahrscheinlich nicht akzeptieren, aber bereit sein, darüber zu diskutieren.

Welche der drei Möglichkeiten würden Sie wählen?

Die fair kalkulierte Variante (1) sieht sicher sehr verlockend aus. Fairness ist ein beliebtes Wort, und Sie hoffen vielleicht, sich dadurch ein langwieriges Feilschen zu ersparen. In der Realität wird es aber immer so sein, dass die andere Seite eine andere Auffassung davon hat, was fair ist oder nicht. Vielleicht ist sie aber auch gar nicht bereit, Ihr Fairness-Spiel mitzumachen, und sie ist letztlich nur an einem Preisnachlass interessiert, egal, was Sie kalkuliert haben. Die Folge davon ist, dass Sie infolge Ihrer „fairen" Kalkulation keinen Verhandlungsspielraum mehr haben und mit dieser Starrheit die andere Seite verärgern.

Die Variante des *stark überhöhten Preises (2)* kann dazu führen, dass Sie von der anderen Seite als unsolide angesehen werden. Ihre Glaubwürdigkeit wird noch mehr getrübt, wenn Sie dann in der Verhandlung dicke Zugeständnisse machen. Die andere Seite wird dann bald den Eindruck haben, dass Sie Mondpreise haben und vielleicht aus der Verhandlung aussteigen.

Die beste Variante ist die dritte, das heißt, *der Preis ist nicht akzeptierbar, aber diskutierbar (3)*. In diesem Fall kann ein vernünftiger Verhandlungsprozess starten, bei dem Sie zwar nachgeben werden, aber trotzdem noch einen guten Gewinn erzielen können.

Wie sollten Sie auf Forderungen der anderen Seite reagieren?

Genau, wie Sie je nach Höhe des genannten Preises verschiedene Möglichkeiten haben, wird auch die andere Seite eine der oben genannten Varianten wählen. Wie aber sollten Sie reagieren?

- *Die andere Seite fordert einen Preis, der nach ihrer Meinung „fair" und „marktgerecht" ist.* Auch hier ist die Frage kaum zu beantworten, was wirklich fair oder marktgerecht bedeutet. Bleiben Sie auf alle Fälle ruhig, und gehen Sie nicht in Verteidigungsposition. Sagen Sie der anderen Seite, dass Sie Verständnis haben für diesen fairen Vorschlag, aber dass Sie erst die Fakten aus Ihrer Sicht prüfen und die *Entscheidung verschieben* möchten. Der Effekt ist, dass die andere Seite in der Zwischenzeit mit sich selbst über die Höhe ihrer Forderung verhandeln wird und beim nächsten Treffen hoffentlich mit einem moderateren Angebot aufwartet. Eine moderatere Forderung sofort bei der ersten Verhandlung zu erbitten, wird wahrscheinlich abschlägig beschieden, da ja die andere Seite noch zu stark unter dem eigenen Zwang der „Fairness" steht. Dieser Zwang wird sich durch die Zeit bis zur zweiten Verhandlung abmildern. Versuchen Sie auch nicht, die andere Seite zu überzeugen, dass sie Unrecht hat. Sie wird sonst nur um so stärker auf der Objektivität ihrer Fakten beharren.
- *Die andere Seite fordert einen Preis, der weit unter einem für Sie vernünftigem Maß liegt.* Auch wenn bei einer solchen Forderung die Emotionen in Ihnen rumoren, bleiben Sie in jedem Fall cool. Verfallen

Sie weder in Protestbekundungen noch in Verzweiflungsdepressionen. Auch lautes Lachen würde die andere Seite nur unnütz reizen. Zeigen Sie vielmehr eine gewisse Betroffenheit, und fragen Sie dann in ruhigem Ton, wie die andere Seite auf eine solche Zahl kommt. Diskutieren Sie nicht über die genannte Zahl, da diese sonst zum *Anker* wird, der, wie realistisch auch immer, dann eine Bezugsgröße darstellt.

Natürlich müssen Sie damit rechnen, dass die andere Seite auf Ihre Frage mit einer mehr oder weniger plausiblen Erklärung antwortet. Setzen Sie dann die Macht des Schweigens ein. Schweigen ist eines der stärksten Kommunikationsmittel. Das Einzige, was Sie dazu brauchen, sind gute Nerven. Wenn Sie nicht schweigen können, dann üben Sie es so lange, bis es geht.

- *Die andere Seite fordert einen Preis, den Sie zwar nicht akzeptieren, aber diskutieren können.* Dieser Fall bringt die wenigsten Probleme. Reagieren Sie mit einem Gegenangebot, das wiederum für die andere Seite nicht akzeptabel, aber diskutierbar ist. Geben Sie auf keinen Fall zu schnell nach; warum, erfahren Sie im nächsten Abschnitt.

> Nichts bringt einen größeren Vorteil über jemand anderen, als unter allen Umständen gelassen und unbeeindruckt zu bleiben.
>
> *Thomas Jefferson*

Wann sollten Sie aussteigen?

Oft ist es üblich, dass man sich ein Preislimit vorgibt, bis zu dem man sich herunterhandeln lässt. Sehr oft ist es zu hoch angesetzt, weil man sich vor der Verhandlung zu sicher ist. Nach Fisher und Ury[9] ist es nicht ratsam, ein unflexibles Preislimit vorzugeben. Bei einem starren Limit als Vorgabe muss man sich im Klaren sein, was man verliert, wenn der Kunde endgültig nein sagt. Falls das Geschäft zu scheitern droht, haben Sie nicht nur die bisherigen Mühen umsonst investiert, Sie müssen sich auch als Ersatz einen neuen Kunden suchen, Sie können vielleicht Ihre Kapazitäten nicht auslasten, und der Auftragsverlust hat Ihren Kunden wahrscheinlich für viele Jahre in die Arme der Konkurrenz getrieben.

Jede Verhandlung hat letztlich den Zweck, dadurch etwas Besseres zu erreichen, als man vorher hatte. Anstatt an einem bestimmten Preislimit zu kleben, sollte man die Frage anders stellen: „Was ist die ‚beste Alternative' im Vergleich zu einem Vertragsabschluss?" Mit anderen Worten: „Was habe ich für Vor- und Nachteile, wenn es zu keiner Einigung kommt?"

Spielen Sie also vor der Vertragsverhandlung alle Varianten durch: zunächst möglichst viele Optionen, die dem Kunden interessant erscheinen können und auch den Fall des Nichtzustandekommens eines Auftrags. Wenn Sie keine „beste Alternative" definiert haben, verhandeln Sie unter psychologischem Druck. Sie wollen den Auftrag auf jeden Fall haben und sind emotional eher geneigt, Zugeständnisse zu machen, die, bei Licht besehen, den Wert eines Abschlusses in Frage stellen.

Solange noch der geforderte Preis des Kunden die beste Alternative im Vergleich zu keiner Einigung ist, können sie noch weiter verhandeln. Ob Sie es sollten, erfahren Sie im nächsten Abschnitt.

Prüfen Sie Ihre „beste Alternative"

Sobald Sie eine bestimmte untere Preisgrenze erreicht haben, kann es zum Beispiel günstiger sein, den Auftrag nicht anzunehmen und dafür Ihre Zeit bei anderen Kunden zu investieren. Die beste Alternative hängt von einer Reihe von Überlegungen ab, zum Beispiel:

- Wie ist unsere derzeitige Produktionsauslastung?
- Wie hoch ist der Deckungsbeitrag in Abhängigkeit vom Preis?
- Welche Preisnachlässe können wir uns gegenüber anderen Kunden im Markt leisten?
- Wie wichtig ist es für unser Image, dieses Produkt im Markt zu platzieren?
- Welche Gegenleistungen kann uns der Kunde im Ausgleich zu Rabatten bieten?

Es kommt aber nicht nur auf die Analyse Ihrer Situation an, Sie müssen sich auch in die Lage des Kunden versetzen, um eine Verhandlung klug zu führen und den so genannten Vorbehaltspreis (siehe nächster Abschnitt) festzulegen. Fragen, die Sie sich zum Beispiel stellen sollten, wären folgende:

- Aus welchen Gründen ist der Kunde wirklich an unserem Produkt interessiert?
- Könnte er die für ihn wichtigen Vorteile auch bei einem anderen Wettbewerber erhalten?
- Zu welchem Preis könnte er das Wettbewerbsprodukt bekommen?
- Welche Nachteile wären für ihn damit verbunden?
- Welches Risiko würde er dabei eingehen?

Um alle Varianten zu prüfen, empfiehlt es sich, eine Übersicht nach folgendem Beispiel zu machen:

Variante	**Vor- und Nachteile für den Kunden**	**Vor- und Nachteile für uns**
Verkauf zum Listenpreis	hohe Qualität zu hohem Preis	maximaler Gewinn
5 Prozent Preisnachlass	hohe Qualität zu günstigem Preis	reduzierter Gewinn
10 Prozent Preisnachlass	hohe Qualität zu sehr günstigem Preis	sehr geringer Gewinn
15 Prozent Preisnachlass	hohe Qualität zum „Ausverkaufspreis“	keine Deckung der Vollkosten, jedoch der direkten Kosten
	„Beste Alternative“	
Auftragsverlust	neue Verhandlungen mit Konkurrenz erforderlich, eventuell günstigerer Preis höheres Risiko, da Wettbewerbsunternehmen in finanziellen Schwierigkeiten	Verlust von Marktanteil weniger Kapazitätsauslastung Vermeidung eines Verlustes durch zu hohe Zugeständnisse

Natürlich gibt es noch wesentlich mehr Varianten, je nach den üblichen Angebots- und Finanzierungsmöglichkeiten Ihrer Branche. Die Vorbereitung dieser Varianten einschließlich der „besten Alternative“ ermöglicht Ihnen eine Verhandlung mit weniger Stress, da Sie nicht mehr unter dem Druck des „Erfolg um jeden Preis“ stehen. Legen Sie nach Abschätzung aller Varianten die unterste Preisgrenze nach der besten Alternative (BAGVA in Anlehnung an Fisher und Ury[10]) fest.

B	Beste
A	Alternative
G	gegenüber einem
V	verhandelten
A	Auftrag

Die Stolperschwelle: der Vorbehaltspreis

Die „beste Alternative“ ist der ultimative Test für die Annahme oder Ablehnung des Auftrags. Um nicht zu leicht an diese kritische Schwelle zu geraten, bauen Sie eine Sicherung ein, den Vorbehaltspreis. Vereinbaren Sie mit Ihrem Vertriebsleiter, dass Sie in der Verhandlung nicht unter 44 500 Mark gehen, ohne vorher noch einmal mit ihm zu sprechen. Dadurch gewinnen Sie Zeit, um das weitere Vorgehen zu überdenken. Sie wissen jetzt mehr über die Interessen und die Verhandlungsstrategie des Kunden und können Ihre eigene Strategie darauf abstimmen.

Der BAGVA-Preis ist nicht mit dem Vorbehaltspreis gleichzusetzen! BAGVA ist die unterste Grenze, bei der Sie aus der Verhandlung unter allen Umständen aussteigen müssen, wenn nicht neue Informationen während der Verhandlung eine Neufestsetzung der BAGVA erforderlich machen. Wie weit Ihr Vorbehaltspreis von Ihrer BAGVA entfernt ist, hängt von der Situation des Kunden ab. Ist er auf Ihr Produkt sehr angewiesen? Dann sollten Sie den Vorbehaltspreis höher ansetzen. Kann er das gleiche auch vom Wettbewerb erhalten? Dann müssen Sie Ihren Vorbehaltspreis näher an Ihrer BAGVA orientieren.

BAGVA ist die Notbremse der Preisverhandlung. In den meisten Fällen werden Sie sicher schon früher aus der Verhandlung aussteigen, und zwar bei Unterschreitung des Vorbehaltspreises. Sie wollen ja nicht nur gerade noch mögliche, sondern gute Preise erreichen, mit denen Sie akzeptable Gewinne machen und das Preisgefüge des Marktes nicht verderben.

Die Methode der besten Alternative hilft Ihnen auch in allen Situationen der persönlichen und beruflichen Entscheidungen. Ob Sie nun ein Haus kaufen, ein Auto verkaufen, eine Versicherung abschließen oder sich um eine Stelle bewerben: Vergleichen Sie die Bedingungen des Angebots stets mit der Situation, wenn Sie keine Übereinkunft erzielen würden. Das Bewusstsein dieser besten Alternative gibt Ihnen Selbstvertrauen. Sie können die Verhandlung auch leichter vertagen, da Sie wissen, wie Sie weitermachen wollen. Je klarer Sie die Auswirkungen eines Scheiterns der Verhandlungen vor Augen haben und auch bereit sind, die Übereinkunft platzen zu lassen, desto sicherer sind Sie in der Verhandlung.

Der Prozess des Verhandelns

Wer sollte den ersten Schritt tun?

Wer sollte nun zu Beginn einer Verhandlung die erste Zahl nennen? Im technischen Vertrieb sind das meist Sie, denn Sie geben ja ein Angebot oder eine Preisliste ab und nennen damit die erste Zahl. Aber wie geht es weiter? Wenn der Kunde einen besseren Preis verlangt und Sie ihn nicht vor den Kopf stoßen möchten, sollten Sie das erste Zugeständnis machen oder sollten Sie warten, bis der Kunde eine Zahl nennt?

Beides hat Vor- und Nachteile

Wenn Sie die erste Zahl nennen, dann wird diese Zahl von jetzt an im Raum stehen und immer wieder mit den weiteren Zugeständnissen verglichen, ungeachtet dessen, wie realistisch oder unrealistisch diese Zahl ist (Anker). Wenn Sie einen für Sie günstigen Preis nennen, dann hat das Nennen eines solchen Ankers durchaus Vorteile für Sie, denn er dient ja als Vergleichsbasis. Die Gefahr besteht darin, dass Sie bei der Erstnennung einer Zahl Informationen über Ihr Verhandlungswissen preisgeben und die andere Seite möglicherweise leichteres Spiel hat.

Wenn Sie zum Beispiel einen Rabatt von zehn Prozent anbieten, ein so hoher Preisabschlag in der Branche aber nicht üblich ist, dann wird der Einkäufer sofort auf Ihre mangelnde Erfahrung schließen.

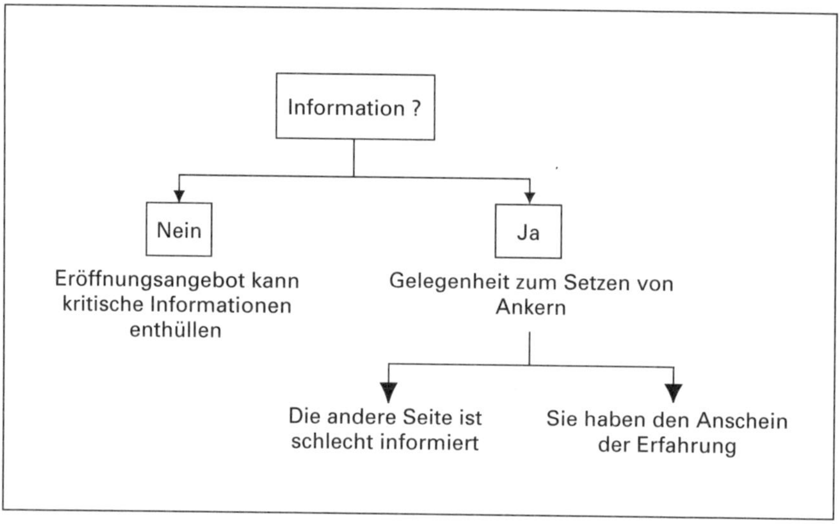

Abbildung 45: Sollten Sie den ersten Schritt im Verhandlungsprozess tun?

Als Faustregel können Sie wie folgt verfahren:

- Wenn Sie über die Gepflogenheiten des Verhandelns in der Branche und über die Situation des Kunden gut informiert sind, und die andere Seite über weniger Erfahrungen verfügt, ist es ratsam dass Sie den ersten Schritt tun und einen Anker setzen.
- Im anderen Fall, das heißt, wenn Sie weniger gut Bescheid wissen, empfiehlt es sich, dass Sie der anderen Seite den Vortritt lassen. Ansonsten bestünde die Gefahr, dass Sie eigene Schwächen, wie Unerfahrenheit und eigene Zwänge, offenbaren.

Auch hier gilt natürlich wieder, dass Sie so viel Informationen wie möglich sammeln sollten, um in einer guten Position zu sein.

Wie Sie Preiszugeständnisse machen

Preiszugeständnisse sind teuer, denn alles, was Sie weggeben geht direkt vom Gewinn ab. Deshalb sollten Sie äußerst vorsichtig damit umgehen und die Praxis des Nachgebens beherrschen.

Die drei Kriterien eines Zugeständnisses

1. Das Zugeständnis muss groß genug sein, damit es für die andere Seite *attraktiv genug* ist, es entweder anzunehmen oder weiter zu verhandeln.
2. Das Zugeständnis darf *nicht zu groß sein,* da Sie sonst Geld verschenken und der anderen Seite Mut machen, noch mehr herauszuholen.
3. Das Zugeständnis muss *signalisieren, dass die Verhandlung scheitern kann,* wenn das Zugeständnis nicht akzeptiert wird. Denn solange diese Drohung nicht spürbar ist, wird die andere Seite nie aufhören, mehr zu fordern.

Nehmen wir einmal an, ein Verkäufer für industrielle Messgeräte sitzt dem Einkäufer eines chemischen Unternehmens gegenüber. Sein Chef hat ihm aufgetragen, den Auftrag unbedingt zu holen, da seine Auftragseingänge in diesem Jahr bisher alles andere als erfreulich waren. Folgender Dialog beginnt:

Einkäufer: *„Da müssen Sie aber schon etwas mehr tun, wenn Sie den Auftrag haben wollen."*

Verkäufer: *„Gut, ich kann Ihnen beim Preis entgegenkommen, sagen wir drei Prozent Discount."*

Einkäufer: *„Was, drei Prozent? Da haben Sie sich wohl in der Kommastelle geirrt."*

Verkäufer: *„Also gut, sagen wir zehn Prozent."*

Einkäufer: *„Damit kommen wir nicht weiter, das sind einfach Nachlässe, die bei Ihren Wettbewerbern schon im Angebot stehen. Wir könnten heute zum Abschluss kommen, aber dann müssten Sie schon ein wirklich interessantes Angebot machen."*

Warum sollte der Einkäufer auch aufhören zu handeln? Der Verkäufer gab nie zu erkennen, dass es nun Schluss mit den Nachlässen sei. Im Gegenteil, als der Einkäufer weiter bohrte, war der zweite Nachlass noch größer als der erste. Damit gab er dem Einkäufer ein deutliches Signal, dass es sich lohnt, weiterzumachen.

Die Methodik der Zugeständnisse

1. In welchen Portionen sollten Sie Zugeständnisse machen?

Angenommen, Sie wären bei einer Verhandlung bereit, im Höchstfall Zugeständnisse von insgesamt 3 000 Mark zu machen. Nehmen wir vier Möglichkeiten, wie Sie diese Summe auf die einzelnen Zugeständnisse verteilen können. Welche würden Sie wählen?

	Variante A einmalig	Variante B linear	Variante C degressiv	Variante D progressiv
Erster Schritt	3 000	1 000	1 500	500
Zweiter Schritt	–	weitere 1 000	weitere 1 000	weitere 1 000
Dritter Schritt	–	weitere 1 000	weitere 500	weitere 1 500

Lösung: Variante C (degressiv) ist die beste. Sie ist die einzige, die durch die immer knapper werdenden Zugeständnisse signalisiert, dass Ihr Verhandlungsspielraum zu Ende geht.

2. Erhöhen Sie die Präzision bei jedem weiteren Zugeständnis

Je präziser jede Zahl von einem Zugeständnis zum nächsten wird, desto deutlicher wird signalisiert, dass es schwieriger wird, ein Zugeständnis zu erhalten. Verbessern Sie also die degressive Variante C, in dem Sie jetzt die Zahlen zum Beispiel wie folgt gestalten:

Erster Schritt	1 500
Zweiter Schritt	weitere 960
Dritter Schritt	weitere 535

3. Denken Sie jedesmal länger nach

Wenn Sie vor jedem neuen Zugeständnis länger nachdenken, zeigt dies der anderen Seite, dass die Spielräume enger werden.

4. Gemachte Zusagen können nicht zurückgenommen werden

Während eines Aufenthalts in Singapur ging ich durch eine Ladenstraße ohne die feste Absicht, etwas zu kaufen. Als ich vor einem Stand mit Lederwaren stehenblieb, sprach mich der Verkäufer an, und es kam zu folgendem Gespräch:

Verkäufer: *„Sehr gute Qualität, dieser Aktenkoffer."*

Ich nickte.

Verkäufer: *„Ich lasse Ihnen das Stück für einen sehr guten Preis, 120 Singapur Dollar (ungefähr 120 Mark)."*

„Danke, ich brauche keinen Koffer, ich habe schon einen."

„Gut, ich mache nur für Sie einen Preis von 110 Dollar."

„Nein, danke."

„Ich sehe, Sie sind ein guter Verhandler, also sagen wir 90 Dollar."

„Nein, kein Interesse."

„Also, schauen Sie einmal die Qualität des Leders, und echte Schweizer Schlösser. Mein letztes Angebot ist 100 Dollar."

„Moment mal, Sie hatten doch schon 90 Dollar gesagt."

„Sorry, aber für 90 Dollar kann ich diesen Koffer nicht verkaufen."

Ich hatte angebissen. Ich handelte mit ihm, bis er mir den Koffer für 90 Dollar überließ, womit er ohnehin nur gerechnet hatte. Der Verkäufer nutzte den uralten, aber sehr wirksamen chinesischen Verkäufertrick aus, dass man eher um etwas kämpft, was man schon glaubt, gehabt zu haben, als dass man sich um einen neuen Kauf bemüht. Außerdem vermittelte der Verkäufer den Eindruck, dass er sein wirklich unterstes Limit unabsichtlich zu erkennen gegeben hatte. Diese Art des Verhandelns gehört meines Erachtens nicht zu den ethischen Taktiken des Verhandelns, es sei denn, die Zusagen werden vorher als vorläufig gekennzeichnet.

Beispiel: *„Dieser Preisnachlass ist aber nur gültig, wenn die bereits angesprochene Verkürzung der Zahlungsfristen wie erwartet von Ihrem Chef-Controller bestätigt werden."*

Ansonsten sollte aber im Sinne eines fairen Verhandelns gelten, dass *einmal gemachte Angebote nicht zurücknehmbar sind.*

5. Fixieren Sie das Ziel der anderen Seite, indem Sie ihr sagen, was sie nicht bekommen kann

Nehmen wir einmal an, ein Kunde will zehn Computer zum Stückpreis von 3 000 Mark kaufen. Er möchte aber gern einen günstigeren Preis haben. Sie sagen ihm, dass Sie erst ab einem Auftrag von 20 Stück einen Preisnachlass von 200 Mark je Gerät geben könnten. Der Kunde wird nun wahrscheinlich versuchen, den Preis von 2 800 Mark bereits für seine zehn Geräte zu bekommen. Nach einigem Verhandeln werden Sie ihm diesen Preis zugestehen, denn Sie haben ohnehin damit gerechnet. Sie haben ihn auf das Preisziel von 2 800 fixiert, um ihn von weiter gehenden Forderungen abzuhalten.

Die effektivsten Taktiken der Verhandlungsprofis

Eine Taktik die durchschaut wurde, ist keine Taktik mehr.

Die folgenden Verhandlungstaktiken werden häufig von Verhandlungsprofis angewandt. Sie können sich davor schützen, wenn Sie sie durchschauen. Natürlich können Sie sie auch selbst anwenden, sei es im geschäftlichen oder privaten Bereich. Mit Ausnahme der letzten Taktik, „guter und böser Bube", sind diese Taktiken nicht unfair. Sie gehören einfach zu den Spielregeln des Verhandelns. Wenn Sie sie nicht kennen würden, wären Sie den Verhandlungsprofis im Einkauf hoffnungslos unterlegen.

1. Taktiken der gebundenen Hände

Der amerikanische Professor Schelling[11], der sich viel mit den Mechanismen von Preisverhandlungen beschäftigt hat, stellt in seinem Buch in dem Kapitel „Essays on Bargaining“ das Prinzip der gebundenen Hände in Verhandlungen wie folgt dar:[11]

Zwei mit Dynamit beladene Lastwagen A und B fahren auf einer Straße, die gerade für einen LKW breit genug ist, aufeinander zu. Die Fahrer können über Funk miteinander reden. Sie können jedoch weder bremsen, noch ihr Fahrzeug verlassen. Jeder Fahrer hat die Wahl, entweder gerade weiterzufahren oder auf eine Nothaltestelle auszuweichen, die gerade groß genug für ein Fahrzeug ist. Der Fahrer, der die Nothaltestelle in Anspruch nimmt, muss jedoch eine Strafgebühr in Höhe von einer Million Dollar zahlen. Was sollte der Fahrer von A tun? Schelling gibt folgenden Rat: Er sollte das Lenkrad abmontieren und dies, nachdem er B von seinem Vorsatz informiert hat, für B sichtbar, aus dem Fenster werfen. Wenn A das Lenkrad wegwirft, macht er deutlich, dass er keine Kontrolle mehr über sein Fahrzeug hat. B hat keine andere Wahl als auf die Nothaltestelle auszuweichen. Er allein hat es in der Hand, den tödlichen Zusammenstoß zu vermeiden.

Gebundene-Hände-Taktiken sind Manöver, bei denen sich der Verhandler seiner Aktionsfähigkeit selbst beraubt.

Die Taktik besteht darin, dass man sich, glaubhaft für den anderen, seiner Aktionsfähigkeit beraubt. Die andere Seite weiß dann, dass Verhandeln nun keinen weiteren Zweck hat, denn Sie können nichts tun, da Ihnen die Hände gebunden sind. Mit anderen Worten, die offensichtliche Schwäche, nichts tun zu können, ist in Wirklichkeit zur Stärke geworden. Wie aber bringen Sie der anderen Seite bei, dass Sie tatsächlich nicht mehr manövrieren können? Am besten funktioniert es immer, wenn Sie sich, nachvollziehbar für die andere Seite, tatsächlich in diese Zwangslage versetzen. Es gibt die folgenden Möglichkeiten, sich selbst zu blockieren.

Stellen Sie sich vor, Ihr Chef hat Ihnen angekündigt, dass er Sie feuern wird, wenn Sie ein Preiszugeständnis machen. Damit sind die Kosten für Sie, wenn Sie es trotzdem machen würden, sehr hoch geworden. Wahrscheinlich werden Sie keine Mark unter den vorgegebenen Preis gehen. Aber auch wenn diese Zwangslage nicht bestünde, wie könnten

Sie dem Kunden klar machen, dass Ihnen die Hände gebunden sind? Dazu gibt es die folgenden Taktiken:

a) Öffentliches Bekunden

Wenn Sie sich vor der Verhandlung zu bestimmten Vorgaben äußern, würden Sie Ihr Gesicht verlieren, wenn Sie danach doch von Ihrer eigenen Vorgabe abweichen.

Beispiel: *Sie sagen bei einer Präsentation vor einem Kundenkreis, dass Sie bei diesem Sonderpreis für Ihr Produkt keinerlei weitere Zugeständnisse machen können. Damit haben Sie sich selbst die Hände gebunden, denn Sie können hinterher nicht gegen Ihre eigenen Vorgaben verstoßen, ohne Ihre Glaubwürdigkeit einzubüßen.*

b) Verweisen auf gleichartige Fälle, Fairness und Prinzipien

Beispiel: *„Wenn wir ein solches Zugeständnis machen würden, wären unsere anderen Kunden so verärgert, dass wir einige verlieren würden, ganz abgesehen von der negativen Mundpropaganda."*

Oder: „Wir können das nicht machen, denn das wäre nicht fair gegenüber unseren anderen Kunden."

Oder: „Ich habe Verständnis für Ihren Wunsch nach einem Preisnachlass, aber wir haben hier ganz strikte Prinzipien, die dies nicht erlauben."

c) Tatsachen schaffen

Schaffen vollendeter Tatsachen, deren Infragestellen mit hohen Kosten verbunden wäre.

Beispiel: *Wenn ein Anbieter im Anlagenbau noch vor der entscheidenden Preisverhandlung bereits mit den Planungsarbeiten begonnen hat und der Kunde jetzt noch verhandeln möchte, könnte der Anlagenbauer sagen: „Wenn wir jetzt noch die Spezifikationen ändern sollen, würde das den Preis ganz gewaltig erhöhen."*

d) Auf höhere Autorität verweisen

Verweisen auf eine höhere Autorität, die nicht umgangen werden kann.

Beispiel: *„Es war äußerst schwierig, unsere Marketing- und Produktionsleute zu diesen Preisen zu bewegen. Wenn ich denen mit noch weiteren Abstrichen komme, werden die wahrscheinlich die Sache ganz ablehnen."*

Bei dieser Verhandlungstaktik sagen Sie dem Kunden, dass Sie die Entscheidung nicht ohne Rücksprache mit anderen Stellen treffen können. Stellen Sie dabei die anderen Stellen so dar, als ob es sich um ein Gremium aus mehreren Personen handle (anonymes Gebilde). Dadurch vermeiden Sie, dass der Kunde Sie sofort auffordert, den Geschäftsführer oder eine andere Person anzurufen. Sie verschaffen sich etwas Luft und können die weitere Strategie der Verhandlung in Ruhe vorbereiten.

Wenn der Kunde diese Taktik Ihnen gegenüber anwendet, stehen Ihnen die beiden folgenden Gegenstrategien zur Verfügung.

Gegenstrategie Nr. 1: Fragen Sie den Kunden vor der Verhandlung, wer letztlich die Entscheidung treffen wird. Wenn er sagt, er selbst werde die Entscheidung treffen, so kann er später während der Verhandlung schlecht eine höhere Autorität vorschützen.

Gegenstrategie Nr. 2: Fragen Sie den Kunden, ob er sich für den Auftrag einsetzen wird. Sie haben damit zwar keine Gewähr, dass er das tut, aber zumindest eine moralische Chance. Mitunter gibt er auf die Frage nach seiner Überzeugung zu erkennen, dass es eigentlich keiner höheren Autorität für diese Entscheidung bedarf, und Sie erreichen gleich ein Verhandlungsergebnis.

e) Kommunikation unterbinden

Kappen der Kommunikationskanäle, bevor der Kunde nachverhandeln kann.

Beispiel: *Sie haben ein Angebot auf den letzten Drücker am Freitag Nachmittag abgeschickt. Am Montag soll die Sache entschieden werden. Der Kunde will mit Ihnen am Montagmorgen noch über den Preis verhandeln. Sie sind aber nicht zu erreichen und auch niemand anders, der eine Preisentscheidung treffen kann. Der Kunde weiß jetzt, dass es nur an ihm liegt, ob es zu einem Auftrag kommt.*

f) Verhandeln über Mittelsperson

Eine dritte Stelle oder Person ist oft effektiver im Verhandeln, da sie nicht durch detailliertes Wissen oder Emotionen an einer konsequenten Verhandlungsführung gehindert wird. Dies ist eine der Stärken der Einkäufer in den Unternehmen, die sich oft wenig von den technischen Daten oder den Wünschen der anderen Abteilungen ihres Unternehmens beeindrucken lassen. Ich selbst habe des öfteren Verhandlungen mit den Bauleitungen eines Krankenhauses geführt, die ziemlich stur an ihren Vorgaben klebten und sich wenig von unserer guten Beziehung zum Endkunden, dem Laborchef des Krankenhauses, beirren ließen. Sie können einen ähnlichen Effekt erzielen, wenn zum Beispiel ein Händler oder ein Generalauftragnehmer für Sie verhandelt.

Die Anwendung der oben beschriebenen Taktiken der gebundenen Hände ist nicht unproblematisch. Es ist nicht immer einfach, den Kunden davon zu überzeugen, dass Sie nicht bluffen. Er wird nur zu gern davon ausgehen, dass Sie immer noch eine Möglichkeit haben, um etwas mehr für ihn zu tun. Manchmal wird er auch nicht so reagieren, wie Sie es erwarten. Aus Trotz, Misstrauen oder auch nur, weil ihm der Preis nicht die Sache wert ist, wird er vielleicht aussteigen. Bildlich gesprochen, ist er derjenige, der jetzt sein Lenkrad aus dem Fenster wirft. Aber meist haben Sie keine andere Wahl, als den konsequenten Weg der gebundenen Hände zu gehen. Voraussetzung, dass es funktioniert, ist, dass Sie Ihre Zwangslage der gebundenen Hände konsequent darstellen, ohne mit der Wimper zu zucken.

2. Sagen Sie niemals ja zum ersten Angebot

Ein spontanes Ja zum ersten Angebot kann gleich drei negative Effekte auslösen: Erstens glaubt der Kunde, dass er bei so schnellem Entgegenkommen noch mehr aus der Verhandlung herausholen könnte, zweitens besteht die Gefahr, dass er dieses schnelle Einlenken als negatives Zeichen für das Produkt wertet, und drittens verschenken Sie damit mögliche Vorteile ohne Zwang. Lassen Sie sich jedes Zugeständnis abringen. Finden Sie plausible Gründe, wenn Sie Zugeständnisse machen, zum Beispiel eine Gegenleistung des Kunden oder die Inzahlungnahme eines Altgerätes.

3. Die Zeitfalle: Nicht auf verbale Zusagen für später verlassen

Lassen Sie sich nicht auf mündliche Vereinbarungen ein, mit der Aussicht, dass Sie für ein Zugeständnis zum jetzigen Zeitpunkt irgendwann mit einem weiteren Auftrag belohnt werden. Eine zugestandene Gefälligkeit nimmt in den Augen des Empfängers im Verlauf der Zeit rasch an Wert ab. Im Regelfall werden Zugeständnisse gegen derartige vage Versprechungen verschenkt.

Gegentaktik: Bitten Sie den Kunden als Gegenleistung um eine schriftliche Vereinbarung, aus der Sie unmittelbaren Nutzen ziehen können.

4. Erhalten Sie sich Ihre Rückzugsstärke

Neulinge im Verhandeln gehen oft mit der einzigen Absicht in eine Verhandlung, den Auftrag zu erhalten. Über den Preis dafür machen sie sich vorher keine Gedanken. Erst in der Hitze des Gefechts überlegen sie fieberhaft, wie weit sie gehen können. Der geschulte Verhandler, der diese inneren Kämpfe des anderen beobachtet, wird seine Möglichkeiten voll ausreizen. Setzen Sie sich vor einer Verhandlung Limits (beste Alternative und Vorbehaltspreis). Signalisieren Sie dem Kunden, dass Sie bereit sind, auf eine Vereinbarung zu verzichten, wenn er zu weit gehende Konzessionen verlangt. Bleiben Sie cool, und lassen Sie sich nicht anmerken, wie sehr Sie hinter dem Auftrag her sind.

5. Dramatisieren Sie jedes Ihrer Zugeständnisse, und fordern Sie eine Gegenleistung dafür

Jedes Mal, wenn der Kunde von Ihnen ein Zugeständnis verlangt, sollten Sie nach einer entsprechenden Gegenleistung fragen. Wenn er beispielsweise eine Preisreduktion erwartet, so können Sie ihn um eine Auftragserhöhung, einen zusätzlichen Wartungsvertrag oder andere Dinge bitten. Sie können ihn auch einfach fragen, was er denn als Gegenleistung offerieren könnte. Nutzen Sie auch Zugeständnisse, die von Ihnen relativ leicht zu erfüllen sind, als Verhandlungsmasse. Wenn der Kunde zum Beispiel um einen schnelleren Liefertermin bittet, und Sie darin kein Problem sehen, so geben Sie nicht ohne weiteres Ihre Bereitschaft zu erkennen. Sagen Sie, dass dies nicht einfach sei, und handeln Sie dafür eine Gegenleistung aus. Diese Taktik bringt Ihnen drei Vorteile: Sie erhalten zusätzlich etwas; Sie erhöhen den Wert des Zugeständnisses, indem Sie es als schwierig darstellen; Sie stoppen einen Prozess, bei dem die andere Seite immer mehr haben möchte, da dies ja so einfach erscheint. Übrigens heißt das nicht, dass Sie auf jedes Zugeständnis des Kunden selbst mit einer Gegenleistung reagieren müssen. Gehen Sie mit Ihren Zugeständnissen so sparsam wie möglich um.

6. Lassen Sie niemals erkennen, dass Sie unter Zeitdruck stehen

Zeit ist ein Machtmittel in Verhandlungen, das derjenige zu nutzen versteht, der sie hat. Wenn Sie aus Zeitgründen gezwungen sind, schnell zu einer Vereinbarung zu kommen, dann haben Sie bei einem cleveren Verhandlungspartner schon verloren. Verschieben Sie die Verhandlung lieber auf einen anderen Zeitpunkt. Wenn Sie zu erkennen geben, dass Sie den Auftrag noch vor dem Jahresende haben möchten, wenn der Kunde weiß, dass Sie noch Ihr Flugzeug kriegen wollen oder befürchten müssen, dass der Wettbewerb noch zum Zug kommen kann, hat er leichtes Spiel. Eine beliebte Version dieser Taktik ist die Frage ausländischer Verhandlungspartner nach Ihrem Rückflugtermin. Sie müssen damit rechnen, dass Ihnen erst in letzter Minute ein unterschriftsreifer Vertrag vorgelegt wird, der dann sicher nicht zu Ihren Gunsten formuliert wurde.

7. Standpunkt mehrfach wiederholen („Schallplatte mit Sprung")

Auch wenn die andere Seite mit Argumenten von Ihnen Zugeständnisse erwartet, bleiben Sie bei Ihrer Aussage, indem Sie diese mehrfach, aber immer höflich, wiederholen. Die andere Seite wird dann nach einiger Zeit resignieren.

Beispiel: *Der Kunde hat schon mehrfach gefordert, dass Sie ein Skonto von drei Prozent einräumen. Aber auch beim vierten Mal erwidern Sie ruhig und freundlich: „Ich verstehe, dass Sie auf ein Skonto Wert legen, aber wir können das aus Kostengründen leider nicht machen."*

8. Verhandeln Sie nicht am Telefon, wenn es um eine lohnende Sache geht

Erfolgreich verhandeln bedeutet, dass Sie die Reaktionen der anderen beobachten und daraus Schlüsse ziehen können. Eine wichtige Art der Kommunikation ist die Körpersprache. Sie sagt oft mehr als viele Worte und spiegelt zumeist die wahre Reaktion wider. Am Telefon fehlt Ihnen diese wichtige Informationsquelle. Setzen Sie sich mit dem Kunden an einen Tisch, wenn die Sache wichtig genug ist und den Reiseaufwand rechtfertigt.

9. Bitten Sie um eine Zugabe vor Abschluss der Verhandlung („knabbern")

Eine Verhandlung ähnelt dem Vorgang, bei dem man eine schwere Kugel auf einen Berg rollt. Sobald die Kugel die Bergspitze überschritten hat, rollt sie von allein auf der anderen Seite hinunter. Bei einer Verhandlung ist der Weg bis zum Erreichen einer für beide Seiten zufrieden stellenden Vereinbarung oft mühsam. Ist dieser Punkt aber überschritten, so sind die Parteien meist gern bereit, noch weitere Zugeständnisse kleinerer Art zu machen. Diese Stimmung können Sie kurz vor Verhandlungsschluss nutzen, um zusätzliche, aber im Verhältnis zum Hauptgegenstand der Verhandlung kleine Zugeständnisse zu erbitten.

Gegenstrategie: Angenommen, der Einkäufer will diesen Trick bei Ihnen anwenden, wie verhalten Sie sich dann? Reagieren Sie in einer Weise, dass er sich billig fühlt, zum Beispiel so: „Nun kommen Sie, Sie haben mich so bluten lassen bei diesem Geschäft, tun Sie mir bitte das nicht auch noch an."

10. Übernehmen Sie kein Preisproblem vorschnell vom Kunden

Wenn Ihnen ein Kunde ein Preislimit vorgibt, so sollten Sie dies nicht ohne weiteres als gegeben hinnehmen. Testen Sie, ob tatsächlich kein Spielraum mehr vorhanden ist. Will er zum Beispiel ein Auto kaufen und sagt, dass 40 000 Mark die Höchstgrenze sei, dann sagen Sie ihm, dass Sie ihm dafür durchaus einen guten Wagen offerieren können. Fragen Sie aber auch, ob er trotzdem noch ein anderes Modell sehen möchte, das ihm besondere Vorteile bietet und nur 4 000 Mark teurer ist als der andere Wagen. Lehnt er es strikt ab, sich dieses Auto anzuschauen, dann müssen Sie mit den 40 000 Mark zurechtkommen. Möchte er aber doch das andere Modell noch sehen, haben Sie eine gute Chance, dass er auch bereit ist, einen höheren Preis zu akzeptieren. Natürlich sollte Ihre Empfehlung im Sinne einer optimalen Lösung für den Kunden sein.

11. Etwas fordern, das nicht das Hauptziel ist („roter Hering")

Ein Verhandler besteht zunächst auf einer Sache, die Sie nicht oder nur sehr schwer erfüllen können. Damit will er Sie zu einer anderen Konzession bereit machen, auf die es ihm eigentlich ankommt.

Beispiel: *Jemand will ein Haus kaufen, und besteht darauf, dass ein Familienbild, das über dem Kamin hängt, dazugehört. Der vormalige Besitzer will das Bild aus persönlichen Motiven aber nicht herausgeben und ist dafür eher zu einem Preiszugeständnis bereit, das der andere in Wirklichkeit haben will.*

12. Zeigen Sie nicht Ihr Verhandlungsgeschick (Columbo-Taktik)

Der legendäre Fernsehinspektor Columbo gibt sich gegenüber seinen cleveren Verdächtigen meist ungeschickt und tapsig. Diese lassen daraufhin bald ihre Vorsicht fallen und geben ihm im Gefühl ihrer Stärke hier und da sogar einige Hinweise zur Lösung seiner Fälle. Seine zur Schau getragene Naivität hilft ihm letztlich bei der Überführung des Mörders. Sie sollen natürlich nicht so hilflos aufzutreten wie Columbo. Andererseits ist ein bisschen gespielte Unsicherheit ganz nützlich. Wenn Sie wie ein cleverer Geschäftsmann auftreten, dann wird Ihnen der Einkäufer beweisen wollen, wer der bessere Verhandler ist.

Ein älterer Asienreisender berichtete in einem Seminar, dass er bei einer Verhandlung in China noch ein Thema anschneiden wollte, das vorher nicht abgesprochen war. Die Chinesen reagierten entsetzt. In China ist es Brauch, dass alle Besprechungspunkte Wochen vorher festgelegt und genehmigt werden müssen. Der Reisende entschuldigte sich mit den Worten: „Ich bin schon ein älterer Mann, und ich vergesse des öfteren Dinge.“ Der neue Tagesordnungspunkt wurde genehmigt.

Es ist den Menschen angeboren, anderen, denen sie sich überlegen fühlen, zu helfen. Der geschickte Verhandler nutzt diese Schwäche, ohne Angst, darüber die Achtung des anderen zu verlieren.

13. Lassen Sie Ihre Betroffenheit bei Forderungen der anderen Seite erkennen

Die folgende Story verdeutlicht dieses Prinzip:

Der Optikermeister erläutert seinem Lehrling, wie er eine Brille verkaufen müsse. „Wenn ein Kunde fragt, was die Brille kostet, sagst du ‚500 Mark‘. Dann beobachtest du ihn. Wenn er bei der Nennung des Preises zuckt, verkaufst du ihm die Brille für diesen Preis. Wenn er nicht zuckt, sagst du ‚Fürs Gestell, die Gläser kosten 400 Mark‘. Wenn er zuckt, verkaufst du sie ihm, wenn er nicht zuckt, sagst du ‚Pro Stück‘.“

Wer bei Verhandlungen Stärke demonstrieren will und bei Forderungen des Kunden völlig cool bleibt, ermutigt diesen, um so kräftiger auf Konzessionen zu drängen. Legen Sie zu Gunsten eines guten Verhandlungsergebnisses etwas von Ihrem Stolz ab, und zeigen Sie, dass Sie auf Grund des Drucks der anderen Seite betroffen sind. Die andere Seite wird sich dann zurückhalten.

14. Unterstützen Sie Ihre Argumente durch schriftliche Informationen (Schwarz-auf-weiß-Prinzip)

Leute schenken schriftlichen Informationen gewöhnlich mehr Glauben als dem gesprochenen Wort. Das gilt auch, wenn sie wissen, dass Sie diese Informationen gerade zuvor in Ihrem Büro auf dem Computer getippt haben.

15. Bieten Sie dem Kunden Ihr Produkt zur Probe an

Firmen geben oft den Kunden ein Produkt zum Ausprobieren, in der Hoffnung, dass diese sich dann kaum wieder davon trennen wollen. Dadurch wird die Verhandlungsposition des Verkäufers gestärkt. Die Fachabteilungen gewöhnen sich an die Vorteile des neuen Produkts, und der Einkäufer hätte es schwer, diesen Prozess wieder rückgängig zu machen.

16. Unterteilen Sie den Preis in kleine Kosteneinheiten („funny money")

Wenn Sie einem Kunden ein Haus für 500 000 Mark verkaufen wollen, und er nur 450 000 Mark ausgeben möchte, haben Sie nur noch ein Preisproblem in Höhe von 50 000 Mark zu lösen. Wenn Sie den Kunden überzeugen können, dass das etwas teurere Haus wesentliche Vorteile für ihn hat, dann können Sie ihm den Kauf schmackhafter machen, indem Sie die Preisdifferenz von 50 000 Mark in kleine Kosteneinheiten über den Nutzungszeitraum des Hauses verteilen: *„Über einen angenommenen Nutzungszeitraum Ihres Hauses von 50 Jahren kostet Sie dieses Haus mit Luxusausstattung weniger als 20 Mark an Mehrkosten pro Woche."* Diese kleinen Beträge sind dem Kunden leichter zu verkaufen, als der große Brocken von 50 000 Mark. Auch bei einem technischen Produkt ist der Kunde oft aufgeschlossen für solche Argumente, zumal wenn er sich dadurch Produktivitätsvorteile oder Kostensenkungen im Betrieb verspricht.

17. Lassen Sie keinen Abschluss-Druck Ihrerseits erkennen

Wenn der Kunde den Eindruck hat, dass Sie unbedingt zu einem Abschluss kommen wollen, hat er in der Verhandlung die besseren Karten in der Hand. Lassen Sie deshalb nie offen erkennen, wie stark Sie an einem Kaufabschluss interessiert sind. Geben Sie ihm die bestmögliche Beratung, aber zeigen Sie kein allzu großes Interesse an einem Auftrag. Lassen Sie den Kunden selbst Druck machen.

18. Erst kleine Punkte verhandeln

Oft kommt eine Verhandlung zum Stehen, da man sich über einen wesentlichen Punkt nicht einig werden kann. In solchen Fällen sollte man nicht versuchen, mit der Brechstange vorzugehen und mit Gewalt eine Lösung anstreben. Es ist besser, die Verhandlung wieder in Schwung zu bringen, indem man sich zu anderen, weniger bedeutenden Dingen verständigt und Vereinbarungen trifft. Diese so genannten kleinen Vereinbarungen sorgen dafür, dass die gesamte Verhandlung wieder in Schwung kommt und sich danach auch größere Punkte wieder besser verhandeln lassen.

19. Auffordern, mehr zu tun

Bei dieser Taktik fordert Sie der Kunde auf, ein besseres Angebot zu machen, ohne dieses genau zu spezifizieren. *Gegenstrategie:* Fragen Sie gleich beim ersten Mal: „Was genau erwarten Sie?“ Bestehen Sie auf einer Präzisierung der Vorstellungen. Ablehnen können Sie dann immer noch.

20. Leistungen in bestimmtem Zusammenhang mit Bedingungen stellen (Einrahmen)

Ein gutes Beispiel ist der Schnäppchenkauf für diese Taktik (Abbildung 46). Das Preisschild zeigt einen durchgestrichenen alten und einen niedrigen, neuen Preis. Dies ist ein uralter Trick, um den Umsatz anzukurbeln. Die Kunden kaufen mitunter Dinge, die sie sonst gar nicht vermisst hätten. Wenn man dem Kunden zu verstehen gibt, dass ab nächsten Monat neue (also höhere) Preise gelten, wird er möglicherweise eher bereit sein, jetzt einen Auftrag abzuschließen. Geschickt hat auch die Firma das Framing genutzt mit dem „Intel inside“ auf den Computern. Dem Kunden wird dadurch suggeriert, dass er etwas Besonderes kauft – und bezahlt.

Abbildung 46: Einrahmen am Beispiel des Schnäppchenkaufs

21. Die „einleuchtende" Lösung

Vor einiger Zeit hörte ich auf Wunsch eines Geschäftsführers dessen Telefongespräch mit einem Kunden aus Malaysia mit. Es ging um den Preis für zehn Maschinen in der Größenordnung von je 12 000 Mark Listenpreis. Der Stückpreis lag noch um 1 500 Mark auseinander, das heißt, der Geschäftsführer war schon auf 10 500 runtergegangen, aber der Kunde wollte nur 9 000 Mark zahlen. Nach einigem Hin und Her sagte der Kunde: „Dann lassen Sie uns doch die Differenz teilen.“ Mein Gastgeber willigte ein, man traf sich bei einem Preis von 9 750 Mark je Maschine.

War dies eine faire Lösung für beide Seiten? Wohl kaum. Denn das Teilen der Differenz ist eine willkürliche Sache. Derjenige, der ohnehin ein gutes „Fettpolster“, sprich Verhandlungsspielraum, hat, wird damit gut leben können. (Es ist auch meist derjenige, der den Vorschlag macht, die Differenz zu teilen.) Der andere, der gerade mal so seine Kosten und einen schmalen Gewinn decken kann, hat damit keinen guten Schnitt gemacht. In den meisten Fällen ist es angezeigt, höflich, aber bestimmt, abzulehnen, wenn die andere Seite das Teilen der Differenz vorschlägt.

Hüten Sie sich deshalb vor solchen *einleuchtenden Lösungen*. Sie bergen oft die Gefahr in sich, dass Sie übervorteilt werden. Einleuchtende Lösungen sind zu erkennen durch *Einfachheit* („Lassen Sie uns den

Betrag doch einfach abrunden."), *Üblichkeit* („Bei uns ist es üblich, dass der Anbieter generell den Transport bezahlt.") und *Einzigartigkeit* („Bei dieser Stückzahl muss wenigstens ein kostenloses Gerät dabeisein."). Welche Gefahr von einer offensichtlich simplen, einleuchtenden Lösung ausgehen kann, zeigt die folgende Begebenheit:

Der Erfinder des Schachspiels im alten Ägypten durfte sich vom dankbaren König etwas wünschen. Er bat darum, dass er so viele Körner an Getreide haben könne, wie herauskämen, wenn man die Zahl der Körner von Feld zu Feld des Spiels immer verdopple, das heißt, ein Korn für das erste Feld, zwei Körner für das zweite, vier für das dritte und immer so weiter. Dem König erschien dieser simple Wunsch lächerlich gering und sagte sofort zu. Es stellte sich aber bald heraus, dass diese laufende Verdopplung die Summen so unglaublich steigerte, dass er ihm den Wunsch auch mit den gesamten Getreidevorräten des Landes nicht hätte erfüllen können.

22. Fallen Sie nicht auf das Spiel „guter und böser Verhandler" herein

Eine unfaire Art der Gegenseite ist folgende Taktik: Einer der beiden Verhandler (der „böse") spielt eine sehr aggressive Rolle und setzt Sie unter Druck. Wenn er dann den Raum verlässt, entschuldigt sich sein Kollege (der „gute") und zeigt Verständnis für Ihren Standpunkt. Anschließend versucht er, auf die sanfte Tour einige Zugeständnisse zu erreichen, in der Hoffnung, dass Sie sich nun erleichtert fühlen und eher zu Konzessionen bereit sind.

Gegentaktik: Sagen Sie dem „guten" Verhandler, dass Sie den Eindruck haben, dass hier „guter und böser Verhandler" gespielt wird, und Sie um eine sachliche Verhandlung bitten.

Ob Sie die beschriebenen Taktiken anwenden sollten, hängt von der jeweiligen Situation ab. Sie sollten darauf achten, dass Sie die Kundenbeziehung nicht gefährden. Oft sitzen Sie aber harten Verhandlern gegenüber, die keine Zurückhaltung kennen und mehrere dieser Taktiken einsetzen werden. Vor allem in diesen Fällen sollten Sie nicht zögerlich sein, die eine oder andere Verhandlungstechnik anzuwenden, um Ihre Preise zu schützen.

Zusammenfassung

- Der Kaufabschluss beim kundenorientierten Verkaufen ist weder ein Glücksspiel noch eine Mutprobe für den Verkäufer. Wenn er es in den vorhergehenden Schritten geschafft hat, den Kunden von der Kernidee seines Angebots zu überzeugen, eine gute persönliche Beziehung zum ihm aufzubauen, ungelöste Probleme zu finden, ein entsprechend dem Preis ausreichend großes Bedürfnis zu wecken und ihn vom Nutzen eines Kaufs zu überzeugen, ist die Kaufentscheidung zwangsläufig, vorausgesetzt, die finanziellen Mittel stehen zur Verfügung.
- Wenn der Kunde nicht von selbst sagt, welche weiteren Schritte er vorschlägt, dann fragen Sie ihn. Erleichtern Sie ihm die Kaufentscheidung, indem Sie mit ihm nochmals die einzelnen Kaufgründe durchgehen und sicherstellen, dass er über alle Informationen verfügt.
- Je besser die Kooperation zwischen Kunde und Verkäufer im Verkaufsprozess ist, desto weniger Einwände wird der Kunde am Schluss haben.
- Einwände sind in den meisten Fällen nicht negativ zu bewerten. Der Kunde sucht nach mehr Argumenten für eine Kaufentscheidung, mit denen er auch seine Vorgesetzten und Kollegen im Unternehmen überzeugen kann. Das heißt aber nicht, dass viele Einwände ein positives Zeichen sind. Je mehr Einwände Sie durch ein kooperatives Verkaufen im Vorfeld vermeiden, umso höher ist die Wahrscheinlichkeit eines Kaufabschlusses.
- Gehen Sie bei der Behandlung von Einwänden in vier Schritten vor:
  - Hören Sie aktiv zu.
  - Prüfen Sie durch Feedback, ob Sie den Einwand richtig verstanden haben.
  - Beantworten Sie den Einwand sachlich und überzeugend.
  - Lassen Sie sich die Akzeptanz vom Kunden bestätigen.
- Beantworten Sie jeden Einwand. Gehen Sie nie kommentarlos über Einwände hinweg. Sie können aber mit Einverständnis des Kunden die Beantwortung verschieben, zum Beispiel bei Preiseinwänden.

- Gehen Sie in Verhandlungen nach der Win/Win-Strategie vor, wenn Sie Ihre Kunden behalten wollen. Beide Seiten sollen die Verhandlung mit dem Gefühl verlassen, eine faire Vereinbarung erreicht zu haben.
- Sammeln Sie vor der Verhandlung so viele Informationen wie möglich über die andere Seite.
- Setzen Sie sich vor jeder Verhandlung Limits. Überlegen Sie sich als äußerste Ausstiegsschwelle die jeweils beste Alternative im Verhältnis zum möglichen Ergebnis einer Verhandlung (BAGVA). Setzen Sie als „Stolperschwelle" einen Vorbehaltspreis fest. Ein Verzicht auf ein Ergebnis ist oft besser als ein schlechter Kompromiss.
- Wenn Sie eine Preisverhandlung erwarten, dann wählen Sie Ihren Angebotspreis/Zielpreis so, dass er nicht akzeptierbar, aber diskutierbar ist.
- Reagieren Sie bei stark überhöhten Kundenforderungen nicht emotional oder verteidigend. Fragen Sie nach dem Grund dieser Forderung, und setzen Sie das Schweigen ein.
- Gehen Sie bei notwendigen Preiszugeständnissen nach der degressiven Methode vor. Werden Sie immer präziser, und denken Sie vor jedem weiteren Zugeständnis länger nach.
- Wenden Sie die Taktiken der gebundenen Hände an. Erhöhen Sie die Kosten Ihrer Zugeständnisse soweit, dass der Kunde Ihnen ein Nachgeben nicht zumuten kann. Lernen Sie die weiteren Verhandlungstaktiken der Profis. Dadurch schützen Sie sich vor unfairen Taktiken. Wenden Sie von sich aus niemals unfaire Taktiken an, wenn Sie die Beziehung nicht gefährden wollen.

Schritt 6

Kümmern Sie sich um die Zufriedenheit Ihrer Kunden

Nach dem Spiel ist vor dem Spiel.
Sepp Herberger

In Anlehnung an den Ausspruch des Alt-Nationaltrainers des deutschen Fußballs kann man sagen:

Nach dem Auftrag ist vor dem Auftrag.

Mit dem Bemühen um einen zufriedenen Kunden stellen Sie die Weichen für den nächsten Auftrag – und für Ihr Image im Markt. Die Betonung des Bemühens um den Kunden nach dem Kauf entspringt nicht reiner Menschenfreundlichkeit, sondern der simplen Erkenntnis, dass zufriedene Kunden die wichtigste Ressource für künftige erfolgreiche Geschäfte sind.

Unzufriedene Kunden haben schon manches Unternehmen ruiniert. Firmen, die ihre Kunden verlieren, geben meist allen möglichen Einflüssen die Schuld. Häufig ist es aber der einfachen Tatsache zuzuschreiben, dass sie ihre Kunden nach dem Verkauf buchstäblich vergessen. Zufriedene Kunden führen Ihnen weitere Kunden zu. Das Verkaufen wird dadurch für Sie nicht nur leichter, sondern auch erfolgreicher. Sie bauen Ihr Geschäft auf Referenzen auf, die Ihnen den Weg zu weiteren Aufträgen ebnen.

Gehen Sie die extra Meile für Ihren Kunden. Sie finden dort weniger Konkurrenz.

Um die Zufriedenheit Ihrer Kunden zu sichern, müssen Sie sich persönlich um sie kümmern. Dazu gehören:

- die Sorge um die sachgerechte Lieferung und Betreuung der Kunden und
- die regelmäßige Kontaktpflege mit den Kunden.

Wie Sie für die Kundenzufriedenheit nach dem Auftrag sorgen

Als ich vor über 20 Jahren meine ersten Schritte als Vertriebsingenieur für ein Unternehmen der Laborautomatisierung machte, durfte ich über einige Tage einen der erfahrensten und erfolgreichsten Kollegen begleiten, die ich je kennen gelernt habe. Eine meiner ersten Fragen an ihn lautete, ob es nicht schwierig sei, immer wieder neue Kunden zu gewinnen. Seine Antwort verblüffte mich: „Das Problem hatte ich nur im ersten Jahr, als ich das Gebiet übernahm. Danach lief alles wie von selbst." Erst nachdem ich ihn bei mehreren Kunden beobachtet hatte, wurde mir klar, warum.

Er behandelte jeden Kunden wie einen guten Freund. Er kümmerte sich um Liefertermine, Serviceprobleme und Kundenschulungen. Er informierte seine Kunden nicht nur über die Produkte der eigenen Firma, sondern auch über Trends und Neuigkeiten der Branche. Ja selbst um Fußballkarten, Geburtstage, Jubiläen und anderes kümmerte er sich. Dabei redete er erstaunlich wenig. Er konnte mit unendlicher Geduld zuhören und schien nichts zu vergessen, was seine Kunden erzählten. (Seine Monatsberichte waren deshalb auch die ergiebigsten im ganzen Unternehmen.) Er besuchte seine Kunden regelmäßig. Es war offenbar, dass sie sich über seinen Besuch freuten. Sie dankten ihm für seine Fürsorge, indem sie bei ihm kauften, ihn weiterempfahlen und immer wieder kauften. Kein Wunder, dass er stets zu den umsatzstärksten Verkäufern zählte.

Sein Geheimnis ist: „Jeder Kunde ist *mein* Kunde. Er kauft von mir und nicht von der Firma. Dafür belohne ich ihn mit meiner vollen Aufmerksamkeit und vielen kleinen Extras. Und zwar auf Dauer, ob er nun gerade gekauft hat oder auch nicht."

Während der Zeit, die ich mit ihm in seinem Büro verbrachte, führte er einige Telefongespräche mit Kunden. Er benutzte die Freisprecheinrichtung, und ich konnte die Gespräche verfolgen und Notizen machen.

1. Gespräch

Verkäufer: „Guten Tag, Herr Huber. Wie läuft das neue Gerät in Ihrem Labor?"

Kunde: „Soweit gut, nur mit der Datenübertragung online zu unserem EDV-System haben wir noch Probleme."

Verkäufer: „Können Sie schon sagen, ob das Problem am Analysensystem oder an der EDV-Anlage liegt?"

Kunde: „Nein, das können wir nicht mit Sicherheit sagen."

Verkäufer: „Ich werde mich darum kümmern und einen Termin mit unserem Techniker in Ihrem Labor vereinbaren. Auch mit Ihrer EDV-Firma werde ich sprechen, damit von denen ein Experte an dem Gespräch teilnimmt. Würde es Ihnen am Dienstag oder am Donnerstag nächste Woche passen?"

Kunde: „Donnerstag wäre günstig."

Verkäufer: „Gut, so bald ich mit beiden gesprochen habe, werde ich Sie anrufen und den Termin bestätigen. Spätestens am Freitag dieser Woche melde ich mich bei Ihnen. Gibt es sonst noch etwas, was ich für Sie tun kann?"

Kunde: „Nein, danke."

Verkäufer: „Dann bis bald, auf Wiederhören, Herr Huber."

Kunde: „Auf Wiederhören, und vielen Dank für Ihren Anruf."

2. Gespräch

Verkäufer: „Guten Tag, Herr Doktor Voigt. Sie haben gerade eine größere Menge Druckerpapier für Ihr Analysensystem bestellt. Falls Sie diese Sendung nicht dringend benötigen, schlage ich vor, damit noch vier Wochen zu warten, da wir ab Januar nächsten Jahres die Preise dafür reduzieren, und zwar um 13 Prozent."

Kunde: „Oh, das ist sehr nett, dass Sie mich darüber informieren. Leider reicht mein Vorrat nicht mehr so lange."

Verkäufer: „Vielleicht können wir die Bestellung teilen. Wie viele Rollen brauchen Sie denn noch in diesem Jahr?"

Kunde: „Ungefähr 20 Rollen."

Verkäufer: „Dann schlage ich vor, dass Sie die restlichen 80 Rollen für nächstes Jahr bestellen. Wir ändern Ihre Bestellung entsprechend ab und liefern die ersten 20 Rollen Anfang nächster Woche aus. Sind Sie damit einverstanden?"

Kunde: „Ja, und vielen Dank!"

Verkäufer: „Kann ich sonst noch etwas für Sie tun?"

Kunde: „Ja, die Kaliumelektrode unseres Geräts arbeitet nicht mehr stabil. Könnte mal ein Techniker vorbeikommen?"

Verkäufer: „Natürlich, ich spreche gleich mit unserer Serviceabteilung und rufe Sie dann bis morgen Vormittag wegen eines Servicetermins an."

Kunde: „Ja, einverstanden."

Verkäufer: „Gut, dann bis morgen. Auf Wiederhören, Herr Doktor Voigt."

3. Gespräch

Verkäufer: „Guten Tag, Herr Rohloff. Sie wollen ja Ihr kürzlich bestelltes System am 1. März in Betrieb nehmen. Ich habe mich nach dem Liefertermin erkundigt. Das Gerät wird am 16. Februar bei Ihnen angeliefert. Wir müssten noch die Anschlüsse für Strom, Wasser und Abwasser vorsehen. Auch die Buchung für einen Bedienungskurs Ihrer Mitarbeiterinnen, der ja im Kaufpreis enthalten ist, sollten wir vornehmen."

Kunde: „Es wäre gut, wenn wir die Schulung bei uns im Labor an dem neuen Gerät durchführen können."

Verkäufer: „Das wäre grundsätzlich möglich. Ich würde Ihnen aber empfehlen, Ihre Mitarbeiter bei uns im Werk schulen zu lassen. Erfahrungsgemäß werden sie dort weniger durch die täglichen Arbeitsaufgaben abgelenkt, und das Training ist effektiver."

Kunde: „Nun ja, wenn das so ist, würde ich gern die letzte Januarwoche buchen."

Verkäufer: „Gut, ich werde das klären und Sie bis spätestens Freitag dieser Woche anrufen. Darf ich diese Woche noch einen Techniker zu Ihnen schicken, um die Fragen der Anschlüsse des Geräts zu klären?"

Kunde: „Ja, natürlich. Er soll sich dann bei mir melden, wenn er da ist."

Verkäufer: „Gibt es noch irgendwelche Dinge, die wir für Sie tun können?"

Kunde: „Ja, ich habe hier eine Rechnung über die Lieferung von Druckerpapier. Bei unserer jährlichen Abnahmemenge erhalten wir sonst einen Rabatt von 25 Prozent. Es wurden aber nur 15 Prozent vom Preis abgezogen."

Verkäufer: „Vielleicht ist da ein Fehler unterlaufen. Geben Sie mir doch bitte die Rechnungsnummer. Ich werde das umgehend bei unserer Innendienstabteilung klären und Sie bis morgen zurückrufen."

Kunde: „Vielen Dank. Die Rechnungsnummer ist ... "

Verkäufer: „Auf Wiederhören, Herr Rohloff."

Dieser Verkäufer stand nicht mit seinen Kollegen vom Wettbewerb in einer Reihe. Er wurde von seinen Kunden mehr als Kollege denn als Verkäufer behandelt.

Ein System zur Sicherung der Kundenzufriedenheit

Die Pflege und Verbesserung der Kundenbeziehungen ist größtenteils eine Frage guter Kommunikation. Nehmen Sie deshalb nach dem Kauf so oft mit dem Kunden Kontakt auf, wie es die Komplexität Ihres Produkts oder Ihres Services erfordert. Kontakt aufnehmen heißt mehr als ein kurzes „Wie geht es Ihnen?" Es beinhaltet, dass Sie sich für Ihren Kunden Zeit nehmen, aktiv zuhören, Anteil an seinen Problemen nehmen und sich darum kümmern, dass er über alles Nötige verfügt, um Ihr Produkt optimal nutzen zu können.

Der regelmäßige Kontakt mit Ihrem Kunden zeigt diesem nicht nur Ihr Interesse, sondern gibt Ihnen auch Warnsignale, wenn Probleme auftreten oder sich entwickeln. Eine frühzeitige Reaktion durch vorbeugendes Handeln kann nachteilige Folgen und eine Verärgerung des Kunden vermeiden. Sie bleiben außerdem über Änderung der Organisation, des Management, der Firmenstrategie und der Prioritäten des Kundenunternehmens informiert.

Die vier Arten der Kundenbetreuung nach dem Verkauf

1. Geplante Kontakte nach dem Verkauf

Überlassen Sie die Aufnahme von Kundenkontakten nach dem Auftrag nicht Ihrer persönlichen Eingebung. Gehen Sie planmäßig vor. Der amerikanische Trainer Rick Barrera[12] schlägt eine zeitliche Abstufung nach der so genannten 1-5-15-30-Regel vor, die Sie nach Ihren speziellen Produkten und Geschäftsabläufen modifizieren können:

1. Tag	Schicken Sie ein kurzes, persönlich gehaltenes Dankschreiben sofort nach Erhalt des Auftrags an Ihren Kunden.
5. Tag	Kontaktieren Sie Ihren Kunden ungefähr fünf Tage nach der Lieferung, und erkundigen Sie sich, ob alles zu seiner Zufriedenheit verlaufen ist.
15. Tag	Nehmen Sie ungefähr 15 Tage nach der Lieferung nochmals Kontakt auf, und zeigen Sie damit, dass Sie auch weiterhin an seiner Zufriedenheit interessiert sind.
30. Tag	Schicken Sie ein kleines Geschenk, oder – noch besser – bringen Sie es persönlich vorbei. Es sollte nicht teuer sein, aber in einem gewissen Verhältnis zur Größe des Auftrags stehen und vom Kunden geschätzt werden.

Vergessen Sie auch das Bedienungspersonal nicht. Eine Runde Kaffee und Kuchen oder andere Aufmerksamkeiten festigen die Beziehungen und stärken Ihre Reputation.

2. Informieren Sie sich über die Resultate, die Ihr Kunde mit Ihrem Produkt erzielt, und nutzen Sie die Ergebnisse zum weiteren Ausbau der Beziehungen und als Referenzdaten

Im Technischen Vertrieb kommt es auf Zahlen und Daten an. Wie hoch ist die Kosteneinsparung des Kunden durch Ihr Produkt? Welche Produktivitätssteigerung wird erreicht? Wie hoch ist die Materialeinsparung seit der Anschaffung? Wenn Sie von Ihren Kunden darüber verlässliche Aussagen erhalten, können Sie diese als Verkaufsargumente nutzen, natürlich mit dem Einverständnis Ihres Kunden. Es müssen nicht einmal immer quantitative Messungen sein. Auch subjektive Vorteile, wie leichtere Bedienbarkeit, weniger Stress oder interessanteres Arbeiten sind Aussagen, die Sie durchaus „vermarkten" können.

Das Erkunden von Resultaten hat mehrere Vorteile:

- Positive Ergebnisse verstärken Ihre Chancen für weitere Aufträge beim gleichen Kunden. Sie sind dann in einer guten Position, weitere Käufe zu empfehlen – möglicherweise mit noch besseren Resultaten.
- Positive Ergebnisse bringen Referenzwirkung. Mitunter sind Kunden auch gern bereit, darüber in Fachzeitschriften zu publizieren.
- Die Zusammenarbeit im Rahmen von Evaluationen verstärkt noch die Beziehung zum Kunden. Sind die Resultate gut, freut das den Kunden, und er wird darüber gern innerhalb und außerhalb des Unternehmens berichten. Sind sie nicht positiv, müssen Sie mit ihm gemeinsam Abhilfe schaffen. Auch das bindet.

3. Führen Sie jährliche Situationsgespräche mit jedem Kunden durch

Wenn Sie einmal im Jahr ein etwas ausführlicheres Gespräch über neue Entwicklungen und die künftige Gestaltung Ihrer Zusammenarbeit führen, trägt das sicher zur weiteren Festigung der Beziehungen bei. Sie erfahren Neues über Branchentrends, Wettbewerber und Technologien sowie über interne Änderungen im Kundenunternehmen. Sie erfahren auch, ob er noch mit Ihren Produkten zufrieden ist, wie er Ihren Service beurteilt, und was Sie eventuell verbessern sollten. Vielleicht erfahren Sie auch etwas über neue Projekte oder Investitionspläne, bei denen Ihre Produkte eine Rolle spielen könnten, oder Sie können dem Kunden zusätzliche Serviceleistungen anbieten.

Bei diesen jährlichen Treffen sind folgende Dinge zu empfehlen:

- Planen Sie den Termin rechtzeitig, und bitten Sie den Kunden, sich wenigstens eine Stunde Zeit zu nehmen.
- Versuchen Sie, sich außerhalb des Unternehmens zu treffen, um in Ruhe über alles Wichtige sprechen zu können. Verbinden Sie den Termin möglichst mit einer Einladung zum Essen, um eine entspannte Atmosphäre zu schaffen.
- Fertigen Sie von den für den Kunden wichtigen Punkten eine Niederschrift an, und schicken Sie diese an ihn, und zwar innerhalb von 24 Stunden.
- Bereiten Sie sich gut vor. Entwerfen Sie eine Checkliste mit den zu besprechenden Punkten, und informieren Sie den Kunden telefonisch davon. Fragen Sie ihn auch, welche Punkte er mit Ihnen gern besprechen möchte, und treffen Sie entsprechende Vorbereitungen.

4. Binden Sie Ihren Kunden durch persönliche Aufmerksamkeiten

Ihre Reputation bei Ihrem Kunden wird laufend wachsen, wenn Sie ihm immer wieder beweisen, dass Sie sich für ihn und seine Tätigkeit interessieren. Dazu eignen sich zum Beispiel folgende Dinge:

- Senden Sie ihm Kopien von Fachartikeln oder Pressenotizen, die ihn fachlich interessieren, per Fax oder Post.
- Halten Sie Kontakt zu den Mitarbeitern Ihres Unternehmens, die wiederum Kontakt mit Ihren Kunden haben, zum Beispiel Mitarbeiter aus Kundendienst-, Montage- oder Innendienstabteilungen. Sie erfahren dabei eine Menge über die Probleme bei Ihren Kunden.
- Laden Sie Kunden zu Anwendertreffen ein, bei denen Sie Erfahrungen austauschen. Planen Sie solche Treffen so, dass Sie auch außerhalb des offiziellen Programms in Ruhe mit einigen Kunden reden können.
- Schreiben Sie regelmäßig Informationsbriefe an Ihre Kunden, in denen Sie über neue Produkte, interessante Anwendungen oder auch personelle und organisatorische Veränderungen in Ihrem Unternehmen berichten.

- Laden Sie Kunden zur Teilnahme in Beiräten, Fokusgruppen oder auch zu Trainingsseminaren für ihre Mitarbeiter ein.
- Bieten Sie Ihren Kunden die Teilnahme an Schulungskursen an, wenn sie neue Mitarbeiter eingestellt haben.
- Schicken Sie kleine Aufmerksamkeiten, wie Geburtstagswünsche, Jahreskarten nach Produktinstallationen, Gratulationen zu Beförderungen oder zu persönlichen Ereignissen wie Hochzeit oder Geburten, falls Sie sie kennen.
- Erfreuen Sie Ihre Kunden durch kleine Aufmerksamkeiten für ihre Hobbys, wie zum Beispiel der Zusendung einiger interessanter Briefmarken oder von Fußballkarten für ein interessantes Spiel.
- Sammeln Sie so viele Informationen wie möglich über Ihre Kunden, ihre Hobbys, ihre Vorlieben und ihre weniger geliebten Dinge. Nutzen Sie diese Informationen persönlich und unaufdringlich. Solche Informationen helfen Ihnen, ständig Ihre Beziehungen zu festigen. Seien Sie dabei stets diskret und vertrauenswürdig.
- Rufen Sie Ihre Kunden von Zeit zu Zeit an, oder schauen Sie einfach kurz vorbei, und prüfen Sie, ob Sie etwas für sie tun können.

Was ist ein Kunde?

Ein Kunde ist die allerwichtigste Person, die je in unserer Firma war, persönlich, schriftlich oder telefonisch.

Ein Kunde ist nicht von uns abhängig, wir sind abhängig von ihm.

Ein Kunde bedeutet keine Unterbrechung unserer Arbeit, er ist ihr eigentlicher Zweck.

Ein Kunde ist niemand, mit dem man streitet. Niemand hat je einen Streit mit ihm gewonnen.

Ein Kunde ist jemand, der uns seine Bedürfnisse vorgibt. Wir haben diese zu erfüllen – zu seinem und unserem Nutzen.

Quelle: Broschüre und Poster von L. L. Bean, Inc., Freeport, Maine (übersetzt vom Autor)

Eröffnen Sie für jeden Kunden ein Konto der Emotionen

Das folgende Modell stammt von S. Covey[13] und soll uns stets daran erinnern, dass wir etwas für unsere Kunden tun müssen. Wir können uns vorstellen, dass wir für jeden Kunden ein so genanntes „Konto der Emotionen" anlegen. Jedes Mal, wenn sich der Kunde von uns gut behandelt fühlt, haben wir etwas auf dieses Konto eingezahlt. Die nette Auskunft, die prompte Erledigung eines Wunsches, die zufrieden stellende Behandlung einer Reklamation oder die kleine, nicht erwartete Aufmerksamkeit, sind positive Einzahlungen auf dieses Konto.

Ebenso gibt es Dinge, die das Konto schrumpfen und unter Umständen ins Minus abgleiten lassen: nicht eingehaltene Versprechungen, die gleichgültige Reaktion auf eine Beschwerde, eine unfreundliche Begrüßung oder ein belehrender Tonfall sind Abbuchungen von diesem Konto. Auch „Funkstille" über eine längere Zeit lässt das Konto schrumpfen.

Wenn wir bei unseren Kunden kein positives Konto unterhalten oder sogar im Soll stehen, dann dürfen wir uns keinen Fehler erlauben. Jedes weitere negative Ereignis kann das Fass zum Überlaufen bringen und Konflikte oder sogar den Verlust des Kunden bedeuten, einschließlich seiner negativen Mundpropaganda gegen unser Unternehmen. Ohne ein positives Konto der Emotionen bewegen wir uns wie in einem Minenfeld: jeder falsche Schritt kann zur Zerstörung der Beziehung führen.

> Ein Konto der Emotionen ist eine Metapher, die die Größe des Vertrauens beschreibt, das in einer Beziehung aufgebaut wurde ... Wenn das Vertrauenskonto hoch ist, ist die Kommunikation leicht, augenblicklich und effektiv.
>
> *Stephen R. Covey*

Verhaltensweisen, die das Konto der Emotionen beeinflussen	
Einzahlungen	**Abhebungen**
Einhalten von Zusagen	Nichteinhalten von Zusagen
Spontane Erkundigungen	Warten auf Reklamationen
Für Reklamationen bedanken	Reklamationen als Angriff werten
Interesse zeigen	Gleichgültigkeit demonstrieren
Probleme bereitwillig lösen	Kunden auf Regeln hinweisen
Verantwortung übernehmen	Verantwortung auf andere abschieben
Gesicht des Kunden wahren	Eigene Schuld von sich weisen
Lösungen vor Rechthaberei stellen	Auf Schuldfrage konzentrieren
Offen miteinander sprechen	Kundenprobleme abwehren
Kontakte pflegen	Kein aktives Kümmern
In der „Wir"-Sprache reden	In der „Ich"-Sprache reden
Kurze, freundliche Sprechweise	Langatmige Belehrungen
Kundenwünsche erfassen	Kunden auflaufen lassen
Vorschläge für Serviceleistungen	Auf Missverständnisse lauern
Helfen	Verteidigen
Interesse am Geschäft des Kunden zeigen	Sich auf eigenen Zuständigkeitsbereich beschränken
Freundliche Ausstrahlung	Ernst und miesepetrig reagieren
Nicht an Regeln kleben	Auf strikte Einhaltung der Regeln achten
Mehr tun als erwartet	Dienst nach Vorschrift
Kundenzufriedenheit steht im Vordergrund	Es kommt darauf an, wer Recht hat

Zusammenfassung

- Ziel des Verkaufsprozesses ist der Auftrag. Zweck des Verkaufsprozesses ist die Gewinnung eines Kunden auf Dauer.
- Der erfolgreiche Vertriebsingenieur kümmert sich nach dem Auftrag genauso um den Kunden wie vor dem Auftrag.
- Planen Sie gleich nach dem Auftrag Ihre nächsten Kontakte mit dem Kunden. Gehen Sie nach der 1-5-15-30-Regel oder einer ähnlichen Systematik vor.
- Informieren Sie sich über die Resultate, die Ihr Kunde durch den Einsatz Ihres Produkts erzielt. Bitten Sie ihn, positive Resultate als Referenzdaten gegenüber anderen Kunden benutzen zu dürfen.
- Führen Sie mindestens einmal jährlich ein Situationsgespräch mit Ihrem Kunden durch, bei dem Sie die Weichen für die weitere Zusammenarbeit stellen.
- Binden Sie Ihren Kunden durch persönliche Aufmerksamkeiten. Informieren Sie sich über seine Interessen.
- Kümmern Sie sich um das „Konto der Emotionen" Ihres Kunden. Handeln Sie so, dass Sie auf dieses Konto regelmäßig Einzahlungen vornehmen.

Anmerkungen

1 Harvey Mackay, Swim With The Sharks,Warner Books, London 1992

2 Tony Alessandra und Michael O'Connor, People Smarts, Pfeiffer & Co., San Diego 1994

3 N. Rackham, Die neue Welle im Verkauf, McGraw-Hill Book Company, Hamburg 1989

4 Peter F. Drucker, Managing for Results, Pan Books, London 1964

5 N. Rackham, Die neue Welle im Verkauf, McGraw-Hill Book Company, Hamburg 1989

6 Tony Alessandra and Rick Barrera, Collaborative Selling, John Wiley & Sons, New York 1993

7 Hawes, Strong u. a., Do Closing Techniques Diminish Prospect Trust? Marketing Management, 1996

8 Ingemar Dierickx, Price Negotiations, Video Management, Brüssel 1994

9 Roger Fisher und William Ury, Das Harvard-Konzept, Campus Verlag, Frankfurt/M. 1990

10 Roger Fisher und William Ury, Das Harvard-Konzept, Campus Verlag, Frankfurt/M. 1990

11 Thomas Schelling, The Strategy of Conflict, Harvard University, 1980

12 Tony Alessandra and Rick Barrera, Collaborative Selling, John Wiley & Sons, Inc., New York 1993

13 Stephen R. Covey, Die sieben Wege zur Effektivität, Campus Verlag, Frankfurt/M. 1995

Stichwortverzeichnis

Der Autor

Hans-Peter Rentzsch, Dipl.-Ing., studierte Technische und Biomedizinische Kybernetik und ist viele Jahre im Technischen Vertrieb im In- und Ausland tätig gewesen. Seit 1990 ist er mit seiner Firma Rentzsch Training selbständiger Verkaufstrainer und führt für zahlreiche Unternehmen sowie für den VDI Verkaufs- und Verhandlungsseminare im Business-to-Business sowie für den internationalen Bereich durch. Seine Bücher „Kundenorientiert verkaufen im Technischen Vertrieb“, „Erfolgreich verhandeln im weltweiten Business“ sowie „Der Samurai-Verkäufer“, erschienen im Gabler Verlag, werden zum Teil auch in Vertriebsseminaren des VDI als Lehrbücher eingesetzt. Seine Seminare zeichnen sich vor allem durch unmittelbaren Praxisbezug, lebendige Darstellung und interaktive Übungen aus.

Wenn Sie Kontakt mit dem Autor aufnehmen möchten, wenden Sie sich bitte an:

Hans-Peter Rentzsch
Rentzsch Training GmbH
Zentrum für Management-Entwicklung
Eisenacher Straße 3
61130 Nidderau

Telefon (0 61 87) 2 29 82
Telefax (0 61 87) 2 63 01
E-Mail: hprentzsch@t-online.de